# FTA와 글로벌경제의 이해

서정수 · 강태원 · 박성곤

도서출판 두남

# 머리말 PREFACE

21세기 초반 한국경제는 세계 11위~12위를 다투는 경제이다. 그러나 그 시작은 미약하여, 1962년 시작된 제1차 5개년 개발계획에서 언급된 수출주도형 경제발전 모형에 근간을 두고 있다고 해도 과언이 아니다. 한국경제는 늘 그래왔듯이 대외의존도가 매우 높은 개방경제이다. 이러한 개방경제에서의 대외통상환경은 불확실성에 휩싸여 있으며, 이는 한국경제와 기업에 끊임없는 도전을 던져둘 뿐만 아니라 적극적이고 전략적인 대응을 요구하고 있다. 1960년대 이후 한국경제는 자유스러운 무역 통상환경을 가장 효율적으로 활용한 국가이면서 동시에 전 세계 경제의 자유로운 무역 및 통상환경을 이루어 나가는데 적극적인 참여를 통한 기여를 하고 있다.

전 세계 통상환경이 기존의 GATT 체제에서 1995년 이후부터 다자주의 무역체제인 WTO 체제로 전환되었지만, WTO가 가진 태생적 한계로 인해 WTO의 출범과 동시에 지역 무역주의 경향 또한 강하게 나타났다. 그 대표적인 사례가 자유무역협정(Free Trade Agreement), 즉 FTA라고 할 수 있다. 전 세계 통상환경이 FTA를 통해 지역주의적인 경제 및 통상환경 중심으로 급변하고 있는 상황에서 FTA 관련하여 후발주자인 한국은 2004년에 가서야 한국-칠레 FTA를 발효할 수 있었다. 그럼에도 불구하고 동시다발적이고 높은 수준의 FTA 협상과 추진을 통해 2020년 2월 현재 한국은 한-미 FTA, 한-EU FTA, 한-중 FTA 등 총 56개국을 포함하는 16건의 FTA를 체결하여 발효함으로써 FTA를 통한 경제영토를 확장해왔으며 FTA의 활용을 통해 우리나라의 경제 개선 및 발전과 국내 기업들의 경쟁력 제고에 기여하고 있다.

최근의 국제경제 상황과 국제통상 환경은 2008년 발생한 세계 금융위기의 여파에서 완전히 벗어나지 못한 채 전 세계적으로 경제 성장률의 둔화가 관찰되고 있으며 더불어 이와 밀접하게 연관된 보호주의 무역의 확산으로 인해 또 다른 차원의 도전을 우리나라 경제에 던져주고 있다. 환태평양동반자협정(TPP 11), 동아시아의 포괄적 지역 무역협정(RCEP) 등 다자간 무역 협상의 틀에서 양자 간 FTA와 관심을 같이 하는 국가 간의 복자간 자유무역협정의 틀이 형성되어 지역주의가 심화하고 있다. 최근 각국에서 행해지고 있는 보호주의 무역 정책의 기조는 어찌 보면 FTA 협상에서 상대적으로 관심을 덜 가지고 있었던 분야를 각국 정부들이 적극적으로 활용하여 자국 산업을 보호하려고 하는 경향이라고 할 수 있다. 따라서 이를 극복하는 효율적인 방안은 이미 발효된 FTA를 체계적으로 적극적으로 활용하는 것이며 나아가 지적재산권, 표준화, 인증, 환경 등의 문제를 FTA의 틀 안으로 끌어들여 이 분야에서의 투명성을 확보하는 것이 한 방안일 것이다.

FTA를 적극적으로 활용하고 부족하거나 미지한 점을 개선하기 위해서는 FTA에 대한 올바른 이해가 전제되어야 한다. 특히, 무역학이나 경제학 등을 전공으로 학습하는 경제통상학부 전공 학생이나 혹은 이와 연관된 분야를 복수전공을 하고자 학생들 또한 FTA에 대한 이해는 필요하다. FTA를 깊이 이해하고자 할 때 일반적으로 접근하는 방식은 경제학 원론과 통상학에 대한 원론을 통해 이론적인 역량을 배양하면서 필요에 따라 수리적이고 계량적인 접근 방법을 사용하거나 혹은 깊이 있는 질적 접근 방법을 함양하는 일종의 연역법적인 접근법이라고 할 수 있다. 그러나 이런 접근 방법은 현실, 즉 경제 및 통상과 관련된 현실적인 이해 혹은 경험적인 노출이 많지 않은 학생들이 소화하기에는 쉽지 않을 뿐만 아니라 경제학에서나 혹은 국제통상학에서 배우는 이론들이 어떻게 현실과 연결되었는지에 대한 막연한 이해조차도 쉽지 않을 때가 다반사이다.

따라서 본 교재는 학생들에게 경제 현상, 즉 전 세계의 경제 현상에 대한 가급적 최신의 정보제공이라는 아주 간단한 명제를 가지고 출발한다. 경제학과 국제통상학에 관심을 가진 학생들이 막연하게 경제학 모형과 국제통상학의 이론을 외우면서 학습하는 것이 아니라, 실제 경제 현상에 대해 최신의 자료를 바탕으로 한 그래프와 표 등을 활용하여 기본적인 지식을 제공하여 설명하고자 한다. 이러한 방법으로 학생들 스스로 세계 경제에서 관찰되는 현상이 왜 일어나고 있는지에 대한 복합적인 질문을 던질 수 있게 만들며, 나아가 이런 현상을 이론적으로 접근하고 이해하기 위해서는 어떠한 모형과 이론들이 필요한지를 이해하고 탐구해 볼 수 있게 하는 부담스럽지 않은 어찌 보면 즐거울 수 있는 학생들의 호기심을 자극하고자 한다. 더는 현실에서 일어나고 있는 경제 현상과 변화하고 있는 국제통상 환경이 나와 직접적으로 관련이 없는 문제가 아니라 내가 그 안에 살고 있으며 우리나라의 기업과 국가 경제 그리고 나의 행동과 의사결정에 영향을 미치고 있다는 것을 느끼는 경험을 제공하고자 한다. 따라서 이 교재를 통해 학생들이 왜 경제학과 국제통상학에 대한 더 많은 공부가 필요한지를 이해하고 이를 행동으로 옮길 수 있다면 이 교재가 근본적으로 의도하고 있는 목적은 달성된다고 할 수 있다. 경제 현상에 대한 관찰을 통해 이를 이해하려는 호기심이 자극되어 지식을 축적해 나간다면 궁극적으로 학생들이 왜 우리나라가 FTA를 적극적으로 추진해왔으며, 나아가 자유로운 국제통상 환경이 왜 중요한지를 이해할 수 있을 것이다. 이를 통해 학생들이 FTA를 더욱더 적극적으로 활용할 수 있는 능력을 스스로 배양하고 또한 예측할 수 없을 정도로 급변하고 있는 국제통상 환경과 경제 환경에 적극적이고 전략적으로 대응할 수 있는 역량을 가지게 되는 초석이 되기를 기대해 본다.

이 교과서의 공저자로서 집필을 위해 지난해 말부터 머리를 맞대고 같이 수고하신 강태원 교수님과 박성곤 교수님께도 감사의 말씀을 전한다.

성하 동산정원에서

2020년 7월

서정수

# 차 례 CONTENTS

## 제1장 세계 경제의 이해



## 제2장 인플레이션과 실업률의 이해

## 제3장 대외거래 관계의 이해



## 제4장 무역정책

## 제5장 FTA와 지역경제통합 유형

## 제6장 한국의 FTA 현황과 무역

# 표 차 례

# 그림차례

# 용어정리

| | |
|---|---|
| ASEAN | The Association of South East Asian Nations, 동남아국가연합 |
| BOP | Balance of Payments, 국제수지 |
| BOPM | Balance of Payments Manual, 국제수지매뉴얼 |
| CAGR | Compound Average Growth Rate, 복합평균성장률 |
| CIF | Cost, Insurance and Freight, 운송보험료부담조건 |
| CPI | Consumer Price Index, 소비자 물가지수 |
| CPTPP | Comprehensive and Progressive Trans-Pacific Partnership, 환태평양전략적동반자협정, TPP-11이라고도 함 |
| DDA | The Doha Development Agenda, 도하개발의제 |
| EEC | The European Economic Community, 유럽경제공동체 |
| EFTA | The European Free Trade Association, 유럽자유무역연합 |
| EU | The European Union, 유럽연합 |
| FDI | Foreign Direct Investment, 외국인 직접투자 |
| FOB | Free On Board, 본선인도가격 |
| FTA | Free Trade Agreement, 자유무역협정 |
| GATS | General Agreement on Trade in Services, 서비스무역에 관한 일반 협정 |
| GATT | General Agreement on Tariffs and Trade, 관세와 무역에 관한 일반 협정 |
| GDP | Gross Domestic Product, 국내총생산 |
| GNDI | Gross National Disposable Income, 총국민가처분소득 |
| GNE | Gross National Expenditure, 국민총지출 |
| GNI | Gross National Income, 국민총소득 |
| GNP | Gross National Product, 국민총생산 |
| GVC | Global Value Chain, 글로벌가치사슬 |
| IMF | the International Monetary Fund, 국제통화기금 |
| IPN | International Production Network, 국제생산네트워크 |
| MFN | Most Favored Nation, 최혜국대우 |
| NAIRU | Non-Accelerating-Inflation Rate of Unemployment, 물가안정실업률 |

| | |
|---|---|
| NFI | Net Factor Income, 순요소소득 |
| NUT | Net Unilateral Transfer, 순이전 |
| OECD | The Organization for Economic Cooperation and Development, 경제협력개발기구 |
| PPP | Purchasing Power Parity, 구매력평가 |
| PTA | Preferential Trade Agreement, 특혜 무역협정 |
| RTA | Regional Trade Agreement, 지역 무역협정 |
| UN | The United Nations, 국제연합 혹은 유엔 |
| UNCTAD | The United Nations Conference on Trade and Development, 유엔무역개발회의 |
| WTO | the World Trade Organization, 세계무역기구 |

# 제1장 세계 경제의 이해

# 제1장 세계 경제의 이해

## 1 국가 경제의 이해

### 1.1 국민총생산의 개념

사람들은 자기 자신이 속해 있는 나라의 경제 규모와 그 활성화 정도에 많은 궁금증을 품고 있을 뿐만 아니라 자국의 경제 규모와 경제가 성장하는지 혹은 위축되는지의 여부, 즉 경제의 활성화 정도에 관심이 있다.

나아가 이를 다른 국가의 경제 규모와 활성화 정도를 상호 비교하는 데에도 많은 관심이 있다. 한 국가의 경제 규모인 국민소득을 측정하고 그 활성화 정도를 파악하기 위해서는 우선 무엇보다도 경제활동을 수행하는 경제주체(economic player)가 누구인지를 파악하여야 한다.

한 국가 내에서 경제활동은 사람들이 수행하지만, 분야별로 나누어 보면 크게 가계(households), 기업 혹은 사업체(businesses)와 정부(government)로 구분할 수 있다.

이들 경제 주체들은 생산에 참여함으로써 재화와 용역(service)이라는 산출물을 만들어내고 이 과정에서 소득을 창출하며 이를 통해 소비라는 지출 활동을 수행한다. 일반적으로 국민소득은 생산(production), 소득(income)과 지출(expenditure)의 세 가지 측면에서 접근할 수 있는데 이를 '국민소득 삼면등가의 원칙'이라고 한다.

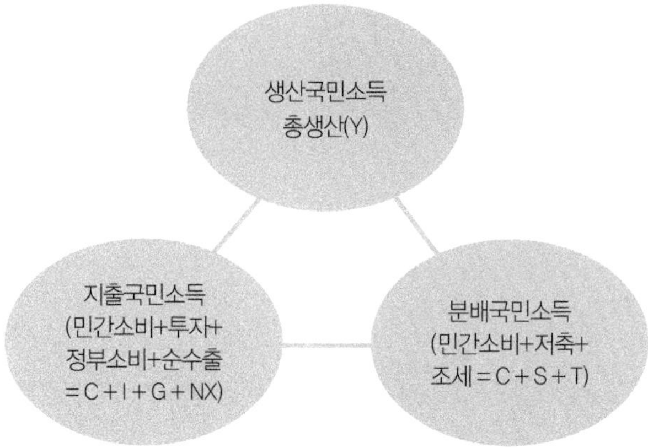


[그림 1-1] 국민소득 삼면등가의 법칙

한 국가의 경제규모를 보통 생산적인 관점에서 바라본 국내총생산(Gross Domestic Product, 이하 GDP)이라는 개념으로 측정하는 데 이를 생산 국민소득이라고도 한다. 여기서 GDP란 한 국가가 자국의 영토 내에서 일정 기간에 생산한 중간 및 최종 재화와 용역(혹은 서비스(service)라고 함)의 가치에서 투입요소로 사용된 모든 재화와 서비스의 가치를 차감한 가치를 말한다. 따라서 GDP는 산출 혹은 생산 면에서 측정한 한 국가의 경제규모를 나타내는 지표라고 할 수 있으며 경제의 부가가치를 순 산출(net output) 혹은 부가가치(value added) 측면에서 측정하는 것이다.

경제활동 주체들이 생산한 재화와 서비스라는 산출물의 총부가가치의 합이 GDP인데 이들 경제활동 주체들은 동시에 생산한 산출물에 대한 수요를 불러일으키고 이들을 소비, 즉 지출하게 된다. 이와 같은 이해는 GDP를 지출의 측면에서 측정할 수도 있다는 것을 나타내기 때문에 이를 국민총지출(Gross National Expenditure, GNE)이라고 하며 이를 지출 국민소득이라고도 한다. 경제활동 주체들의 수요인 지출을 구성 요인별로 살펴보면 국내 부분에 해당하는 가계인 소비자의 최종 수요와 지출을 소비자 지출(consumer spending)인 수요(consumption: C)라고 하고 기업에 의한 지출(business spending)은 투자(investment: I)에 해당하는데 정부 역시 생산된 재화와 서비스에 대한 소비, 즉 정부지출(government spending: G)을 담당한다.[1] 일반적으로 소비지출은 가계와 정부에 의해, 투자지출은 기업과 정부에 의해 이루어진다. 따라서 $GNE = C + I + G$의 관계가 성립된다.

GDP는 소득 측면에서도 측정이 가능하다. 경제활동 주체들이 지출을 할 수 있기 위해서는 수입이 필요하게 되는데 이들은 국가의 영토 내에서 재화와 서비스의 생산과정에 노동(labor), 자본(capital) 및 토지(land) 등과 같은 생산요소를 제공하고 그 대가로서 소득을 창출하게 되는데 이를 국민총소득(Gross National Income, GNI)이라고 하며 이를 분배 국민소득이라고 하게 된다.

일반적으로 한 국가 경제가 외국과의 경제적 관계를 형성하지 않고 독자적으로 경제활동을 수행하는 경제를 폐쇄경제(closed economy)라고 한다. 폐쇄경제 상태에서는 한 주권국가에서 생산된 모든 재화와 용역은 그 국가의 모든 거주민들에 의해 소비될 것이며 이들이 소비하는 지출은 그들이 벌어들인 소득이 그 원천이 될 것이다. 따라서 폐쇄경제 하에서의 산출물의 총가치와 소비와 지출의 총비용 및 총소득은 상호 일치하는 속성인 삼면등가의 관계를 가지게 된다. 즉, $GDP = GNE = GNI$.

전 세계에 존재하는 거의 모든 국가는 수출과 수입, 직접투자, 증권투자와 같은 투자, 원조, 이민 등을 통해 여타 국가들과 경제적인 관계를 형성하고 있다. 이렇게 다른 국가들과 경제적 관계를 형성하고 있는 국가 경제를 개방경제(open economy)라고 한다. 개방경제 하에서의 GDP는 한 국가의 영토 내에서 이루어지는 생산과 관련된 경제활동을 나타내기 때문에 자국민뿐만 아니라 다국적 기업과 같은 외국인이 생산하는 부가가치도 포함한다.

개방경제 아래에서는 한 국가가 생산한 모든 재화와 서비스가 반드시 그 국가 내에서만 소비되는 것은 아니고 생산된 재화와 서비스의 일부는 수출(export: X)이라는 형태로 다른 국가에 의해 소비가 이루어진다. 그뿐만 아니라 그 국가는 수입(import: M)을 통해 다른 국가가 생산한 재화와 서비스를 소비하기도 한다. 수출과 수입의 차이를 순수출(net exports: NX)이라고 하는데 개방경제 하에서의 GDP는 폐쇄경제 하에서의 국민총지출(GNE)에 순수

1) 과거에는 가계의 최종 수요를 민간수요(private consumption)라고 칭하였으며, 투자는 총고정자본 형성(gross capital formation)을 나타내는데 과거에 투자는 국내총투자(gross domestic investment)라고 명명하였으며 정부의 최종 지출은 일반 정부소비(general government consumption)라고 부르기도 하였다.

출(NX)이 추가된다.

따라서 개방경제 아래에서의 GDP는 소비, 투자, 정부지출 및 순수출의 합이 된다. 즉 $GDP = C + I + G + NX$가 되는데 이는 개방경제 아래에서의 GDP를 지출의 면에서 측정한 것이 된다.

---

$GDP = C + I + G + NX$에서 NX를 순수출이라고 하는데 NX는 국내총생산에서 국내총소비($C + I + G$)를 뺀 것이다. 즉, $NX = GDP - (C + I + G)$가 된다. 만약 GDP가 국내총소비($C + I + G$)보다 크면 $NX > 0$이 되는데, 즉 수출이 수입보다 큰 이 경우를 경상수지 흑자(current account surplus)라고 한다. 그 반대의 경우로 GDP가 국내총소비($C + I + G$)보다 작으면 $NX < 0$이 되는데 수출이 수입보다 적은 경우이며 이를 경상수지 적자(current account deficit)라고 한다.

---

국민총소득(GNI)은 자국민이 각종 경제활동에 참여한 대가로 받은 소득의 합계를 나타내는데 개방경제 아래에서 GNI는 자국민 경제활동 주체들이 국내에서 벌어들이는 소득뿐만 아니라 해외투자 등을 통해서 벌어들인 소득은 포함하고 국내에 거주 중인 외국인이 국내 생산 활동에 참여한 대가로 지급한 소득은 제외된다. 이처럼 자국민이 외국에서 벌어들인 요소소득과 자국에 거주 중인 외국인에게 지급한 요소소득을 제외한 차이를 순요소소득(Net Factor Income: NFI)이라고 한다. 이에 따라 개방경제 아래에서의 GNI는 GDP에 순요소소득(NFI)을 더한 값이 된다. 즉, $GNI = GDP + NFI$.

---

개방경제 하에서 $GNI = GDP + NFI$가 성립되는데 $GDP = GNE + NX$, 즉 $GDP = C + I + G + NX$이므로 $GNI = C + I + G + NX + NFI$가 된다.

---

GDP와 유사한 개념으로 국민총생산(Gross National Product: GNP)이라는 개념이 사용되는데, GNP는 한 주권국가의 개인과 사업체를 포함한 국민인 경제주체가 생산하는 산출물 부가가치의 총합을 나타낸다.

GNP는 한 주권국가의 국민이 생산해 내는 부가가치의 합이라는 개념인데 그 생산 활동이 반드시 자국 영토 내에 한정되는 것은 아니다. 따라서 GNP는 자국 내에 거주하고 있는 외국인에 의해 생산된 부가가치는 빠지지만 자국민이 외국에서 생산한 부가가치는 포함된다는 점에서 GDP와 차이가 있다.

과거에는 GNI를 GNP라고 불렀다. 국가 간 상호 의존도가 낮은 단계에서는 한 국가의 경제 규모를 주로 GNP를 사용하여 측정하였으나 20세기 후반 이후 개방 정도가 급속히 고도화되고 투자와 무역 등의 대외 거래가 늘어남으로 인해 국가 간 상호 의존도가 높아지게 되었다. 이에 따라 각 국가들은 GNP 대신에 GDP를 사용하여 자국의 경제 규모를 표시하기 시작하였는데 우리나라도 1995년부터 국내 경제 상황의 정확한 진단을 위해 GNP 대신 GDP를 생산지표로 사용하고 있다.

통상적으로 GDP는 시장가격에 의해 측정된다. 그 이유는 시장가격이 소비자의 관점에서는 한계효용을, 생산자의 입장에서는 각 상품의 한계비용[2]을 가장 정확하게 반영하고 있으며 시장가격은 파악하기가 상대적으로 쉽기 때문이다. 시장가격으로 표시된 GDP의 변동을 통해 경제 활성화의 정도와 국민복지수준의 변화를 관찰할 수 있다.

---

개방경제 아래에서는 반드시 경제활동이 시장을 통해서만 이루어지는 것은 아니다. 시장을 통한 경제활동은 아니지만 한 국가에 소득으로 포함되는 요소들이 있는데 대표적인 것으로 공적 개발 원조를 제공하거나 혹은 수취하는 것과 외국에서 송금을 받거나 혹은 송금하는 것들이 포함된다.

이와 같은 거래를 국가 간 이전이라고 하는데 생산 활동과 상관없는 순이전(Net Unilateral Transfer, NT)은 한 국가가 국민총소득(GNI)에 처분할 수 있는 소득이 추가된 것임으로 이를 국민총가처분소득(Gross National Disposable Income, GNDI)이라고 한다.

---

2) 한계효용(Marginal Utility)이라는 개념은 소비를 통해 소비자가 느끼는 효용과 관계가 있는데 특정한 재화를 한 단위 더 소비할 때 추가로 증가하는 효용을 말한다. 반면, 한계비용(Marginal Cost)은 생산 혹은 공급의 측면과 관련이 있는데 생산자가 산출물을 한 단위 더 생산하고자 할 때 추가로 부담하는 생산비용을 한계비용이라고 말한다.

따라서 $GDNI = GNI + NT$가 되고 $GNDI = (GDP + NFI) + NT$가 된다. $GDP = (C + I + G) + NX$이므로 궁극적으로 $GDNI = [(C + I + G) + NX + NFI] + NT$이 된다.

---

그러나 시장가격으로 표시된 GDP는 당해 연도와 기준이 되는 연도 사이에 물가가 변할 수 있다는 점을 고려할 때 진정한 경제 활성화 정도와 국민복지 수준을 나타내기는 어렵다. 그 이유는 GDP가 생산된 재화와 서비스라는 물량에 당해 년의 시장 가격을 곱해 계산되기 때문에 단순히 GDP의 수준 비교만으로는 물량 변동을 정확히 파악할 수 없기 때문이다. 따라서 물량 변동을 정확히 파악하기 위해서는 가격 수준을 일정하게 고정한, 즉 인플레이션[3]이라고 부르는 물가 상승분을 고려하여 배제하는 노력이 필요하다. 이런 목적으로 기준 연도를 정하고 기준 연도의 물가를 기준으로 한 후 각 연도의 가격 변동으로 인한 영향을 제외한 후 물량을 비교함으로써 물량의 변화를 관찰할 수 있게 된다.

이처럼 당해 연도의 가격으로 표시된 GDP를 경상가격 GDP(GDP in current prices) 혹은 명목 GDP(nominal GDP)라고 부르고 기준 연도의 가격, 즉 실질 가격으로 표시된 GDP를 불변가격 GDP(GDP in constant prices) 혹은 실질 GDP(real GDP)라고 한다.[4] 경상 GDP를 실질 GDP로 변경하는데 사용되는 가격지수, 즉 가격 디플레이터(price deflator)를 GDP디플레이터라고 한다.

실질 GDP는 다음과 같은 공식을 가지고 구할 수 있다.

$$실질\ GDP = \frac{명목\ GDP}{가격지수} = \frac{명목\ GDP}{GDP디플레이터}$$

---

3) 인플레이션(inflation)이란 한 경제 내에서 일정 기간에 걸쳐 재화와 서비스에 걸쳐 전반적으로 가격이 지속해서 상승하는 현상을 지칭한다.

4) 실질 GDP를 추계하는 방법에는 기준 연도의 고정된 금액이나 가중치를 계속해서 사용하는 고정가중법(fixed weighted method)과 전년도의 가격 혹은 금액 가중치를 사용하는 연쇄가중법(chain-weighted method)이 있다. UN, EU 등에서는 연쇄가중법을 사용하도록 권고하고 있으며 OECD 회원국들은 거의 대부분 연쇄가중법을 사용하여 실질 GDP를 추계하고 있다. 우리나라도 기준 연도를 2005년으로 변경하였고 2009년부터 연쇄가중법을 사용하여 실질 GDP를 추계하고 있다.

그러나 일반적으로 GDP디플레이터의 경우 기준 연도를 100으로 상정하고 있기 때문에 실질 GDP는 다음과 같이 구해진다.

$$실질\ GDP = \frac{명목\ GDP}{GDP디플레이터} * 100$$

[표 1-1] 한국의 명목 및 실질 GDP

| | 2014 | 2015 | 2016 | 2017 | 2018 |
|---|---|---|---|---|---|
| 국내총생산 (명목, 원화표시) (십억 원) | 1,562,928.90 | 1,658,020.40 | 1,740,779.60 | 1,835,698.20 | 1,893,497.00 |
| 국내총생산 (실질, 원화표시) (십억 원) | 1,612,717.5 | 1,658,020.4 | 1,706,880.3 | 1,760,811.5 | 1,807,735.9 |
| GDP디플레이터 (2015=100) | 96.913 | 100.000 | 101.986 | 104.253 | 104.744 |

출처: 통계청 국민계정

[표 1-1]은 한국의 국민총생산, 즉 GDP를 2014년~2018년에 걸쳐 보여주고 있다. 2018년 한국의 명목 GDP는 1천 893조 4천 970억 원이며 실질 GDP는 1천 807조 7천 359억 원이다. 이때 사용된 물가지수인 GDP디플레이터는 기준 연도인 2005년에 100.000이며 2018년의 GDP디플레이터는 104.744로 주어져 있다.

이 표를 활용하는 경우 명목 GDP와 실질 GDP가 주어져 있으면 GDP디플레이터를 구할 수 있을 뿐만 아니라 세 가지의 정보 중 최소한 두 가지가 주어져 있을 때 위의 공식을 적절히 활용하여 남은 하나의 정보를 도출하는 것이 얼마든지 가능하다.

## 1.2 GDP 측정 방법과 국가 간 비교

각국은 자국의 경제 규모를 측정하는 GDP를 자국 통화로 측정하여 발표한다. 이처럼 집계된 GDP를 국가 간 비교하거나 혹은 국가들의 GDP를 총합산한 전 세계 GDP를 구하기 위해서는 공통적인 기준[5)]에 의해 GDP가 측정되어야 할 뿐만 아니라 동일한 화폐 단위로 표시되어야 가능할 것이다.

자국 통화로 표시된 GDP를 공통된 특정 국가의 통화로 변환시켜야 하는데 통상적으로는 미국 달러(US dollar)를 사용하여 표시한다. 이때 자국 통화가 외환시장에서 거래되는 가격인 시장 환율(market exchange rate)을 사용하여 변환하는 방법이 흔히 사용된다. 자국 통화로 표시된 GDP를 기준 통화, 즉 미국 달러로 표시한 GDP를 전 세계에 있는 국가를 모두 합산하면 미국 달러로 표시된 전 세계의 GDP를 도출할 수 있게 된다. 공통 통화로 표시된 전 세계 GDP를 현재 가격으로 표시하면 전 세계 명목 GDP가 되며 기준 연도를 중심으로 한 전 세계 실질 GDP를 역시 산출할 수 있게 된다.

---

각국의 GDP를 기준 통화로 변환할 때 시장 환율이 일반적으로 사용되나 시장 환율은 구매력과 상관없는 금리, 국제수지, 외환 거래자의 예상, 정치적 불안 요소 등에 의해 빈번하게 그리고 큰 폭으로 영향을 받는다. 그뿐만 아니라 보통 모든 재화와 서비스가 국제적으로 거래되는 교역재는 아니기 때문에 한 국가 내에서만 통용되는 비교역재가 존재하는 경우에는 상대 가격을 제대로 반영하지 못하는 단점을 가지게 된다.

이와 같은 단점을 보완하기 위하여 국가 간에 존재하는 물가 수준의 차이를 제거한 통화 환산 비율인 구매력 평가(purchasing power parity, PPP) 환율을 사용하여 GDP를 변환한다. 여기서 구매력 평가 환율이란 한 국가의 통화가 동일한 양의 재화와 서비스를 구매하기 위해 필요한 외국 통화로 변환되는 비율을 말한다. 간단히 설명하면 미국 1달러로 구매할 수 있는 동일한 상품을 한국 원으로 구매하기 위해 필요한 비용이 구매력 평가 환율이다.

일반적으로 신흥국과 개발도상국에서는 시장 환율과 구매력 평가 환율 사이에는 커다란 차이가 존재하는데 그 이유는 이들 저소득국에서는 비교역재의 가격이 고소득국보다 저렴하기 때문이다.

국가 간 물가 수준의 차이가 있는 점을 고려할 때 국가 간 통계의 비교에서는 구

---

5) GDP와 관련된 통계는 국민계정(National Account)이라고 하는 커다란 분류 안에서 제공되는데 각국이 GDP를 측정할 때 사용하는 국제적인 기준은 국제통화기금(the International Monetary Fund), 유럽연합(the European Commission), OECD(the Organization for Cooperation and Economic Development), UN(the United Nations) 및 세계은행(the World Bank)이 집계한 '국민계정 제도 1993(the System of National Account 1993)'에 담겨 있다.

매력 평가 환율을 사용한 통계가 더 적절한 평가 기준을 제공하는데 UN, 세계은행, OECD 등의 국제기구에서 구매력 평가 환율을 산출하고 있다. 영국의 이코노미스트(the Economist)가 각국에서 팔리고 있는 빅맥 가격을 비교하여 산출한 '빅맥지수(Big Mac Index)가 구매력 평가 기준 환율의 대표적인 예이다.

이와 같은 방법으로 전 세계 GDP뿐만 아니라 특정 지역, 예를 들면 아시아, 유럽, 미주, 대양주와 아세안국가연합(ASEAN), 유럽연합(EU)과 같은 특정 지역의 국가 그룹들만의 GDP 역시 도출할 수 있다. 전 세계 GDP와 이들 지역 GDP의 일정 기간에 걸친 변화율을 통해 전 세계 경제 및 특정 지역의 경제 활성화 정도를 측정할 수 있다.

## 1.3 경제 성장률의 이해: 명목 경제 성장률 및 실질 경제 성장률

한 국가의 경제 성과와 활성화 정도를 나타내는 지표를 경제 성장률이라고 하는데 주로 실질 GDP를 사용하여 계산한다. 경상 GDP를 가지고 경제 성장률을 계산할 수 있지만, 전반적으로 한 국가 내에서 전반적으로 가격이 상승하는 현상인 인플레이션은 실질적인 경제 활성화 정도를 측정하기 어렵게 만든다. 그 이유는 경상 GDP를 가지고 도출되는 경제 성장률은 양적인 팽창뿐만 아니라 가격 상승으로 인한 효과를 동시에 내포하고 있기 때문이다. 따라서 정확한 경제 성장률을 도출하기 위해서는 가격 상승으로 인한 효과 부분을 제거하는 노력이 우선되어야 한다. 따라서 일반적으로 경제 성장률을 계산할 때는 실질 GDP(Real GDP)를 사용하여 계산하고 경제 성장률은 대부분 실질 경제 성장률을 지칭한다.

대부분 국가에서 국내총생산 자료를 분기별로 작성하여 발표하고 있기 때문에 경제 성장률은 분기별 성장률과 연간 성장률로 나누어 계산할 수 있다.

경제 성장률을 비교 시점에 따라 전년 같은 시점 대비(전년 동기 대비; 보통 y-o-y(year-on-year)) 및 바로 직전 시점 대비(전기 대비) 성장률이라는 말을 사용한다.

전년 동기 대비 성장률은 $(\frac{Q_t}{Q_{t-4}} - 1)*100\%$로 계산한다. 여기서 분모에 표시되는 시점을 $(t-4)$로 표시한 것은 GDP 자료가 분기별로 작성되는 분기별 GDP이면 $(t-4)$는 전년의 같은 분기를 나타낸다. 전년 동기 대비 성장률은 연간 성장률과 다른 의미를 지니지만 상대적으로 비교하기가 쉽다.

이번 기의 수치 Q와 바로 직전 기의 수치 $Q_{t-1}$이 주어졌을 때 전기 대비 성장률은 $(\frac{Q_t}{Q_{t-1}} - 1)*100\%$로 계산한다. 따라서 전기 대비 성장률은 실제 분기 성장률을 나타낸다.

분기별로 집계되는 GDP는 계절적 특성을 나타내는 경향이 있으며 이는 경제활동에 대한 올바른 이해를 방해할 수 있기 때문에 전기 대비 성장률을 계산할 때는 계절적 특성을 제거한 계절 조정된(seasonally adjusted) GDP 자료를 사용하여 계산한다. 하지만 전년 동기 대비 성장률을 계산할 때는 원래의 GDP 자료를 가지고 계산한다.

전기 대비 성장률은 연율로 나타내는 경우가 있는데 이를 전기비연율이라고 하고 다음과 같이 계산한다. $((\frac{Q_t}{Q_{t-1}})^4 - 1)*100\%$.

전기비연율을 바탕으로 연간 경제 성장률로 사용하고자 하는 경우 경제 상황이 급격히 변화하는 경우에는 실제 분기 성장률이 확대 혹은 축소되는 경향이 있음으로 주의가 필요하다.

## 2 세계 경제의 이해

### 2.1 최근의 전 세계 경제 성장률의 변화와 이해

[표 1-2]는 국제통화기금(the International Monetary Fund, 이하 IMF)이 발표한 2017년부터 2019년까지 연도별로 각국 통화의 시장 환율을 활용하여 미국 달러로 표시된 전 세계 명목 GDP, 구매력평가 환율로 표시된 전 세계 명목 GDP를 보여주고 있다. 이와 더불어 불변가격으로 표시된 GDP변

화율을, 즉 전 세계의 실질 경제 성장률을 두 개로 나누어 보여주고 있는데 그 하나는 각국의 통화를 기준으로 불변가격을 도출한 후 성장률을 구한 GDP 불변가격(변화율)이며 또 다른 하나는 불변가격으로 표시된 각국의 GDP를 시장 환율을 사용하여 미국 달러로 계산한 후 성장률을 구한 GDP 불변가격 변화율(시장 환율)이다.

[표 1-2] 전 세계 GDP와 경제 성장률

| | 2017 | 2018 | 2019* |
|---|---|---|---|
| GDP, 경상가격 (미국 달러; 십 억) | 80,262.15 | 84,929.51 | 86,598.83 |
| GDP, 경상가격 (구매력 평가; 국제달러; 십 억) | 127,703.39 | 135,435.95 | 141,859.63 |
| GDP, 불변가격 (변화율, %) | 3.81 | 3.61 | 3.01 |
| GDP, 불변가격 (변화율 (시장 환율), %) | 3.23 | 3.08 | 2.47 |

비고: 2019년 수치는 IMF의 추정치를 나타낸다.
출처: IMF, World Economic Outlook 데이터베이스

먼저, 경상 가격으로 표시된 2019년 전 세계 명목 GDP는 86조 5천 988억 3천만 미국 달러에 달하며 이를 구매력 평가 국제 달러로 환산한 경우에는 141조 8천 596억 3천만 달러에 달한다. 반면 2018년에 해당하는 수치는 각각 84조 9천 295억 1천만 달러와 135조 4천 359억 5천만 달러이다.

시장 환율로 반영한 전 세계 명목 GDP와 구매력 평가를 반영한 전 세계 명목 GDP의 차이가 발생하는 이유는 무엇이라고 생각하는가?

시장 환율을 사용하여 미국 달러로 표시한 2019년의 전 세계 명목 GDP는 2018년 명목 GDP의 약 1.02배에 해당하는 수치이며 구매력 평가를 반영한 국제 달러로 환산한 2019년의 전 세계 명목 GDP는 2018년 명목 GDP의 1.05배 정도에 달한다.

2018년~2019년 기간의 명목 경제 성장률을 계산해 보면 미국 달러로 표시한 GDP의 경우는 약 2%, 구매력평가 환율로 계산된 전 세계 명목 GDP의 경우 명목 경제 성장률은 약 4.7%에 달한다.

일반적으로 경제 성장률은 실질 GDP를 사용하여 계산한 실질 경제 성장률을 나타내는데 [표 1-2]에는 전 세계의 경제 활성화 정도를 더욱더 자세히 나타내기 위하여 두 종류의 전년도 대비 실질 경제 성장률을 각각 보여주고 있다.

먼저, GDP 불변가격(변화율, %)을 사용할 경우 2019년도는 2018년 대비 3.01% 성장하였는데 이는 2018년의 성장률인 3.61%보다 약 0.59% 하락한 수치이다. 이는 2019년도의 전 세계 경제 활성화 정도가 2018년보다 낮다는 것을 의미한다.

또 다른 실질 경제 성장률은 GDP 불변가격(변화율, (시장 환율), %)으로 도출된 경제 성장률이다. 이 데이터를 중심으로 보면 2019년의 2018년 대비 실질 경제 성장률은 2.47%로 나타나고 있는데 이는 2018년의 실질 경제 성장률 3.08%보다 약 0.61% 정도 낮은 수치이다.

---

기준 시점의 수치($Y_0$)와 바로 다음 시점의 수치($Y_1$)가 주어져 있을 때 기준 시점($t = 0$) 대비 그 다음 시점($t = 1$)의 성장률($g$)을 구하는 방법은 다음과 같다.

$$g = \frac{(Y_1 - Y_0)}{Y_0} * 100\% \text{ 혹은 } g = (\frac{Y_1}{Y_0} - 1) * 100\%.$$

성장 함수(growth function)를 사용하여 고려해 보면 기준 시점($t = 0$)의 수치($Y_0$)가 비교 시점인 바로 그 다음 시점($t = 1$)까지의 성장률을 g라고 가정하면 $t = 1$ 시점의 수치($Y_1$)를 다음과 같이 표현할 수 있다.

$$Y_1 = (1 + \frac{g}{100}) Y_0.$$

이를 정리하면 $(1 + \frac{g}{100}) = \frac{Y_1}{Y_0}$가 되고, 간단히 하면

$g = (\frac{Y_1}{Y_0} - 1) * 100\%$가 된다.

---

GDP 불변가격(변화율, %)을 사용하여 도출한 실질 경제 성장률과 GDP 불변가격(변화율, (시장 환율), %)으로 도출된 경제 성장률 이 두 종류의 실질 경제 성장률의 차이는 무엇에 기인하는 것일까?

GDP 불변가격(변화율, %)으로 측정된 경제 성장률은 각국의 자국 통화로 표시된 실질 GDP를 활용하여 성장률을 도출하고 이를 각국이 전 세계 경제에서 차지하는 비중을 고려한 가중 평균의 합으로 계산한 실질 성장률 수치이다.

GDP 불변가격(변화율, (시장 환율), %)으로 측정된 경제 성장률은 각국의 실질 GDP를 시장 환율로 변환한 GDP의 성장률을 각 국가가 전 세계에서 차지하는 비중으로 가중 평균하여 도출한 실질 성장률 수치이다.

따라서 시장 환율을 사용하여 표시된 전 세계 실질 GDP의 성장률이 낮다는 것은 각국의 통화 가치가 미국 달러 대비 하락한 것 즉, 평가절하 되었음을 의미한다.

두 종류의 실질 경제 성장률 데이터를 비교해 보면 GDP 불변가격(변화율, %)으로 측정된 경제 성장률이 GDP 불변가격(변화율, (시장 환율), %)으로 측정된 경제 성장률보다 2018년과 2019년 모두 높게 나타나고 있다. 하지만 두 데이터 모두 2019년도의 전년 대비 경제 성장률을 고려하였을 때 전 세계 경제 활성화 정도는 2018년 대비 낮은 수준인 것으로 명확하게 파악할 수 있다.

2018년 대비 2019년의 경제 성장률이 낮아진 것은 일부 국가에서 촉발되고 국한된 현상이 아니라 전 세계적으로 관찰되는 현상으로 그 이유는 대략적으로 다음과 같은 네 가지로 요약된다.

첫째, 2019년의 저성장은 미국과 중국 간의 무역과 기술 분쟁에 따른 보호주의 무역의 확산과 이에 따른 정책적 불확실성에 기인한다. 이와 같은 무역 정책상의 불확실성 증가는 투자심리와 자본재에 대한 수요의 위축을 야기하였으며 제조업 생산과 전 세계 무역성장에 부정적인 영향을 행사하였다.

둘째, 일부 국가들의 특수한 요인에 기인한 것인데 유로존 국가와 중국에서 배출가스 저감을 위한 새로운 환경 기준 적용 등과 같은 요인으로 인해 자동차산업에서의 생산 활동이 위축되는 부정적인 영향이 발생하였다.

셋째, 미국과 이란 간의 관계, 미국과 북한과의 관계 등과 같은 지정학적인 긴장 요인과 2020년 2월 1일부로 공식적으로 EU를 탈퇴한 영국의 브렉시트(Brexit)에 따른 불안정화 요소와 유로 지역과 신흥 개도국에서의 미약한 경제 회복 등과 같은 부정적인 요인이 강하게 작용하였다.

마지막으로, 선진국에서의 생산성 증가율의 저하와 고령 인구와 관련된 구조적인 문제가 지속해서 경제 성장과 관련된 부정적인 영향을 행사하고 있다.

---

그럼 2019년 전 세계 경제의 경제 활성화 정도가 2018년 대비 많이 위축된 이유는 무엇일까? 2019년 국제통화기금(IMF)이 발간한 2019년 10월의 세계경제전망 보고서는 2019년 세계 경제가 2018년보다 저속 성장한 이유를 크게 다음과 같은 세 가지 이유를 들어 설명하고 있다.

첫째, 자동차 생산과 판매의 급격한 감소인데 여기에는 2018년 실시된 중국의 하이브리드 자동차, 전기 자동차와 같은 신에너지 자동차 구입과 관련된 자동차 세금 면제 기간의 만료에 따른 수요 요인과 더불어 독일을 비롯한 유로 지역(the Euro Zone) 국가들의 새로운 배출가스 기준에 따른 생산라인의 재조정과 맞물린 소비자들의 관망하는 자세가 부정적인 영향을 행사하였다.

둘째, 미국과 중국 간의 무역 및 기술과 관련하여 고조된 긴장으로 인한 투자 심리의 위축에 기인한다. 미국의 관세 인상과 이에 대응하는 보복관세 등으로 글로벌가치사슬(global value chain: GVC)에 의해 엮어져 있는 제조업의 중간재에 대한 가격 상승을 야기하였다. 향후의 무역 전망과 관련하여 고조된 긴장감에 따른 불확실성이 확대되었기 때문에 기업들은 장기적인 투자에 대해 신중한 관망 자세를 유지하고 있다. 이와 같은 추세는 무역 지향적이고 글로벌가치사슬 관계망에 노출된 동북아시아 지역에서, 자본재 생산에서 더욱더 명확하게 관찰되고 있다.

셋째, 중국의 수요 증가 감소세와 관련되어 있는데 부채 문제를 규제하기 위한 중국 정부의 노력과 무역의 긴장 고조에 의한 거시경제적인 효과와 연관되어 위축된 수요이다.

---

## 2.2 장기간에 걸친 전 세계 경제 성장률의 이해

[그림 1-2]는 1980년~2019년에 걸친 전 세계의 연간 실질 경제 성장률을 보여주고 있는데 GDP 불변가격으로 측정한 경제 성장률과 GDP 불변가격(시장 환율)을 사용하여 측정한 경제 성장률의 차이가 존재한다는 사실 이외에 다음과 같은 주요한 몇 가지 사항을 관찰할 수 있다.

첫째, 1980년~2019년의 40년 동안 전 세계 경제의 연간 경제 성장률이 일정하지 않고 연도별로 많은 변화, 즉 높은 변동성을 보인다. 이 기간의 연평균 성장률6)은 GDP 불변가격으로 측정한 경제 성장률은 3.47%, GDP 불변가격(시장 환율)을 사용하여 측정한 경제 성장률은 2.83%로 기록되고 있으며 따라서 표준편차를 평균으로 나눈 값인 변동성(coefficient of variation)은 각각 0.345와 0.424로 나타나고 있다.

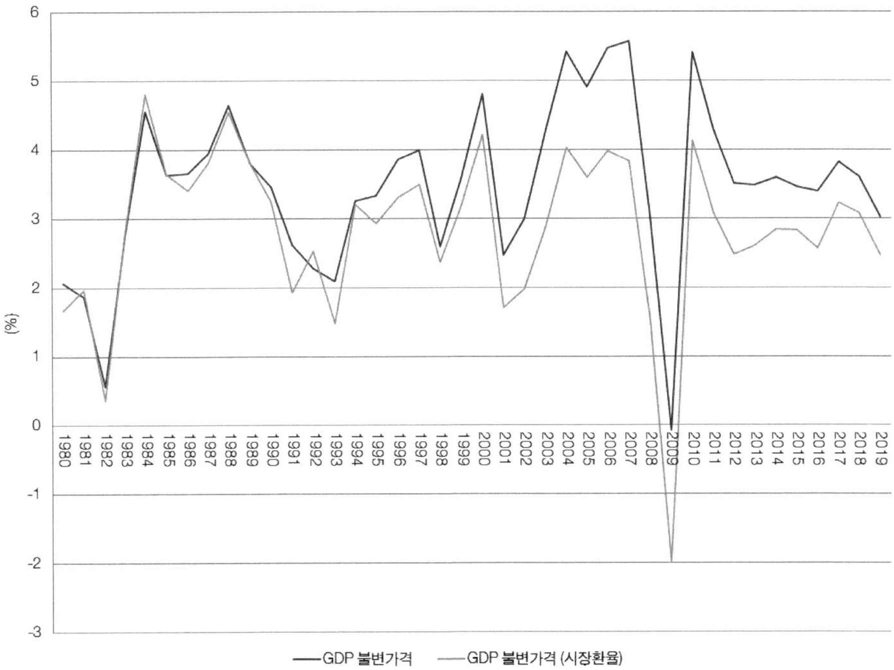


[그림 1-2] 전 세계 경제 성장률, 1980년~2019년

출처: IMF, 세계경제전망 데이터베이스를 활용하여 작성

둘째, 경제 성장률은 연도별로 높은 변동성을 보일 뿐만 아니라 10년 단위로 크게 기간을 나누어 보아도 연평균 경제 성장률의 차이가 존재한다. [표 1-3]을 보면 2000년~2009년 기간 동안 GDP 불변가격으로 표시된 연평균 경제 성장률이 3.87%로 가장 높게 나타나며 2010년~2019년 기간은 3.73%로 다소 하락한 수준이다. 그러나 이들 두 기간의 연평균 경제 성장률은 1980년~1989년 및 1990년~1999년의 경제 성장률 3.14%와 3.10%보다 높게 나타나고 있다.

---

6) 이 연평균 성장률은 CAGR(Compound Average Growth Rate)라고 하는데 이는 기하평균(geometric average)에 해당하는 개념이다.

각국 통화의 시장 환율을 반영한 GDP 불변가격(시장 환율)으로 측정된 연평균 경제 성장률은 1980년~1989년이 3.07%로 가장 높게 나타나고 있으며 그다음으로 2010년~2019년이 2.93%를 기록하고 있다. GDP 불변가격의 경제 성장률로 측정했을 때 연평균 경제 성장률이 가장 높았던 2000년~2009년은 가장 낮은 2.56%를 기록하였다.

이와 같은 차이는 앞서 언급한 이유에서 보는 바와 같이 2000년~2009년 기간 많은 국가의 통화가 미국 달러에 대해 평가절하 되었음을 반영하고 있다고 할 수 있다.

연간 GDP가 시리즈가 $Y_1, Y_2, \dots, Y_t$와 같이 주어져 있을 때 연 단위의 성장률 g(%)는 다음과 같이 계산된다.

$$g = (\frac{Y_t}{Y_{t-1}} - 1)*100\%$$

여기서 n은 해당 연도, (t-1)은 직전 연도를 표시한다.

그럼 초기부터 말기까지의 소위 연평균 성장률은 어떻게 도출할 수 있을까? 연평균 성장률의 정확한 명칭은 복합평균 성장률(compound average growth rate, CAGR)이라고 부르는데 일반적으로 CAGR 혹은 연평균 성장률이라고 칭한다.

각 연도 별로 도출된 성장률 $g_1, g_2, \dots, g_n$이 주어져 있을 때 모든 성장률이 양수(즉, 〉0)인 경우에는 이 성장률의 기하평균을 도출하면 CAGR이 된다. 연평균 경제 성장률이 각 연도 성장률의 기하평균이므로 단순한 산술평균과는 개념적으로 차이가 있다. 그뿐만 아니라 경제 성장률에 음수가 포함된 경우도 종종 있기 때문에 이 경우에는 기하평균이라는 개념을 도출하기가 어려워진다. 이때는 다음과 같은 방법으로 CAGR, 즉 연평균 성장률 $\bar{g}$를 도출할 수 있다.

$$\bar{g} = \left\{ [(1+\frac{g_1}{100})*(1+\frac{g_2}{100})*.....*(1+\frac{g_n}{100})]^{\frac{1}{n}} - 1*100\% \right\}$$

[표 1-3] 기간 별 전 세계 연평균 실질성장률(CAGR, %)

| 기간 | 1980년~1989년 | 1990년~1999년 | 2000년~2009년 | 2010년~2019년 |
|---|---|---|---|---|
| GDP 불변가격 | 3.14 | 3.10 | 3.87 | 3.75 |
| GDP 불변가격(시장 환율) | 3.07 | 2.76 | 2.56 | 2.93 |

셋째, 전 세계 경제의 성장률이 전년 대비 급격하게 하락하는 경우가 관찰되는데 1982년, 1993년, 2001년과 2009년이 각각 해당한다. 특히, 2009년의 경우 전 세계 경제의 경제 성장률이 -1.99%로 성장보다 위축되는 결과를 초래하였는데 이는 미국에서 발생한 서브프라임모기지 사태와 더불어 촉발된 글로벌금융위기(Global Financial Crisis)가 전 세계 경제로 확산하여 경제 침체를 야기하였기 때문이다.

넷째, 2009년 글로벌금융위기 이후 전 세계 경제는 일시적으로 회복하는 양상을 노출하였으나 2012년 이후부터 지속해서 전반적인 경제 성장률이 하락하는 '신상태(the new normal)'를 보여주고 있다. 그럼 이 시기에 전 세계 경제가 더딘 성장세를 보이는 이유는 무엇일까? 그 이유는 ① 글로벌금융위기와 세계적인 경제침체의 여파가 유로를 사용하는 국가들과 중국과 같은 수출지향적인 국가들의 수출품에 대한 수요를 위축시켰기 때문이다. 이와 같은 중국 경제의 성장속도 둔화는 철광석과 원유 등의 원자재에 대한 수요 감소를 야기하였다. ② 국제관계와 정치상의 불안정 요소가 존재한다. 브라질, 아르헨티나, 베네수엘라 등을 비롯한 남미, 중동 지역에서의 정치적인 불안 요소와 그리스와 영국의 EU 탈퇴 문제 등과 관련된 불확실성이 증가하였기 때문이다. ③ 글로벌금융위기 이후 다자간 협상을 통한 개방적인 무역 및 통상환경을 추구하기보다 미국-중국 간의 무역 분쟁의 예에서 보는 바와 같이 양자 간 협상을 통한 보호주의 무역이 전반적으로 확산하여 무역 정책에 대한 불확실성이 고조되었다. 궁극적으로 증가된 무역 정책상의 불확실성은 기업의 투자 부진과 고용 하락을 유도할 뿐만 아니라 소비자 신뢰와 지출을 감소시킴으로써 전 세계 경제 활성화에 부정적인 영향을 행사하였다.

---

신상태(the new normal)라는 말은 2007년~2008년에 발생한 글로벌금융위기와 그 이후 2008년~2012년에 걸쳐 발생한 세계 경제가 저속성장하는 상태를 설명하는 경제 및 비즈니스 용어이다. 특히, 2012년 이후 중국의 경제 성장률이 급격히 하락하였는데 이런 경제 상태를 표현하기 위하여 2014년 5월 중국의 시진핑(Xi Jinping) 주석이 중국 경제는 '신상태(new normal, 新常态)'에 돌입하였다고 하면서부터 광범위하게 사용되기 시작하였다.

---

## 2.3 지역별 실질 경제 성장률의 이해

[그림 1-3]은 1980년~2019년 기간 동안 IMF가 제공하고 있는 GDP 불변 가격으로 측정된 실질 경제 성장률을 전 세계와 선진국, 신흥 및 개발도상국(이하, 신흥 및 개도국)으로 나누어 보여주고 있다.

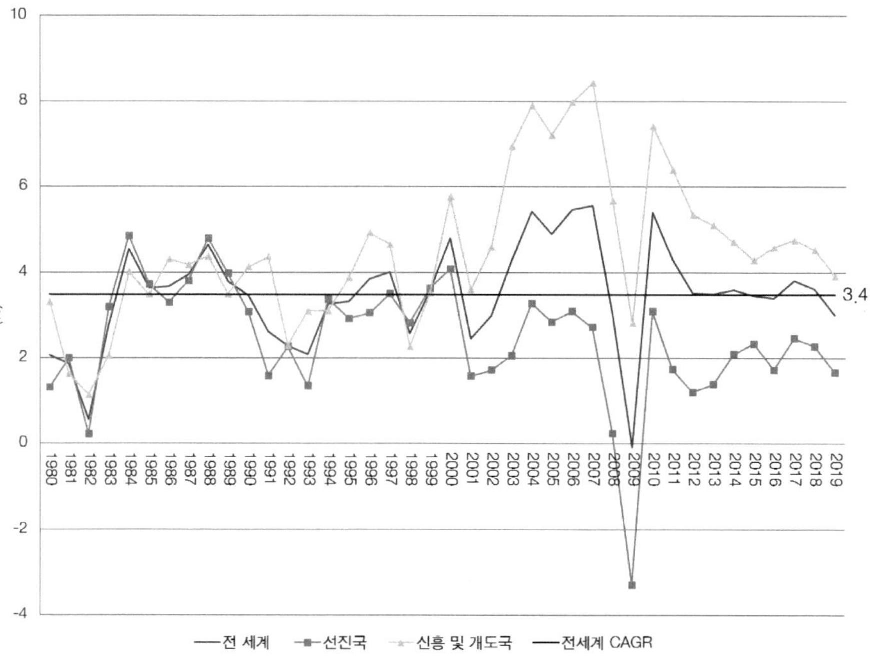


[그림 1-3] 세계, 선진국, 신흥 및 개도국 실질 경제 성장률, 1980년~2019년

출처: IMF, 세계경제전망 데이터베이스

이 기간에 전 세계의 연평균 경제 성장률은 3.41%이며 선진국은 2.42%, 신흥 및 개도국은 4.49%를 기록하여 신흥 및 개도국의 연평균 경제 성장률이 훨씬 높게 나타났다. 1980년대 이후 전 세계, 선진국, 신흥 및 개도국 경제 성장률의 변동 폭이 증가하고 있으며 따라서 1980년~2019년 이들의 변동성은 0.35, 0.58 및 0.38을 기록하여 선진국의 경제 성장률의 변화가 더 심한 것으로 나타나고 있다. 전 세계의 경제 성장률과 선진국의 경제 성장률은 서로 간의 상관계수가 0.815를 기록하여 서로 긴밀하게 움직이고 있는 반면에 전 세계와 신흥 및 개도국의 경제 성장률 간의 상관관계는 0.179로 매우 낮게 나

타났다. 그러나 2000년 이후 전 세계와 선진국 그리고 전 세계와 신흥 및 개도국 경제 성장률 간의 상관계수를 구해 보면 각각 0.885와 0.889로 나타나고 있어 2000년 이후의 전 세계 경제는 상호 매우 밀접하게 연동되어 있음을 관찰할 수 있다.

[표 1-4] 전 세계 지역별 연평균 실질성장률(CAGR, %) (GDP 불변가격)

| 지역 | 1980년~1989년 | 1990년~1999년 | 2000년~2009년 | 2010년~2019년 |
|---|---|---|---|---|
| **전 세계** | 3.14 | 3.10 | 3.87 | 3.75 |
| **선진국** | 3.11 | 2.75 | 1.81 | 2.00 |
| 유로 지역 | | 2.01 | 1.34 | 1.36 |
| G7 | 3.00 | 2.49 | 1.43 | 1.89 |
| 기타 선진국 | 4.72 | 4.37 | 3.48 | 2.88 |
| EU | 2.21 | 2.09 | 1.73 | 1.67 |
| **신흥 및 개도국** | 3.19 | 3.62 | 6.08 | 5.10 |
| 아시아 | 6.77 | 7.20 | 8.15 | 7.05 |
| 유럽 | 2.18 | -2.39 | 4.75 | 2.95 |
| 아세안 5개국 | 5.70 | 5.06 | 5.03 | 5.28 |
| 남미 캐리비안 | 2.07 | 2.91 | 3.00 | 1.99 |
| 중동 및 중앙아시아 | 0.67 | 3.83 | 5.42 | 3.32 |
| 사하라 사막 이남 아프리카 | n.a. | 2.20 | 5.62 | 4.12 |

출처: IMF 세계경제전망 데이터베이스를 활용하여 계산

[표 1-4]는 IMF가 제공하고 있는 GDP 불변가격으로 측정된 실질 경제 성장률(CAGR)을 IMF가 구분한 경제 권역별로 나누어 보여주는데 이 표에서 몇 가지 주요한 사항을 관찰할 수 있다.

먼저, 전 기간을 통해 나타나는 신흥 및 개도국의 실질 경제 성장률과 선진국의 실질 경제 성장률의 차이이다. 신흥 및 개도국의 연평균 경제 성장률이 1980년대 이후 전 기간에 걸쳐 선진국보다 높다. 1980년대의 연평균 성장률은 신흥 및 개도국과 선진국의 차이는 미미하였으나 그 격차는 점점 커지기

시작하여 2000년~2009년 기간은 신흥 및 개도국의 연평균 성장률은 6.08%인데 비하여 선진국의 성장률은 1.81%에 거쳐 그 격차가 가장 심하게 벌어졌다.

선진국 중에서는 유로 지역(Euro Zone)과 EU, G7 등의 평균 경제 성장률이 낮게 나타나고 있으며 기타 선진국의 경제 성장률이 선진국에서는 가장 높게 나타나고 있다. 기타 선진국의 경우는 2.88%의 평균 경제 성장률을 기록하여 여전히 선진국에서 가장 높은 평균 성장률을 기록하고 있지만, 세계 금융위기 이전과 비교하여 성장률이 급격하게 하락한 것을 관찰할 수 있다. 반면 G7의 경우에는 2010년~2019년 기간 평균 경제 성장률이 세계 금융위기 이전의 성장률보다 높은 1.89%를 기록하여 대조되는 현상을 노출하고 있다.

### 2.3.1 선진국 실질 경제 성장률의 이해

[표 1-5]는 G7 국가들의 1980년~2019년 기간의 연평균 성장률을 세분하여 보여주고 있다. 이 기간 가장 높은 평균 경제 성장률을 기록한 국가는 2.62%의 연평균 성장률을 기록한 미국이며 그다음으로 2.35%를 기록한 캐나다와 2.12%를 기록한 영국이다. 이들 G7 국가 중에서 같은 기간 이탈리아의 연평균 성장률은 1%를 조금 넘는 1.12%를 기록하여 가장 낮은 성장률을 기록하였으며 독일 1.69%, 프랑스 1.79% 및 일본은 1.91%라는 낮은 평균 경제 성장률을 기록하였다. 그러나 이와 같이 낮은 연평균 경제 성장률은 이들 국가가 다소 빠르게 성장하였던 1980년~1989년 기간을 제외하면 더욱더 낮아진다. 전 세계 경제가 가장 빠른 속도로 성장하였던 2000년~2009년 기간에 이들 G7 국가들은 매우 낮은 성장률을 기록하였는데 이 기간에 일본의 연평균 경제 성장률은 0.50%, 이탈리아 0.51%, 독일 0.73%를 기록하였고 전체적으로 가장 높은 성장률을 기록하였던 미국도 연평균 성장률 1.89%를 달성하는데 머물렀다. 세계 금융위기 이후의 기간인 2010년~2019년 기간에는 G7 국가 중 전 세계 무역이 뚜렷한 성장세를 보이지 않고 있으며 내수 침체 및 정부 정책의 불확실성과 금융비용의 상승으로 곤란을 겪고 있는 이탈리아의 연평균 성장률은 0.23%로 더욱더 하락하였으며 프랑스의 성장률 또한 전기보다 다소 하락한 1.34%를 기록하였다. 그러나 이들 2개 국가를 제외한 나머지 국가들은 2000

년~2009년 평균 성장률보다 높은 성장률을 기록하였는데 이는 이들 국가가 실행한 금융 팽창 정책인 양적 완화(the Quantitative Ease)와 재정 팽창정책의 효과에 기인하다고 할 수 있다.

[표 1-5] G7의 기간 별 연평균 실질성장률(CAGR, %), 1980년~2019년

| 국가 | 1980~2019 | 1980~1989 | 1990~1999 | 2000~2009 | 2010~2019 |
|---|---|---|---|---|---|
| 캐나다 | 2.35 | 2.84 | 2.36 | 2.07 | 2.14 |
| 프랑스 | 1.79 | 2.37 | 2.01 | 1.45 | 1.34 |
| 독일 | 1.69 | 1.86 | 2.20 | 0.73 | 1.96 |
| 이탈리아 | 1.12 | 2.34 | 1.43 | 0.51 | 0.23 |
| 일본 | 1.91 | 4.36 | 1.50 | 0.50 | 1.34 |
| 영국 | 2.12 | 2.64 | 2.22 | 1.79 | 1.84 |
| 미국 | 2.62 | 3.10 | 3.21 | 1.89 | 2.29 |

출처: IMF의 세계경제전망 데이터베이스를 활용하여 직접 계산

G7은 Group of Seven의 약자인데 현재 G7에 해당하는 국가는 프랑스, 미국, 영국, 독일, 일본, 이탈리아와 캐나다이다. G7은 각국과 국제 사회가 직면한 정치, 경제적 문제를 해결하기 위해서 1975년 프랑스에서 미국, 영국, 독일, 프랑스, 일본과 이탈리아가 정상회담을 가지면서 6개의 국가로 출발하였고 그 이듬해인 1976년 푸에르토리코에서 열린 정상회담에서 캐나다가 가입하여 G7을 유지하고 있다.

1985년 전 세계 GDP에서 차지하는 비중이 68.5%를 기록하였던 G7의 비중은 시간이 지나면서 점진적으로 하락하였다. IMF에 따르면 2019년 전 세계 GDP는 86조 5천 988억 3천만 달러에 달하는데 그중에서 G7의 총 GDP는 39조 6천 274억 8천만 달러로 그 비중이 45.8%에 머무르고 있다.

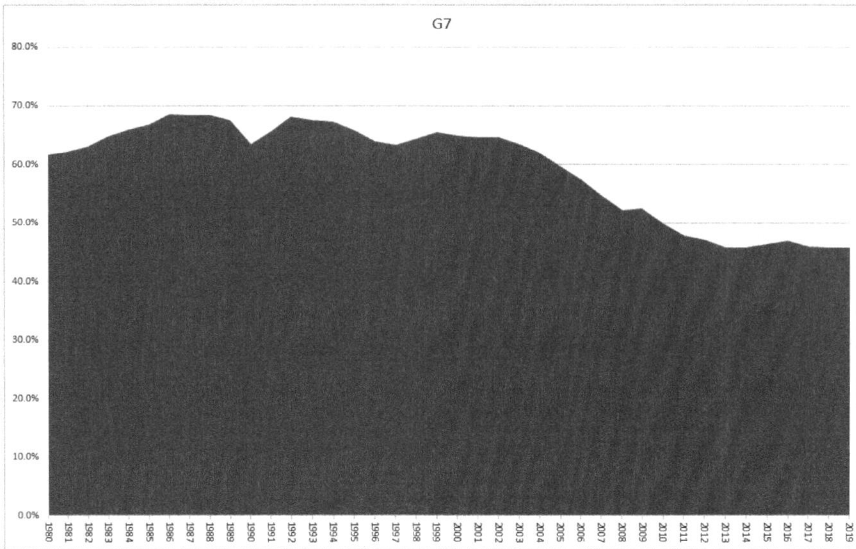


[그림 1-4] G7이 세계 경제에서 차지하는 비중 변화, 1980년~2019년 (%)

출처: IMF 세계경제전망 데이터베이스를 활용하여 계산

세계 금융위기 이후 기간에 해당하는 2010년~2019년을 살펴보면 유로 지역의 평균 경제 성장률은 1.36%로 여전히 가장 낮은 것으로 나타나며 EU 역시 1.67%로 이전의 경제 성장률을 회복하지 못하고 있다. EU 전체와 유로 지역이 2010년대 중반 이후 경제회복의 조짐을 보이고는 있으나 재정위기가 지속하고 있을 뿐만 아니라 재무위기로 인한 금융시장의 불안 요소가 반복되고 있다. 또한 유로 지역에서는 정치적인 통합 이전에 1999년 1월 출범시킨 유로화를 채택하는 통화 단일화로 인하여 수출경쟁력이 심하게 약화하였을 뿐만 아니라 경직된 노동시장과 과도한 복지 지출과 관련된 구조적인 문제가 이들 지역의 성장세를 둔화시켰다. 2020년 1월 31일 걸쳐서야 완결된 '브렉시트(Brexit)'라는 영국의 EU 탈퇴를 둘러싼 불안 요소와 더불어 확산하고 있는 무역 분쟁을 둘러싼 불안 요소 및 중국 경제의 저성장이 EU와 유로 지역의 경제 성장에 부정적인 요인으로 작용하였다.

국제통화기금(IMF)은 194개 국가의 경제 전망을 실시하면서 전 세계 경제를 선진경제(advanced economies, 혹은 선진국)과 신흥 및 개발도상국(emerging and developing economies 혹은 신흥 및 개발도상경제)으로 크게 구분하고 있다. 2020년 2월 현재 IMF가 분류하는 선진경제에는 홍콩 SAR, 마카오 SAR 및 대만 등 총 40개 국가가 포함된다.

| | | | |
|---|---|---|---|
| 호주 | 독일 | 리투아니아 | 싱가포르 |
| 오스트리아 | 그리스 | 룩셈부르크 | 슬로박공화국 |
| 벨기에 | 홍콩 SAR | 마카오 SAR | 슬로베니아 |
| 캐나다 | 아이슬란드 | 몰타 | 스페인 |
| 키프로스 | 아일랜드 | 네덜란드 | 스웨덴 |
| 체크공화국(체키아) | 이스라엘 | 뉴질랜드 | 스위스 |
| 덴마크 | 이탈리아 | 노르웨이 | 대만 |
| 에스토니아 | 일본 | 포르투갈 | 중국 |
| 핀란드 | 한국 | 푸에르토리코 | 영국 |
| 프랑스 | 라트비아 | 쌘 마리노 | 미국 |

여기서 말하는 선진경제 혹은 선진국(advanced economy)은 일반적으로 발전 단계가 높은 국가들을 지칭할 때 사용하는 용어로써 영어로는 특별히 엄격한 기준을 적용하여 구분하는 것은 아니다. 선진경제라는 영어 표현은 advanced economy뿐만 아니라, developed economy, industrialized economy 혹은 mature economy라는 말을 사용하기도 한다.

EU는 European Union(유럽연합)의 약자이다. 1951년 벨기에, 독일, 프랑스, 이탈리아, 룩셈부르크와 네덜란드가 경제적인 협력을 위해 출발하였던 EU는 최근까지 28개의 회원국을 가지고 있었다. 그러나 EU회원국이었던 영국이 상당 기간 '브렉시트(Brexit)'라는 문제로 논쟁을 벌이다 2020년 1월 31일부로 공식적으로 탈퇴함으로써 EU는 2020년 2월 현재 아래의 27개의 국가로 구성되어 있다. IMF가 제공하는 2019년 자료에는 영국의 자료가 포함되어 있다.

| | | |
|---|---|---|
| 오스트리아 | 프랑스 | 몰타 |
| 벨기에 | 독일 | 네덜란드 |
| 불가리아 | 그리스 | 폴란드 |
| 크로아티아 | 헝가리 | 포르투갈 |
| 키프로스 | 아일랜드 | 루마니아 |
| 체크공화국 | 이탈리아 | 슬로바키아 |
| 덴마크 | 라트비아 | 슬로베니아 |
| 에스토니아 | 리투아니아 | 스페인 |
| 핀란드 | 룩셈부르크 | 스웨덴 |

유로 지역(Euro Area)은 유로존(Euro Zone)이라고도 부른다. EU 27개 국가들은 모두 경제 통화 연맹(the Economic and Monetary Union)의 일부인데, 유럽중앙은행(the European Central Bank)의 화폐 정책을 공유하는 국가들이 1999년 1월 출범시킨 화폐인 유로(Euro)를 공식적인 국가 통화로 사용하는 아래의 19개 국가를 유로 지역 혹은 유로존이라고 지칭한다.

| | | |
|---|---|---|
| 오스트리아 | 그리스 | 몰타 |
| 벨기에 | 아일랜드 | 네덜란드 |
| 키프로스 | 이탈리아 | 포르투갈 |
| 에스토니아 | 라트비아 | 슬로바키아 |
| 핀란드 | 리투아니아 | 슬로베니아 |
| 프랑스 | 룩셈부르크 | 스페인 |
| 독일 | | |

IMF의 분류에 따른 기타 선진국은 총 40개의 선진 국가들 중에서 G7 국가와 유로 지역을 제외한 아래의 16개국을 지칭한다.

| | | |
|---|---|---|
| 호주 | 한국 | 쌩 마리노 |
| 체크공화국 | 마카오 SAR | 싱가포르 |
| 덴마크 | 뉴질랜드 | 스웨덴 |
| 홍콩 SAR | 노르웨이 | 스위스 |
| 아이슬란드 | 푸에르토리코 | 대만 |
| 이스라엘 | | |

### 2.3.2 신흥 및 개발도상국가의 실질 경제 성장률의 이해

1980년~2019년의 기간에 걸쳐 신흥 및 개발도상국(이하, 개도국)들의 경제 성장률은 앞선 [그림 1-3]에서 보는 바와 같이 1980년대를 제외하면 1990년대 이후부터는 거의 예외 없이 선진국보다 높은 것으로 나타나고 있다. 실제로 1989년~2019년 기간 동안 전 세계 경제의 연평균 성장률은 3.47%로 나타났는데 같은 기간 선진국의 연평균 성장률은 이보다 낮은 2.42%를 기록한 반면 신흥 및 개도국의 경우는 세계 평균과 선진국 평균 성장률보다 훨씬 높은 연평균 성장률이 4.49%를 기록하였다.

신흥 및 개도국의 경제 성장률도 전 기간에 걸쳐 일정하다기보다 연대 별로 높은 변화를 보여주고 있는데 2000년~2009년 기간의 연평균 경제 성장률은 1980년대와 1990년대의 연평균 성장률보다 훨씬 높은 6.08%를 기록하여 가장 높게 나타나고 있다. 세계 금융위기와 세계 경제 침체 기간 이후인 2010년~2019년 연평균 경제 성장률은 5.10%로 다소 낮아지기는 하였으나 여전히 선진국의 연평균 경제 성장률 2.00%를 훨씬 초과하는 속도로 성장하고 있다.

IMF가 구분하는 신흥 및 개도국에는 총 155개 국가가 포함된다. 그중에서 아시아 신흥 및 개도국에는 다음과 같은 30개 국가가 포함되어 있다.

| | | | | |
|---|---|---|---|---|
| 방글라데시 | 인도 | 마샬군도 | 팔라우 | 태국 |
| 부탄 | 인도네시아 | 미크로네시아 | 파푸아뉴기니 | 동티모르 |
| 브루나이 | 키리바시 | 몽골 | 필리핀 | 통가 |
| 캄보디아 | 라오 | 미얀마 | 사모아 | 투발루 |
| 중국 | 말레이시아 | 나우루 | 솔로몬제도 | 바누아투 |
| 피지 | 몰디브 | 네팔 | 스리랑카 | 베트남 |

아세안 5개국(ASEAN-5)에는 다음과 같은 국가가 포함된다.

| |
|---|
| 인도네시아, 말레이시아, 필리핀, 태국, 베트남 |

유럽 신흥 및 개도국에는 다음과 같은 16개 국가가 포함된다.

| | | | |
|---|---|---|---|
| 알바니아 | 크로아티아 | 몬테네그로 | 러시아 |
| 벨라루스 | 헝가리 | 북마케도니아 | 세르비아 |
| 보스니아헤르츠고비나 | 코스보 | 폴란드 | 터키 |
| 불가리아 | 몰도바 | 루마니아 | 우크라이나 |

높은 연평균 경제 성장률에도 불구하고 신흥 및 개도국들 모두가 높은 경제 성장률을 보이는 것은 아니며 지역별로 나아가 기간별로 성장률의 차이가 두

드러지게 나타나고 있다.

선진국을 제외한 154개의 신흥 및 개도국들은 1980년~2019년 기간 동안 연평균 실질 경제 성장률이 4.49%에 달하였는데 중국, 인도와 아세안 국가들이 포함되어 있는 아시아 신흥 및 개도국의 경우에는 같은 기간 연평균 경제 성장률이 이보다 월등히 높은 7.29%를 기록하였다. 인도네시아, 말레이시아, 태국, 필리핀 및 베트남의 소위 아세안 5개국은 같은 기간 연평균 성장률 5.27%를 기록하였다. 반면 유럽 신흥 및 개도국과 남미 카리브해 신흥 및 개도국의 연평균 성장률은 각각 1.84%와 2.49%로 매우 낮게 나타나 아시아 지역의 신흥 및 개도국들과 대비되는 현상을 보여주고 있다.

아시아 신흥 및 개도국의 경제 성장률을 세부적으로 관찰하면 2000년~2009년 기간의 연평균 경제 성장률이 8.15%를 기록하여 가장 높게 나타났으며 2010년~2019년 기간의 연평균 경제 성장률은 1990년~1999년 기간의 연평균 성장률 7.20%보다 낮은 수준인 7.05%를 기록하였다. 이와 같은 현상은 아세안 5개국을 제외한 다른 신흥 및 개도국에서도 관찰된다. 즉, 2000년~2009년 기간의 연평균 경제 성장률이 가장 높았던 반면 세계 금융위기 이후의 시점인 2010년~2019년 기간의 연평균 경제 성장률은 급격히 하락하여 위축된 모습을 보여주고 있다.

아세안 5개국의 기간별 연평균 성장률은 아시아 및 다른 지역의 신흥 및 개발도상국의 성장률과는 상이한 모습을 보여주고 있다. 예를 들면, 아시아 지역 전체의 연평균 경제 성장률이 가장 높았던 2000년~2009년 기간에 아세안 5개국의 연평균 성장률은 5.03%를 기록하여 가장 낮았던 반면에 2010년~ 2019년의 연평균 성장률은 5.28%를 기록하여 오히려 신흥 및 개도국의 성장을 주도하는 역할을 수행하고 있다.

[표 1-6]은 중국, 인도 및 아세안 5개국의 1980년~2019년 기간 중 연평균 실질 경제 성장률을 보여주고 있다. 이들 국가 중 가장 높은 연평균 성장률을 보인 국가는 중국으로 중국 경제는 연평균 9.39%씩 성장하였다. 기간별로 중국의 경제 성장률을 관찰해 보면 1980년대 이후 점진적으로 평균 경제 성장률이 상승하다가 2001년 12월 11일에 중국이 세계무역기구(the World Trade Organization, WTO)에 가입하였고 그 이후 약 10여 년에 걸친

2000년~ 2009년 연평균 성장률은 10.34%에 달할 정도로 빠르게 성장하였다. 그러나 글로벌금융위기(the global financial crisis)와 더불어 세계 경제 대침체(the great recession)에 따라 전 세계 경제의 회복속도가 늦어졌을 뿐만 아니라 미국과 중국의 무역 분쟁으로 인해 중국의 경제 성장 속도는 급격히 하락하였다. 2010년~2019년 중국 경제의 연평균 실질성장률은 7.61%로 급격히 하락하여 중국 경제는 새로운 상태, 즉 "신상태(the new normal)"에 이르게 되었다.

[표 1-6] 중국, 인도와 아세안 5개국 연평균 실질성장률(CAGR, %), 1980년~2019년

| 국가 | | 1980~2019 | 1980~1989 | 1990~1999 | 2000~2009 | 2010~2019 |
|---|---|---|---|---|---|---|
| 중국 | | 9.39 | 9.70 | 9.94 | 10.34 | 7.61 |
| 인도 | | 6.34 | 5.53 | 5.71 | 6.91 | 7.23 |
| 아세안 5개국 | 인도네시아 | 5.45 | 6.50 | 4.62 | 5.26 | 5.43 |
| | 말레이시아 | 5.75 | 5.85 | 7.12 | 4.69 | 5.34 |
| | 필리핀 | 3.82 | 1.89 | 2.73 | 4.44 | 6.27 |
| | 태국 | 5.08 | 7.20 | 5.23 | 4.29 | 3.66 |
| | 베트남 | 6.37 | 4.98 | 7.39 | 6.86 | 6.26 |

중국에 이어 높은 성장률을 보인 국가는 아세안 5개국 중의 하나인 베트남이다. 1986년 경제 및 정치 개혁과 개방정책인 도이 모이(Đổi Mới)를 실시한 베트남은 1980년~2019년 기간에 6.37%의 연평균 경제 성장률을 기록하였다. 이 기간의 아세안 5개국 전체의 평균 성장률은 5.27%이다.

베트남 경제는 1990년~1999년 기간 연평균 7.39%씩 팽창하였으나 그 이후에는 성장 속도가 다소 둔화되어 2000년~2009년 6.86%, 2010년~2019년에는 6.27%를 각각 기록하였다. 이와 같은 베트남 경제의 성장 원인으로는 열정적으로 추진한 국제무역 자유화와 국내적으로는 규제 완화와 비즈니스 비용 감소를 추구하는 국내 개혁과 더불어 인적 자본과 물적 자본 확충을 위한 대규모의 공공투자와 같은 주요 요인을 꼽고 있다. 특히, 베트남은 국제무역

자유화 노력의 일환으로 1995년 아세안국가연합인 ASEAN에 가입하였고 2000년에는 미국과 무역협정 체결, 2007년 WTO에 가입하였다. 또한 그 이후 아세안과 중국, 인도, 일본 및 한국과 자유무역협정을 체결하였고 환태평양전략적동반자협정(the Comprehensive and Progressive Agreements for Trans-pacific Partnership)에도 가입하였다.

아세안 5개국의 기타 신흥 및 개발도상국 대비 연평균 경제 성장률이 높게 나타나는 이유는 이들 국가들이 정치적인 안정과 더불어 베트남의 경우처럼 무역 자유화 등과 같은 개방정책을 적극적으로 추진하였을 뿐만 아니라 저임금을 바탕으로 하는 이들 국가가 글로벌가치사슬(Global Value Chain: GVC)에 포함되어 외국인 직접투자(Foreign Direct Investment: FDI) 등을 적극적으로 유치하였기 때문이다.

---

환태평양전략적동반자협정(the Comprehensive and Progressive Agreements for Trans-Pacific Partnership: CPTPP)은 원래 미국, 호주, 뉴질랜드, 캐나다, 멕시코, 페루, 칠레, 일본, 브루나이, 싱가포르, 말레이시아와 베트남의 12개국을 포함하는 환태평양동반자협정(the Trans-Pacific Agreement)로 2016년 2월 4일 서명하였다. 그러나 이들 12개국 중 미국이 2017년 트럼프 대통령의 당선과 더불어 탈퇴함으로써 남아 있는 11개 국가가 서명한 협정을 2018년 12월 30일 호주, 캐나다, 일본, 멕시코, 뉴질랜드와 싱가포르가 발효시키기로 함으로써 환태평양전략적동반자협정이라는 명칭을 가지게 되었고 약칭으로 CPTPP 혹은 TPP-11이라고 부르고 있다. TPP-11은 자유무역협정으로 메가 FTA(Free Trade Agreement)라고 불리는 복자간 자유무역협정(Plurilateral Free Trade Agreement)의 전형적인 예이다.

---

# 제 1 장 정리문제

□ **문제** □

1. GDP(Gross Domestic Product)이란 무엇을 뜻하는가?

2. GDP와 GNP의 차이는 무엇인가?

3. 실질 GDP와 경상 GDP의 차이는 무엇인가?

4. 일반적으로 경제 성장률을 계산할 때 실질 GDP를 사용하는 이유는 무엇이라고 생각하는가?

5. 신흥 및 개발도상국 중에서 아시아 지역의 신흥 및 개발도상국의 경제 성장률이 2000년대 이후 다른 지역의 신흥 및 개발도상국들보다 높은 이유는 무엇인가?

6. 전 세계 경제가 2008년~2009년 기간 동안 급격히 위축되었는데 그 이유는 무엇이라고 생각하는가?

□ **주요 용어** □

- 국내총생산(Gross Domestic Product, GDP)
- 세계 금융위기(the Global Financial Crisis)
- 대 경제침체(the Great Recession)
- 양적 완화(the Quantitative Ease)
- 연평균 경제 성장률
- G7 국가(Group of Seven countries)
- 유로 지역(Euro Area)

# 제2장

# 인플레이션과 실업률의 이해

# 제2장 인플레이션과 실업률의 이해

## 1 인플레이션의 이해

### 1.1 인플레이션의 정의

국내총생산, 즉 GDP를 사용하여 경제 성장률을 계산할 때 명목 GDP와 실질 GDP를 구분할 필요가 있다고 이야기하였다. GDP는 일정 기간에 한 국가 내에서 경제주체가 생산한 최종 생산물의 시장가치 총액을 나타내는데 최종 재화와 서비스(혹은 용역)에 이들의 시장가격을 곱한 후 모두 더하여 측정한다. 이때 당해 연도의 가격이 사용되면 이를 보통 명목 GDP라고 한다. 한 해의 GDP만이 아니라 전년도의 GDP 혹은 그 이전의 GDP와 비교하여 경제의 활성화 정도를 파악하려고 하면 기준 시점과 비교 시점 사이에 가격이 얼마나 변화하였는지의 여부를 알 필요가 있다. 따라서 실질 GDP와 명목 GDP의 차이는 가격 상승에 따른 효과, 즉 물가 상승분을 제거하였느냐의 여부에 달려 있다고 할 수 있다. 특정 경제에서 재화와 서비스 가격 등의 전반적인 가격 수준, 즉 물가가 일정 기간 지속해서 오르는 경제 현상을 인플레이션(inflation)이라고 한다. 인플레이션이 발생하게 되면 재화와 서비스의 가격이 오르는 것이기 때문에 생활비(cost of living)가 상승하게 되고, 물가가 상승하게 되면 동일한 금액으로 기존에 살 수 있는 재화와 서비스의 양보다 감소하기 때문에 돈의 가치는 하락하게 된다. 인플레이션은 거시경제에 불안정성을 제공하는 요인이 되기도 한다.

## 1.2 소비자 물가지수와 인플레이션의 측정

경제 전반에 걸쳐 물가 수준이 상승하는 현상인 인플레이션은 어떻게 측정하는 것일까? 인플레이션은 대개 소비자 물가지수(consumer price index, CPI)를 사용하여 매달 그리고 매년 측정하고 있는데 정확한 용어는 물가 상승률 혹은 인플레이션이라고 부른다.

소비자 물가지수는 도시 가구가 소비생활을 영위하기 위하여 사는 일정량의 상품과 서비스의 가격 변동을 종합적으로 파악하기 위하여 작성하는 지수이다. 소비자가 생활을 영위하기 위해 사는 상품과 서비스의 가격 변동을 나타냄으로 소비자의 구매력 측정에 사용된다. 소비자 물가는 단순히 개인의 생활뿐만 아니라 정부와 기업에도 영향을 미친다. 따라서 소비자 물가지수는 인플레이션을 측정하기 위한 수단으로 가장 광범위하게 사용될 뿐만 아니라 정부 경제정책의 효율성을 측정하는 대리변수로서도 활용된다.

소비자 물가지수를 측정하기 위해서 각국의 정부에서 물가지수를 집계하는 부처에서 '시장 바스켓'에 속하는 대표적인 상품과 서비스 품목(정확히는 품목 군(群))을 선정하여 이들의 구입 혹은 지출하는 가격을 조사한 후 이들의 가격 변화의 평균으로 측정한다.

## 1.3 인플레이션의 계산

소비자 물가지수(CPI)를 활용하여 인플레이션을 계산하는데 CPI의 증가를 %로 나타내면 인플레이션이 된다. 이 인플레이션을 전월 대비, 전 분기 대비 혹은 전년 대비의 주기로 계산한다.

비교 시점(t)의 소비자 물가지수가 $CPI_t$, 전기 (t−1)의 소비자 물가지수가 $CPI_{t-1}$로 주어져 있다면 전기 대비 비교 시점의 물가 상승률, 즉 인플레이션은 다음과 같이 계산한다.

$$\text{인플레이션} = \frac{(CPI_t - CPI_{t-1})}{CPI_{t-1}} * 100\%$$

우리나라에서는 통계청이 물가 수준 통계를 집계하고 있는데 2015년 기준 총 460개의 대표 품목과 서비스에 대해 전통시장, 대형마트, 슈퍼마켓, 음식점, 학원 등을 방문하여 실제 소비자 판매가격을 조사하여 집계하고 있다. 통계청에서 채택하고 있는 대표 품목과 서비스는 아래의 12개의 대분류로 구분하고 있다.

| 지출 목적별 분류와 가중치 (단, 가중치는 2017년 기준) | | | | | | | | | | | |
|---|---|---|---|---|---|---|---|---|---|---|---|
| 식료품 및 비주류 음료 | 주류 및 담배 | 의류 및 신발 | 주택, 수도, 전기 및 연료 | 가정용 품 및 가사 서비스 | 보건 | 교통 | 통신 | 오락 및 문화 | 교육 | 음식 및 숙박 | 기타 상품 및 서비스 |
| 133품목 | 7품목 | 30품목 | 16품목 | 49품목 | 32품목 | 32품목 | 6품목 | 55품목 | 20품목 | 44품목 | 36품목 |
| 137.6 | 15.8 | 61.1 | 165.9 | 44.2 | 69.8 | 112.6 | 53.5 | 61.2 | 89.6 | 131.8 | 56.9 |

비교 시점(t년도)의 CPI는 아래와 같은 공식을 사용하여 구한다.

$$CPI_t = \frac{t\text{년도의 '시장 바스켓' 구매 총비용}}{\text{기준년도의 '시장 바스켓' 구매 총비용}} * 100$$

$$= \frac{\sum_{i=1}^{430} P_i^t Q_i^0}{\sum_{i=1}^{430} P_i^0 Q_i^0} * 100 = \sum_{i=1}^{430} W_i^0 \left(\frac{P_i^t}{P_i^0}\right),$$

$$\text{여기서 } W^0 = \frac{P_i^0 Q_i^0}{\sum_{i=1}^{430} P_i^0 Q_i^0}$$

소비자 물가지수와 인플레이션은 거의 모든 국가의 정부 해당 기관에서 매월, 매 분기 및 매년 자료를 발표하고 있다. 아래의 [표 2-1]은 기준 연도는 2015년인 한국의 소비자 물가지수로서 우리나라 통계청에서 추출한 자료이다.

[표 2-1] 한국의 소비자 물가지수, 기준 연도 2015

| 연도 | 2014 | 2015 | 2016 | 2017 | 2018 | 2019 |
|---|---|---|---|---|---|---|
| CPI (2015 = 100) | 99.30 | 100.00 | 100.97 | 102.93 | 104.45 | 104.85 |

출처: 통계청, 소비자물가조사

근원 인플레이션(Core Inflation)이란 농산품, 식품, 에너지 분야의 가격 변동을 제외한 재화와 서비스의 가격 변동을 나타내는데 그 이유는 이와 같은 제품의 가격 변동이 월별로 혹은 계절에 따라서 급격하게 상승하거나 하락하면서 높은 변동성을 보이기 때문이다.

이를 바탕으로 2018년 대비 2019년도의 물가 상승률, 즉 인플레이션을 계산해 보면 다음과 같다.

$$\frac{(CPI_{2019} - CPI_{2018})}{CPI_{2018}} * 100\% = \frac{(104.85 - 104.45)}{104.45} * 100\% = 0.38\%$$

이와 같은 방법으로 각 년 도의 인플레이션을 구해 보면 아래와 같다.

[표 2-2] 한국의 인플레이션 (소수점 이하 1자리까지 표시)

| 연도 | 2014 | 2015 | 2016 | 2017 | 2018 | 2019 |
|---|---|---|---|---|---|---|
| 소비자 물가 상승률 (%) |  | 0.7 | 1.0 | 1.9 | 1.5 | 0.4 |

흔히 발생하지는 않지만, 가격수준이 전반적으로 하락하는 경우 이를 디플레이션(deflation)이라고 하는데 재화와 자산의 가격이 지속해서 하락할 때 발생한다. 디플레이션이 발생하게 되면 소비자들은 추가적인 가격 하락을 예상하고 소비를 줄이게 됨으로써 성장을 저해하게 된다. 디플레이션 상태에서 성장을 촉진하려고 하면 이자율을 낮출 수밖에 없게 되는데 이자율이 낮아질 수 있는 수준은 0퍼센트이기 때문에 디플레이션이 지속해서 발생하게 되면 더는 경기를 진작시킬 방법이 사라지게 되므로 일반적으로 인플레이션보다 디플레이션이 더 좋지 않다.

스태그플레이션(stagflation)이란 말은 경제가 성장률이 더디거나 후퇴하고 실업률이 상당히 높아지는 경기 불황(stagnation)이라는 현상과 더불어 동시에 물가가 오르는 인플레이션(inflation)이라는 말의 복합어로 GDP의 하락과 인플레이션이 동시에 발생하는 현상이다. 1970년대 전 세계 오일 쇼크로 인해 경기가 침체하고 동시에 빠른 물가 상승과 높은 실업률이 동반되었을 때 처음으로 인식되었다.

애그리플레이션(Agriflation)은 농산물을 나타내는 Agriculture와 Inflation의 복합어인데 농산물과 식품 및 바이오 연료에 대한 수요 급증으로 이들 제품의 가격이 다른 재화나 서비스의 가격보다 빠른 속도로 증가할 때 발생한다.

인플레이션의 형태에는 그 원인에 따라 비용 인상 인플레이션(cost push inflation)과 수요 견인 인플레이션(demand pull inflation)으로 크게 구분한다. 비용 인상 인플레이션의 경우에는 국제 원유 가격의 상승과 같은 생산 비용이 상승하면서 야기되는 물가 수준의 상승으로 인해 발생하는 인플레이션이다. 수요 견인 인플레이션의 경우에는 총수요(aggregate demand)가 상승하면서 재화와 서비스의 부족으로 인해 기업이 가격을 인상함으로써 발생하는 인플레이션이다. 여기서 주의하여야 할 것은 특정 재화의 가격 상승이 인플레이션을 야기하는 것이 아니라 가격 수준, 즉 물가가 전반적으로 상승하는 경우에 인플레이션이 발생하게 된다는 것이다.

초인플레이션 혹은 하이퍼인플레이션(hyperinflation)의 경우에는 대부분 인플레이션이 1,000% 이상을 넘을 경우에 발생하는 현상인데 하이퍼인플레이션이 발생하게 되면 그 경제에 속한 누구도 그 화폐를 교환의 수단(a medium of exchange)으로 사용하고자 하지 않는다. 1차 대전 직후 1922년~1923년 독일이 겪은 매달 최고 3만 2천 400퍼센트에 달하는 인플레이션이 대표적인 초인플레이션의 사례인데 전쟁 비용과 복구비용을 조달하기 위해 통화를 과도하게 공급하면서 발생하였다. 1946년 헝가리는 하루 인플레이션이 15만 퍼센트에 달하였는데 2차 세계 대전 기간에 생산시설이 90% 이상 파괴된 헝가리가 경제 활성화를 위해 통화를 거의 무한정으로 찍어 내면서 발생하였다. 유고슬라비아는 1994년 1월 인플레이션이 최고조에 달하였는데 1월의 공식적인 인플레이션이 3억 1천 3백만 퍼센트에 달하였다. 2008년 짐바브웨에서도 하이퍼인플레이션이 발생하였는데 2008년 11월 추정치 인플레이션은 796억 퍼센트에 달하였다.

## 2 세계 인플레이션의 변화

[표 2-3]은 IMF의 세계경제전망 데이터베이스에서 추출한 2017년~2019년 기간 전 세계의 인플레이션과 더불어 선진국과 신흥 및 개발도상국의 인플레이션을 보여주고 있다. 전 세계 소비자 물가수준은 전년 대비 2017년 3.2% 상승하였고 2018년에는 3.6%로 상승률이 증가하였다가 2019년에도 이보다 다소 낮은 3.4%의 증가율을 기록하였다. 이 기간 동안의 연평균 인플레이션은 3.4%에 달하여 물가 상승률이 높지 않은 편이다.

이 기간에 선진국의 인플레이션 또한 비슷한 양상을 보이는데 2017년 1.7%에 머물던 인플레이션은 2018년 2.0%로 상승하였다가 2019년에는 다시 1.5% 상승하는데 머물러 이 기간의 연평균 인플레이션은 1.7%를 기록하였다. 선진국 및 전 세계의 평균 인플레이션보다는 높은 연평균 4.6%의 인플레이션을 기록한 신흥 국가와 개도국도 비슷한 양상을 보인다.

[표 2-3] 전 세계 GDP와 경제 성장률

| | 2017 | 2018 | 2019* |
|---|---|---|---|
| 전 세계 연평균 CPI 변동률 (%) | 3.2 | 3.6 | 3.4 |
| 선진국 연평균 CPI 변동률 (%) | 1.7 | 2.0 | 1.5 |
| 신흥 및 개도국 연평균 CPI 변동률 (%) | 4.3 | 4.8 | 4.7 |

출처: IMF, 세계경제전망 데이터베이스

1980년~2019년에 걸친 기간 전 세계의 소비자물가상승률의 장기적인 변화는 [그림 2-1]에 표시되어 있다. 이 그림을 자세히 살펴보면 아래와 같은 몇 가지 특이한 사항을 관찰할 수 있다.

먼저, 선진국, 신흥국과 개발도상국의 여부에 상관없이 장기적으로 인플레이션이 하락하고 있다는 것이다. 이와 같은 인플레이션이 지속적해서 하락하는 이유는 구조적인 측면과 정책적인 측면이 있다. 구조적인 면으로는 세계화를 통해 국제무역과 금융시장이 전 세계적으로 통합되었기 때문이며, 생산 기술적인 측면에서도 기술 변화로 인해 분절화(fragmentation)된 생산 형태가 가능해졌기 때문이다. 나아가 정책적인 면에서는 더욱더 유연하고 탄력적인 금융 정책, 환율 정책과 재정 정책 기조의 틀이 형성되었을 뿐만 아니라 노동시장과 상품 시장에서의 유연성 제고와 경쟁력 강화가 이루어지면서 인플레이션을 낮추는 요인으로 작용하였다.

둘째, 전 세계 평균 인플레이션은 어찌 보면 당연한 이치지만 전 기간에 걸쳐 선진국보다는 높고 신흥 및 개도국보다는 낮게 나타나고 있을 뿐만 아니라 신흥 및 개도국의 인플레이션과 매우 유사한 양상을 보인다.

셋째, 신흥 및 개도국에서의 인플레이션이 1980년대 중후반 이후부터 1990년 중반까지 매우 높게 나타나고 있다는 것이다. 이 기간 신흥국에서 인플레이션이 높게 나타나는 이유는 다수의 신흥국 및 개도국들이 경기 부양을 위해 팽창적 재정 정책을 사용하였을 뿐만 아니라 농산물 쇼크에 실제 GDP와 잠재 GDP의 차이를 나타내는 GDP 갭이 확대되었기 때문이다.

넷째, 물가상승률이 하락하는 현상은 소비자 물가지수(CPI)에 국한되는 현상이 아니라 GDP디플레이터 등 거의 모든 가격지수에서 공통적으로 관찰되는 현상이다.

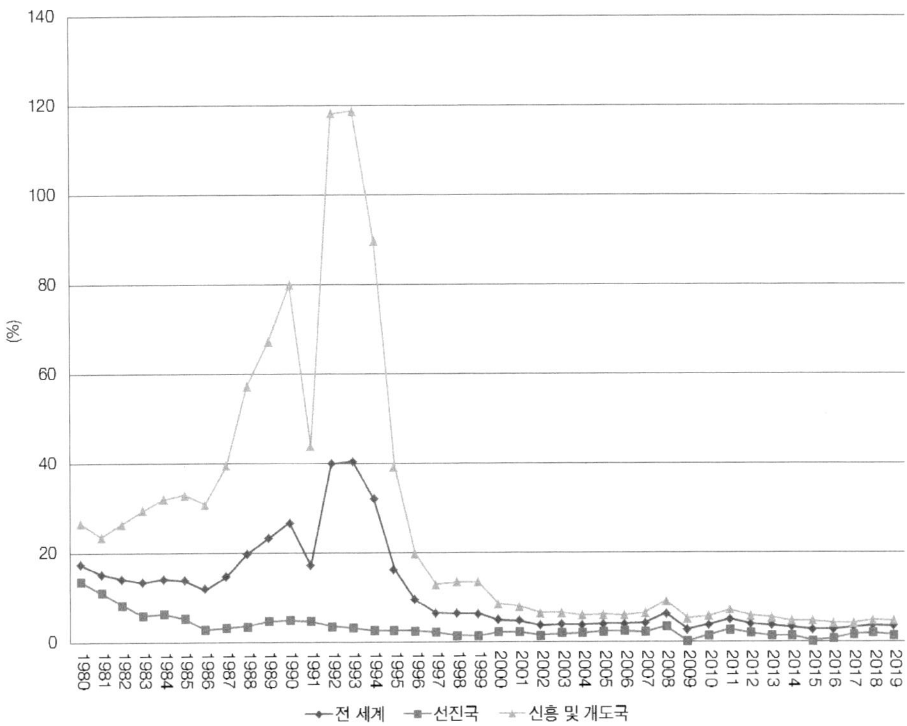


[그림 2-1] 전 세계, 선진국과 신흥 및 개도국의 인플레이션 변화, 1980년~2019년

출처: IMF, 세계경제전망 데이터베이스

[표 2-4]는 1980년~2019년에 걸친 전 세계의 지역별 인플레이션을 10년 단위로 나누어 보여준다.

이 표에 따르면 전 기간에 걸쳐 선진국의 인플레이션은 전 세계 인플레이션 그리고 신흥 및 개도국의 연평균 인플레이션보다 항상 낮게 나타나고 있다. 또한 선진국의 경우에는 낮은 인플레이션이 이미 1980년대 혹은 그 이전부터 시작된 반면 신흥 및 개발도상국의 경우에는 1980년대와 1990년대 모두 두 자리 숫자를 넘는 인플레이션이 2000년대에 들어서야 한 자리 숫자로 급격히 하락하기 시작하였다.

[표 2-4] 전 세계와 지역별, 기간별 연평균 인플레이션(%)

| | 1980~2019 | 1980~989 | 1990~1999 | 2000~2009 | 2010~2019 |
|---|---|---|---|---|---|
| 전 세계 | 7.7 | 15.5 | 15.7 | 4.1 | 3.5 |
| 선진국 | 2.4 | 5.7 | 2.7 | 1.7 | 1.3 |
| G7 | 2.9 | 5.5 | 2.6 | 1.9 | 1.5 |
| 신흥 및 개발도상국 | 14.7 | 34.5 | 38.9 | 6.7 | 5.1 |
| 신흥 및 개발도상국 아시아 | 5.7 | 9.9 | 2.4 | 3.7 | 3.6 |
| ASEAN5 | 7.0 | 13.6 | 9.1 | 5.3 | 3.6 |
| 남미와 캐리비언 | 21.8 | 109.8 | 64.1 | 6.0 | 5.3 |
| 중동과 중앙아시아 | 9.1 | 10.3 | 13.8 | 6.5 | 7.5 |
| 사하라이남 아프리카 | 10.3 | – | 17.1 | 10.3 | 8.4 |

출처: IMF, 세계경제전망 데이터베이스를 활용하여 계산

신흥 및 개발도상국의 경우에는 지역별로 커다란 차이를 보이는데 아시아 신흥 및 개도국의 경우에는 선진국과 마찬가지로 1980년대 연평균 10% 이하의 낮은 인플레이션을 기록하였다. 그러나 인도네시아, 말레이시아, 필리핀, 태국, 베트남의 ASEAN 5는 1990년대에 들어와서 연평균 인플레이션이 10% 이하로 하락하였다. 1980년대 연평균 인플레이션이 세 자리 숫자를 넘었고 1990년대도 60%대를 넘는 인플레이션을 기록하였던 남미와 카리브해 지역도 2000년대 들어서는 한 자리 숫자의 낮은 인플레이션을 기록하기 시작하였다. 이와 같은 양상은 1980년대와 1990년대 남미 및 카리브해 지역보다 낮은 인플레이션을 보여주었던 중동 및 중앙아시아에서도 관찰되는데 이들 지역 역시 두 자리 숫자의 인플레이션에서 2000년대부터는 한 자리 숫자의 낮은 인플레이션을 보이고 있다. 인플레이션이 하락하는 현상이 가장 늦게 관찰되는 지역은 사하라 이남의 아프리카 지역인데 이들 지역은 2010년대 들어와서야 인플레이션이 한 자리 숫자로 하락하였다.

[그림 2-2]는 1992년~2019년 기간 동안 상품가격지수의 변동을 보여주고 있다. 이 기간 동안 모든 상품가격지수들이 거의 동일한 움직임을 보여주고

있는데 1990년대 중반까지 다소 상승세를 유지하던 상품가격지수들은 1995년 거의 정점에 도달한 후 지속적으로 하락하였고 1998년~1999년 아시아 금융위기로 인해 급격히 축소되었다. 2000년대 들어 전 세계 경제의 빠른 회복과 중국을 비롯한 아시아 지역 국가들의 높은 경제 성장률을 필두로 전 세계 경제 또한 급속히 팽창하였다. 이런 2000년대의 높은 경제 성장률과 더불어 식음료 상품 가격지수와 원유 가격지수를 비롯한 모든 상품 가격지수가 일제히 빠른 속도로 상승하기 시작하였다. 그러나 2008년~2009년 세계 금융위기와 더불어 모든 상품 가격지수들이 2009년에는 전년 대비 최소 12%에서 최고 36% 이를 정도로 대폭 하락하였다. 세계 금융위기로 인해 급격히 위축되었던 세계 경제가 2010년 이후 일시적으로 빠른 속도로 회복하면서 식음료 상품 가격지수 등이 급격히 상승하였다. 그러나 세계 경제의 빠른 회복세는 더 이상 지속되지 못하였고 세계 경제 전반에 걸친 불확실성의 확대로 인해 저성장이 지속되는 신상태(new normal)에 빠지게 됨으로써 2016년까지 거의 모든 가격지수가 지속해서 큰 폭으로 하락하였다.

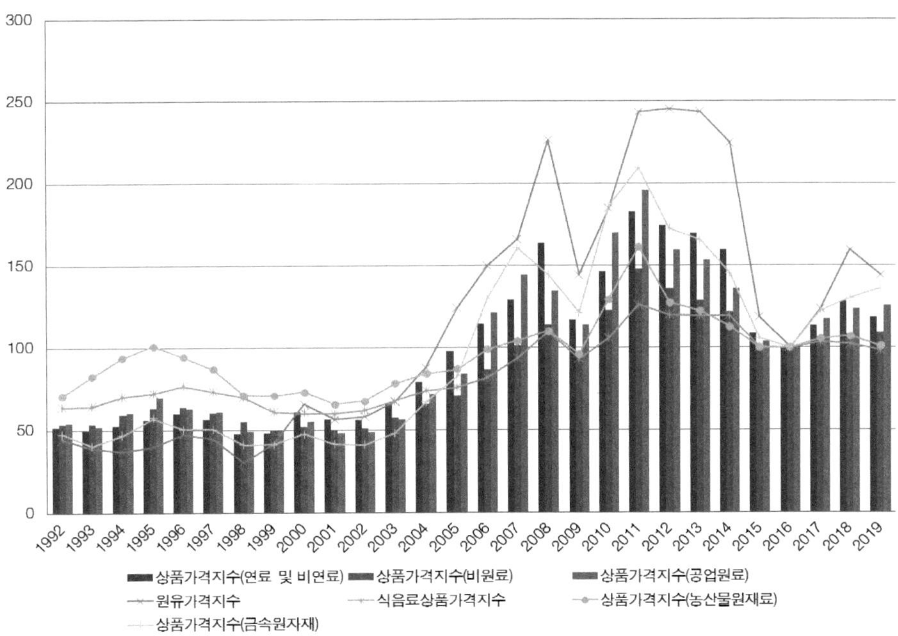


[그림 2-2] 상품가격지수의 변화, 1992년~2019년

출처: IMF, 세계경제전망, 데이터베이스

# 3 실업률의 이해

## 3.1 실업률의 정의와 측정

실업(unemployment)이란 일을 할 능력이 있고 일자리를 찾고 있음에도 불구하고 일자리가 주어지지 않은 상태를 말하며 실업자란 실업 상태에 있는 사람을 말한다. 국제노동기구(International Labor Organization, ILO)에 따를 때 실업자를 다음과 같이 정의한다.

특정한 연령 이상의 사람이 정해진 기간 일을 하고 있지 않거나 혹은 스스로 고용이 되어 있는 상태가 아니거나, 즉 일이 없거나, 그 기간 임금을 받는 일과 혹은 스스로 고용되는 것이 가능한, 즉 현재 일을 하는 것이 가능하면서, 임금 고용 혹은 스스로 고용을 위해 어떤 노력을 하고 있는, 즉 일자리를 찾고 있는 모든 사람은 실업자이다.[7)]

실업은 경기순환[8)]과 밀접한 관계를 맺고 있는데 일반적으로 경제가 팽창하는 경기가 좋을 때, 즉 호경기 때는 기업들이 수요 증가에 대응하기 위해 더욱더 많은 노동자를 고용함으로써 실업률이 하락하고 경제가 위축되는 경기가 좋지 않을 때, 즉 불경기 때는 그 반대로 노동자들을 내보냄으로써 상승하는 경향이 있다.

일은 사람에게 소득의 원천이 될 뿐만 아니라 소속감과 자존감을 주며 자아

---

7) The unemployed comprise all persons above certain ages who during the reference period were: (1) without work, that is, were not in paid employment or self employment during the reference period; (2) currently available for work, that is, were available for paid employment or self employment during the reference period; and (3) seeking work, that is, had taken specific steps in the specified recent period to seek paid employment or self employment (ILO, Glossary of Statistical Terms).

8) 경기순환은 영어로는 Business Cycle이라고 하며 경기변동(Business Fluctuations)이라고 하는데 이는 전반적인 경제 활동 수준의 상승과 하강이 반복되는 현상을 지칭한다. 경기순환은 흔히 경제가 붐인 경기 상승과 경제가 나빠지기 시작한다는 경기 하강, 흔히 불경기라는 경기 침체 및 경제가 좋아지기 시작한다는 회복 등의 과정을 마치 파동(Cycle)처럼 반복되는 현상을 나타내고 있다.

실현과 삶의 터전을 제공하는 기능을 수행함으로 경제적 및 비경제적으로 매우 중요한 의미를 지닌다. 따라서 실업은 개인의 삶에 있어서 커다란 고통일 뿐만 아니라 사회적으로도 귀중한 자원이 활용되지 못하고 사장되는 경우이기 때문에 중요한 경제 문제이기도 하다.

그럼 실업률은 어떻게 측정하는가? 실업률은 전체 경제활동인구 중에서 실업자가 차지하는 비중(%)으로 계산한다.

$$실업률 = \frac{실업자수}{경제활동인구} \times 100\%$$

먼저, 실업률을 측정하는 해당 정부 기관(한국에서는 통계청)에서 전체 인구를 취업 가능(혹은 노동 가능) 인구와 취업 불가능 인구로 구분한다. 취업 불가능 인구는 우리나라에서는 군인, 전투경찰, 교도소 수감자들인데 이들은 실질적으로 경제활동을 할 수 없는 사람들이다.

<table>
<tr><td rowspan="5">전체 인구</td><td rowspan="4">15세 이상 인구</td><td rowspan="3">노동 가능 인구</td><td rowspan="2">경제활동 인구</td><td>취업자</td><td>• 수입을 목적으로 1시간 이상 일한 자<br>• 18시간 이상 일한 무급 가족 노동자<br>• 일시 휴직자</td></tr>
<tr><td>실업자</td><td>• 15일을 포함한 지난 1주 동안 수입을 목적으로 1시간 정도 일하지 않고 지난 4주 동안 일자리를 찾아 적극적으로 구직활동을 하던 자로서 일이 주어지면 곧바로 취업할 수 있는 자</td></tr>
<tr><td>비경제활동 인구</td><td colspan="2">주부, 학생, 진학준비자, 취업준비자, 연로자, 심신장애자, 구직단념자</td></tr>
<tr><td colspan="4">군인, 전투 경찰, 교도소 재소자</td></tr>
<tr><td colspan="5">15세 미만 인구</td></tr>
</table>

[그림 2-3] 경제활동인구와 비경제활동인구, 취업자와 실업자

취업 가능 인구, 즉 노동 가능 인구는 다시 여러 가지 이유로 일할 의사가 없어서 구직활동을 하지 않는 비경제활동인구와 일할 의사가 있는 경제활동인구(economically active population)로 구분한다. 비경제활동인구에는 학

생, 전업주부 등이 포함되며 실업 여부를 조사하는 당시에 4주 이상 구직활동을 하지 않은 사람이 포함된다.

경제활동인구는 다시 수입을 목적으로 1시간 이상 일한 취업자와 지난 1주 동안 수입을 목적으로 1시간 일하지 않으며 지난 4주 동안 구직 활동을 하였으며 일이 주어지면 곧바로 취업할 수 있는 실업자로 구분한다.

## 3.2 선진국 실업률의 변화와 이해

[그림 2-4]는 1980년~2019년 기간 선진국들의 실업률 변화를 보여주고 있는데 몇 가지 주요한 관찰 사항은 아래와 같다.

먼저, 선진국 전체의 실업률은 1980년대 이후 7~8년을 주기로 하락과 상승의 추세를 보이면서도 장기적으로는 미세하게나마 하락하는 추세를 보인다. 나아가 2008년 세계 금융위기와 경제 대침체 이후 실업률은 급격히 하락하고 있는 추세를 보이며 2019년 선진국의 평균 실업률은 5% 이하인 4.82%를 기록하고 있다.

둘째로, 선진국 중에서 지역별로는 실업률에는 커라단 차이를 보이고 있는데 G7 국가의 평균 실업률은 선진국 전체의 평균 실업률보다 다소 낮은 수준을 기록하고 있으며 전반적인 변화 추세는 선진국 전체와 비슷한 양상을 보여주고 있다. 선진국 중에서 유로 지역의 평균 실업률은 선진국 전체보다 훨씬 높게 나타나고 있으며 세계 금융위기 이후의 기간에도 2014년경부터 실업률이 급격하게 하락하는 모습을 나타내고 있다. 선진국 중에서 G7 국가와 유로 지역 국가들을 제외한 기타 선진국의 경우 평균 실업률은 선진국 전체 평균 실업률보다 훨씬 낮게 나타나고 있을 뿐만 아니라 G7 국가 및 유로 지역의 평균 실업률과 비교하여 가장 낮게 나타나고 있다.

이와 같은 현상은 선진국들의 지역별 평균 실업률을 10년 단위로 나누어 표시한 [표 2-5]에서 더 자세하게 관찰할 수 있다. 즉, 각 연대별로 관찰했을 때 기타 선진국의 평균 실업률이 가장 낮게 나타나고 있으며 그 다음으로 G7이며 유로 지역의 평균 실업률이 가장 높은 것으로 나타났다.

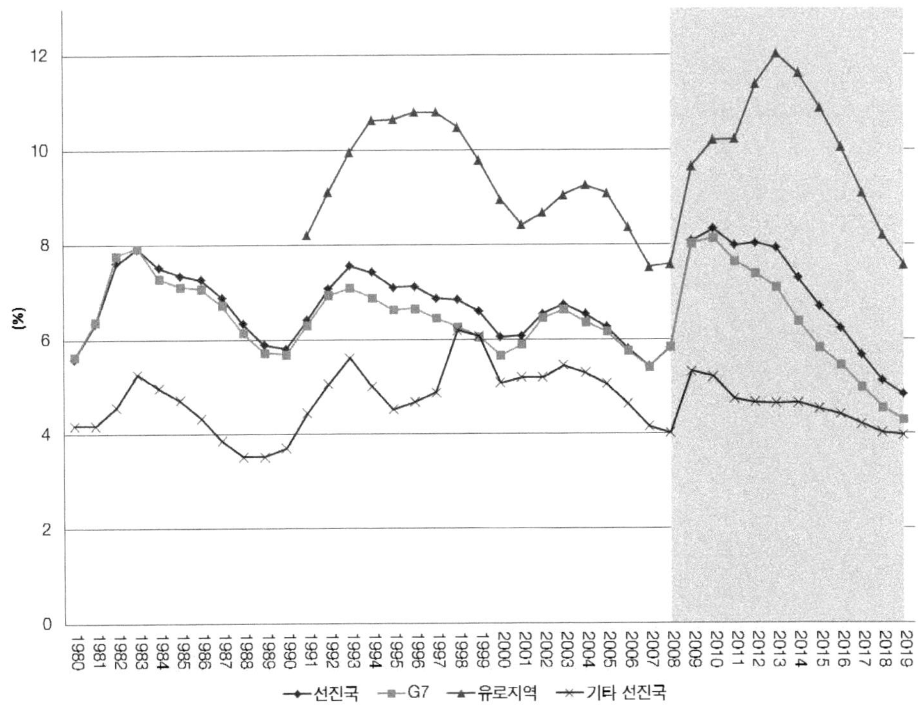


[그림 2-4] 선진국의 실업률 변화, 1980년~2019년

출처: IMF, 세계경제전망, 데이터베이스

[표 2-5] 선진국의 기간별, 지역별 실업률(%)의 변화

| (%) | 1980-1989 | 1990-1999 | 2000-2009 | 2010-2019 | 1980-2019 |
|---|---|---|---|---|---|
| 선진국 전체 평균 | 6.87 | 6.88 | 6.33 | 6.80 | 6.72 |
| 유로 지역 | | 10.05 | 8.66 | 10.12 | 9.59 |
| G7 | 6.78 | 6.50 | 6.22 | 6.17 | 6.42 |
| 기타 선진국 | 4.31 | 5.02 | 4.94 | 4.49 | 4.69 |

출처: IMF, 세계경제전망, 데이터베이스

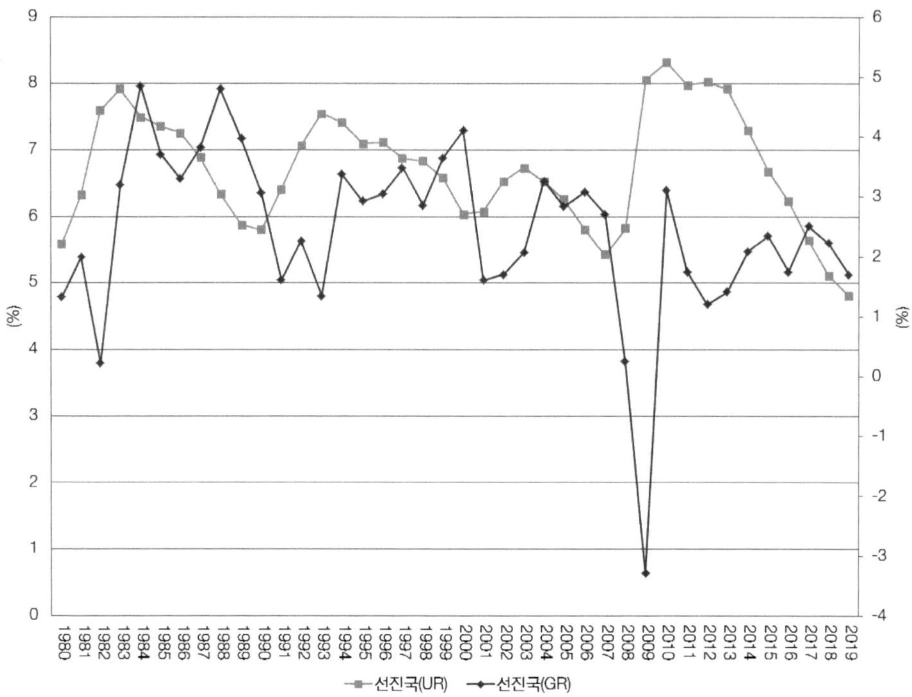


[그림 2-5] 선진국의 경제 성장률과 실업률

출처: IMF, 세계경제전망, 데이터베이스

선진국의 평균 경제 성장률과 실업률 변화의 상호관계를 관찰하면 [그림 2-5]에서 보는 바와 같이 선진국의 평균 경제 성장률이 하락할 때 실업률은 상승하고 있으며 성장률이 높을 때는 실업률이 떨어지는 것처럼 보인다.[9] 그러나 이 기간 이들 두 자료 간의 상관관계는 통계적으로 유의하지는 않게 나타나고 있다.[10]

---

9) 경제 성장률이 높을 때 실업률이 하락하고 경제 성장률이 낮거나 혹은 음수일 때는 실업률이 상승하며 경제 성장률이 잠재성장률에 가까울 때는 실업률이 변화하지 않는다는 현실적인 관계를 오쿤의 법칙(Okun's Law)이라고 한다. 오쿤의 법칙은 미국 경제학자 아서 오쿤(Arthur Okun)이 1962년 분기별 경제 성장률이 추세성장률보다 2% 하락하는 경우 분기별 실업률은 1% 증가한다는 경제 성장률과 실업률의 선형적인 관계를 반영하여 주장한 경험적 법칙이다.

10) 이들 두 자료 간의 상관관계 지수는 r=−0.1412로 나타나고 있어 부정적인 관계가 있는 것처럼 보이지만 통계적으로 유의성이 없다. 실업률은 경기순환의 과정을 반영한다고 하였는데 경제 성장률과 실업률 사이의 통계적 상관관계가 없는 것은 경기 침체와 더불어 실업률이 확대되기 시작하면 정부는 팽창적 재정 및 금융정책을 사용하여 경기 전환과 실업률을 낮추려고 하는 노력을 기울일 뿐만 아니라 경제 침체기에는 노동시장의 여건이

G7의 개별 국가 및 중국의 1980년~2019년 기간 실업률 변화를 아래 [그림 2-6]에서 살펴볼 수 있다. 중국의 실업률은 1980년대 초반 이후부터 거의 전 기간에 걸쳐 일본을 제외한 나머지 G7 국가의 실업률보다 낮게 나타나고 있다. 그러나 중국은 높은 경제 성장률에도 불구하고 장기적으로는 실업률이 증가하는 추세를 보이고 있으며 세계무역기구(the World Trade Organization, WTO)에 가입한 2001년 이후부터 중국의 실업률은 완만하게 하락하는 추세를 보이고 있다. G7 국가는 거의 실업률의 변화에 있어서 거의 유사한 형태를 보이고 있는데 1990년대 중반 이후부터 지속해서 하락 추세를 보이던 실업률은 2008년 세계 금융위기와 2009년 세계 경제의 대침체로 인해 급격히 증가하였다. 예를 들면 미국의 경우 2007년 4.62%를 기록한 실업률은 2008년 5.80%로 상승하였고 2010년에는 무려 9.61%를 기록하였다. 같은 기간 일본도 2007년 3.83%를 기록하였던 실업률이 2008년 3.98%로 상승한 후 2009년 5.09%와 2010년 5.06%를 각각 기록하였다. 이들 G7 국가들은 2011년을 전후하여 국가별로 차이는 있으나 실업률이 하락하는 추세를 보이고 있다. 이들 G7 국가 중 실업률의 변화에 있어 특이한 점을 노출하고 있는 국가는 독일과 이탈리아라고 할 수 있다. 독일의 실업률은 2000년대 초중반 10%를 넘는 수준을 기록하였는데 2008년의 세계 금융위기와 2009년의 세계 경제 침체기에도 실업률은 지속적으로 하락하는 추세를 보였다. 이탈리아는 1990년대 중반 이후부터 2000년대 초반까지 10%를 훨씬 상회하는 실업률을 기록하였으나 세계 금융위기가 발생할 때까지 지속적으로 실업률은 하락하였다. 그러나 2008년과 2009년의 금융위기와 경제침체 이후에도 실업률이 감소하는 추세를 보이던 다른 국가들과 달리 실업률은 오히려 증가하는 양상을

---

악화하여 구직활동을 중단하는 노동자가 상대적으로 많아지게 됨으로써, 즉 노동 참여율이 하락함으로써 취업자 수뿐만 아니라 실업률을 계산할 때 사용되는 경제활동인구라는 분모 자체도 작아지는 경향이 있다. 뿐만 아니라 경제가 회복기에 접어들어 성장률이 상승해도 기업은 즉각적으로 노동자를 고용하여 생산을 늘리기보다 기존의 고용 노동자들을 최대한 활용하여 노동자의 생산성을 높임으로써 증가하는 수요를 맞추려하기 때문에 경기 회복이 곧바로 고용 창출, 즉 실업률의 하락으로 연결되지는 않는다. 특히, 여기서는 국제통화기금의 선진국 경제 지역 구분은 총 G7 국가와 유로 지역 국가 및 기타 선진국 등 총 39개 국가를 포함하고 있기 때문에 집적오류(aggregation bias)와 측정오류(measurement error)를 내포하고 있는 점을 고려하면 소위 오쿤의 법칙이 현실적으로 성립하지 않을 수 있다.

노출하였고 12.61%의 실업률을 기록하였던 2014년을 지나고 나서 실업률이 다시 하락하는 추세를 보이고 있는데 이탈리아의 실업률은 2019년 현재 여전히 9.95%로 여전히 G7 국가들 중에서 가장 높게 나타나고 있다.

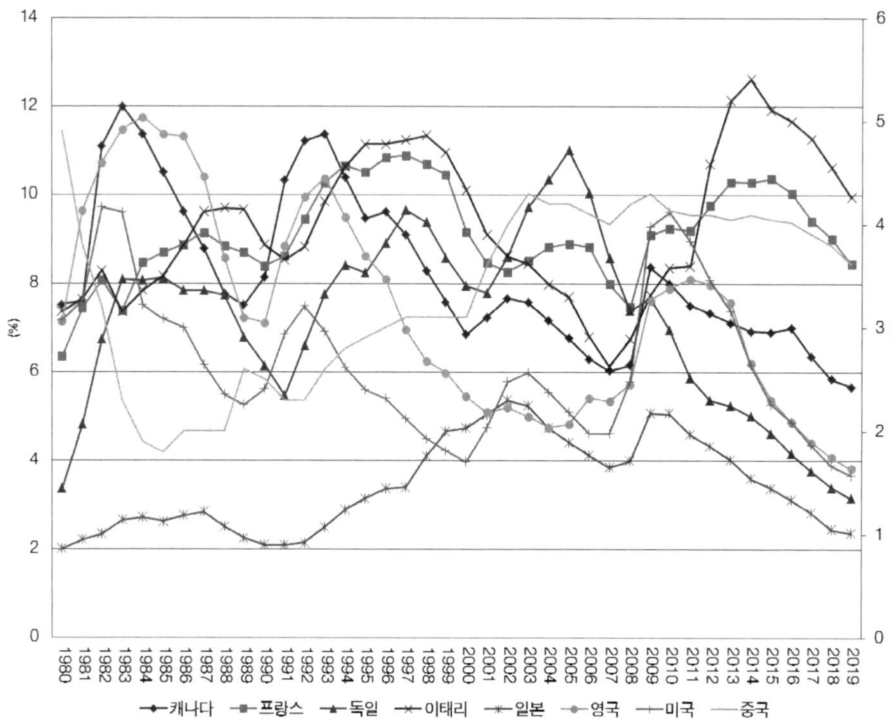


[그림 2-6] G7 국가와 중국의 실업률 변화, 1980년~2019년

출처: IMF, 세계경제전망, 데이터베이스

실업이 발생하는 원인에는 다양한 이유가 있는데 다음과 같은 유형의 실업의 형태가 있다.

먼저, 경기 순환적 실업(Cyclical Unemployment)은 경기 변동에 따라 총수요가 부족한 경우 경제 전체의 노동수요가 감소하면서 발생하는 실업이다.

마찰적 실업(Frictional Unemployment)은 처음으로 일자리를 찾거나 혹은 어떤 특정한 일자리에서 다른 일자리를 찾아 움직이는 경우 일자리 탐색에 따른 실업을 지칭한다. 이와 같은 마찰적 실업은 완전고용 상태에서도 발생할 수 있으며 비교적 단기간 지속한다.

계절적 실업(Seasonal Unemployment)은 노동 수요가 계절적으로 커다란 변동을 보이는 경우에 발생한다. 농업, 건설업, 관광업 등에서 비수기에 발생한다.

구조적 실업(Structural Unemployment)은 말 그대로 경제구조가 변화되면서 발생하는 실업이다. 경제가 성장하면서 경제구조는 기술적인 요인 등으로 인해 더 높은 부가가치 생산을 위한 형태로 변화하게 되는데 이에 따라 쇠퇴하는 산업에 종사하는 노동자가 신규 산업으로 일자리를 옮기는 것은 쉬운 일이 아니다. 구조적 실업이 발생할 때 노동시장에서의 임금이 유연하게 변할 수 있으면 구조적인 실업은 신속히 해결될 수도 있지만 대부분의 국가에서 최저임금제도 등을 시행하고 있어 노동시장에서의 임금 경직성으로 인해 구조적인 실업이 상당 기간 지속되는 경우가 발생한다. 구조적 실업을 해결하기 위해서는 노동자의 재교육과 노동자의 이전 및 기업 이전 등이 필요하다. 구조적인 실업은 총수요를 증가시켜도 사라지지 않으며 비교적 장기간 지속된다.

경기 순환적 실업은 총수요를 증가시킴으로써 해결할 수 있으나 나머지 실업을 해소하기는 매우 어렵다. 그래서 일반적으로 경제에서 완전고용(Full Employment)이라고 할 때는 실업이 완전히 없는 것이 아니라 경기 순환적 실업이 없는 상태를 말한다. 그래서 완전 고용 상태에서 존재하는 실업을 자연실업률(Natural Rate of Unemployment)이라고 하며 혹은 NAIRU(Non-Accelerating-Inflation Rate of Unemployment: 인플레이션을 가속화 시키지 않는 실업률 혹은 물가안정실업률)라고 한다. 자연실업률만 존재할 때의 GDP를 완전고용 GDP 혹은 잠재적 GDP라고 한다.

# 제 2 장 정리문제

□ **문제** □

1) 인플레이션과 디플레이션 중 어느 것이 경제활동에 도움이 된다고 생각하는가? 그 이유는 무엇인가?

2) 1990년대 이후부터 전 세계의 인플레이션이 급격히 하락하기 시작하였는데 그 이유는 무엇이라고 할 수 있는가?

3) 인플레이션을 측정하는 방법에 있어 소비자 물가지수(CPI)를 사용하는 방법과 GDP디플레이터를 사용하는 경우 인플레이션의 차이가 발생한다면 그 이유는 무엇이라고 추론할 수 있는가?

4) 현재 우리나라에서 실업률을 측정하는 방법을 간단히 설명하고 현재의 실업률 측정 방법이 가지고 있는 이유는 무엇이라고 생각하는가?

5) 2008년~2009년 글로벌금융위기 기간과 그 이후 일정기간 동안 전 세계 특히, 선진국의 실업률이 급격하게 증가하였는데 그 이유는 무엇이라고 생각하는가?

□ **주요 용어** □

- 소비자 물가지수
- GDP 디플레이터
- 인플레이션
- 노동 가능 인구와 경제활동인구
- 스태그플레이션(Stagflation)

# 제3장 대외거래 관계의 이해

# 제3장 대외거래 관계의 이해

## 1 국제수지: 개념과 이해

한 나라의 경제는 전 세계의 다른 나라들과 경제적으로 밀접하게 연결되어 있는데 자국 내에서 생산하는 재화와 서비스뿐만 아니라 타국이 생산하는 재화와 서비스를 수입하여 소비하고 자국에서 생산된 재화와 서비스를 수출하여 다른 나라들이 소비할 수 있도록 하고 있다. 그뿐만 아니라 세계 각 국가 간에는 돈을 차입하거나 대출 등과 같은 금융거래와 더불어 포트폴리오투자와 직접투자 등의 국제 투자가 이루어지고 있어서 국가 간 자본이동이 발생하고 있다. 즉, 자본이동을 통해 자국에 거주하는 사람(법인을 포함)이 외국에 돈을 빌려 주거나 혹은 투자를 진행할 수 있으며 또한 외국으로부터 돈을 차입하거나 외국인들이 자국에 투자를 할 수 있게 된다. 이처럼 한 국가의 개인, 기업 및 정부 등을 포함한 거주민이 일정 기간 다른 국가의 거주민들과의 행하는 모든 경제적 거래 관계를 기록한 것을 국제수지(Balance of Payments)라고 한다. 국제수지는 크게 상품의 수출과 수입 및 관광, 여행, 해운 및 보험과 같은 서비스의 이전과 더불어 일방적인 송금과 증여 등을 포함하는 경상계정(Current Account)과 장기 및 단기 자본이동과 금의 이동을 포함하는 자본 계정(Capital Account)으로 구성되어 있다.

국가가 재화와 서비스를 다른 나라와 거래하여 생기는 차이를 경상수지(Current Account Balance)라고 하며, 이 중에서 특히 눈에 보이는 거래라고 할 수 있는 상품 무역(Goods Trade), 즉 상품의 수출과 수입으로 인해 발생하는 차이를 상품수지(Goods Balance)[11]라고 한다. 여행, 관광, 보험, 해운과 금융 및 지식재산권의 사용료의 수입과 지급에 따른 차이는 서비스수지(Service Account Balance)라고 하며 상품수지와 서비스수지에다 국내외 노동자의 임금과 투자 소득의 차액인 본원소득수지(Net Income or Primary Income Balance), 개인 송금, 기부, 원조 등 무상으로 이루어지는 것은 이전소득수지(Net Transfer Payments or Balance of Transfer Payments)를 합하면 경상수지가 된다.

일반적으로 경상수지는 자본수지와 달리 상대적으로 안정적이기 때문에 경제정책 수립과 평가 및 경제 성장 측정과 전망 등에 유용하게 쓰인다. 나아가 경상수지에서 가장 중요한 부분을 차지하고 있는 무역수지는 최근 들어 서비스 무역에 대한 비중이 증가하고 있음에도 불구하고 각국의 상품 수출과 수입에 따른 상품수지가 중요한 역할을 수행하고 있다.

## 2 세계 무역의 발전과 변화

### 2.1 상품무역의 변화

[표 3-1]은 2015년~2019년 사이의 세계의 상품무역의 총수출액과 총수입액을 보여주고 있다. 2019년 현재 전 세계의 총무역량은 수출액 기준으로 18조 8천 887억 달러에 달하고 수입액 기준으로는 19억 2천 376억 달러에 달한다.[12)]

2019년 총수출액과 총수입액은 2015년 대비 각각 14%와 15% 증가하였는데 2015년~2019년 기간의 수출과 수입의 연평균 증가율은 각각 3.4%와 3.6%

---

11) 관세청에서 재화의 수출과 수입의 통관을 기준으로 하여 그 차액을 발표하는데 이를 무역수지(trade balance)라고 하며 중앙은행(우리나라의 경우 한국은행)이 집계하여 발표하는 상품수지와는 계상 방법과 기준일 등에서 무역수지와 상품수지는 차이가 있다.

12) 전 세계가 수출하는 금액은 이론상으로는 전 세계의 수입 금액과 일치하여야 한다. 그러나 수출입 관련 통계를 작성할 때 수출액은 본선인도가격인 FOB(Free On Board)으로 표시하는데 이는 물품이 지정된 선적 항만에서 본선의 난간을 통과할 때까지의 비용을 포함한 가격을 나타낸다. 반면, 수입액은 CIF(Cost, Insurance and Freight, 운임보험료부담조건) 가격으로 표시하는데 이는 FOB 가격인 수출원가에 수입 항만까지의 운임(Freight)과 보험료(Insurance)를 포함한 복합원가이다. 이에 따라 총수출액과 총수입액은 차이가 발생한다.

에 달한다.

그러나 이 기간 전 세계 교역은 금액 면에서 성장과 침체가 반복되고 있어 전 세계 교역의 불안정성이 고조되었다고 할 수 있다. 2015년은 2014년 대비 총수출은 12.9%, 총수입은 12.4%씩 하락하였고 2016년에도 전 세계 교역액은 수출과 수입 모두 2015년 전년 대비 3.1%씩 하락하였다. 이와 같이 2015년~2016년 세계 교역이 하락한 이유는 무엇보다도 원자재 가격의 하락, 선진 주요 국가들에서의 침체한 수요뿐만 아니라 미국 달러의 강세에 기인한다고 할 수 있다. 2017년도와 2018년도에 전 세계 교역은 일시적으로 증가하는 추세를 보였는데 수출은 2017년에 2016년 대비 10.6%, 2018년에는 전년 대비 9.8%씩 성장하였다. 수입 또한 2017년에는 전년 대비 11.0%, 2018년에는 10.2%씩 성장하였다. 이와 같이 2017년~2018년 기간 전 세계 교역이 증가한 이유는 원자재 가격의 상승이 발생하였을 뿐만 아니라, 미국 달러의 강세가 약세로 돌아섰기 때문이며 이에 더하여 전 세계 경제의 성장을 거의 모든 국가가 공유할 수 있었던 것에 기인한다.[13] 그러나 2019년도의 총수출액은 2018년도의 총수출액 19조 4천 681억 달러 대비 약 3% 정도 하락한 수치이며 2019년도의 총수입액은 전년 대비 2.9% 정도 하락한 수치에 해당한다. 이는 2018년 하반기 이후부터 고조된 전 세계 경제, 특히 선진 경제들의 성장세가 둔화하기 시작했을 뿐만 아니라 미국과 중국 사이의 고조된 무역 제재와 같이 다자간 교역체제 중심이 크게 흔들리면서 보호주의 무역이 확산하였고 이로 인한 국제무역의 불안정성이 고조되고 기업들의 투자가 위축되기 시작했기 때문이다.

[표 3-1] 2015년~2019년 전 세계 상품교역 현황 (금액 기준)

| | 2015 | 2016 | 2017 | 2018 | 2019 |
|---|---|---|---|---|---|
| 총수출 (FOB, 십억 달러) | 16,555.64 | 16,043.14 | 17,737.59 | 19,468.06 | 18,888.71 |
| 총수입액 (CIF, 십억 달러) | 16,722.23 | 16,197.87 | 17,975.24 | 19,812.34 | 19,237.60 |

출처: 세계무역기구(World Trade Organization: WTO) 데이터베이스

13) 2015년과 2016년 전 세계 교역이 대폭 하락한 사실도 2017년과 2018년 세계 교역의 부분적인 반등을 야기한 것이라고 할 수 있다.

2015년~2019년 기간 전 세계 상품 무역을 물량(volume) 면에서 고려해 보면 [표 3-2]에서 보는 바와 같이 금액 면에서와는 몇 가지 차이가 관찰된다.

이 기간의 평균 수출 물량 증가율은 2.1%이며 수입은 2.2% 증가하여 같은 기간 수출과 수입 금액의 증가율보다 낮게 나타나고 있다. 수출과 수입은 금액 면에서 2015년과 2016년 모두 하락하였지만 물량적인 측면에서는 2015년 및 2016년 수출은 2.3%, 1.7%씩 성장하였고 수입은 2.2% 및 1.0%씩 증가하였다. 전 세계 수출과 수입이 빠른 회복세를 보인 2017년과 2018년에는 수출은 4.3% 및 2.5%씩 증가하였고 수입은 이보다 더 높은 5.1% 및 3.2%의 성장률을 기록하였다. 2015년 이후 지속해서 증가하던 전 세계 수출과 수입 물량은 2019년에는 하락하였는데 수출은 0.1%, 수입은 0.2%씩 감소하였다. 2009년에는 세계 금융위기의 여파로 '무역의 대붕괴(the great collapse of trade)'가 발생하여 물량이 급속도로 축소되었으나 그 이후 회복세를 보이다가 2019년 처음으로 교역 물량이 하락함으로써 전 세계 교역 시장과 환경의 불확실성과 불안정성이 고조되고 있다.

[표 3-2] 전 세계의 무역 증가율 (물량 기준)

| | 2015 | 2016 | 2017 | 2018 | 2019 |
|---|---|---|---|---|---|
| 수출 증가율 (%) | 2.30 | 1.70 | 4.30 | 2.50 | -0.10 |
| 수출 증가율 (%) | 2.20 | 1.00 | 5.10 | 3.20 | -0.20 |

출처: 세계무역기구(World Trade Organization: WTO) 데이터베이스를 활용하여 계산

[그림 3-1]은 1980년~2019년의 지난 40년에 걸친 전 세계 교역의 변화를 나타내고 있다. 1980년 2조 361억 달러에 달하던 전 세계 수출액은 2019년 18조 8천 887억 달러로 약 9.3배 증가하였으며 수입도 같은 비율만큼 증가하여 1980년 2조 772억 달러이던 수입이 19조 2천 367억 달러에 달하였다. 이에 따라 전 세계 수출과 수입은 같은 기간 연평균 성장률 6.3%를 각각 기록하였다.

먼저, 전 세계 상품 수출과 수입의 금액 면에서 관찰하면 1980년 이후 2019년까지 금액상으로는 수출과 수입 모두 9배 이상이라는 높은 증가를 기록하였지만 전 기간에 걸쳐 성장과 몇 차례의 하락을 경험하였다.

첫째, 1980년대 초반 달러화의 강세와 급격한 국제원유 가격의 상승으로

인해 야기된 세계 경제 침체 등으로 수출과 수입은 감소세를 기록하였다.

둘째, 1980년대 중반 이후 줄곧 증가세를 유지하던 전 세계 상품교역은 1998년 아시아 금융위기 기간에 하락세를 기록하였으며 전 세계 상품 곧바로 회복세를 보였지만 소위 '닷컴버블'이라는 정보통신 분야(Information Technology and Communication)의 버블이 붕괴된 이후인 2001년 다시 한 번 하락세를 경험하였다.

셋째, 1995년 세계무역기구(the World Trade Organization: WTO)의 출범과 자유무역협정(Free Trade Agreement: FTA) 등 지역 무역협정의 확산을 통한 무역 자율화 노력이 추구되었으며 나아가 중국의 2001년 WTO 가입과 더불어 세계 상품 수출과 수입은 매우 급속한 증가 추세를 유지하였다. 그러나 2007년 미국에서 시작된 서브프라임 모기지(sub-prime mortgage) 사태가 촉발한 2008년 글로벌금융위기(Global Financial Crisis)와 연이은 전 세계 경제의 급격한 위축이 동반한 세계 무역의 대붕괴로 인하여 전 세계 상품 수출과 수입은 전년 대비 22% 이상 하락하였다.

넷째, 글로벌금융위기 이후 전 세계 상품 수출과 수입은 2010년 전년 대비 22% 이상 증가하여 신속하게 회복되었으나 앞서 관찰한 바와 같이 국제 원자재 가격의 하락과 선진 국가들에서의 위축된 경제활동 및 미국 달러화의 강세로 인해 2015년과 2016년 연속으로 하락하였다.

마지막으로 2017년과 2018년 국제 원자재 시장에서의 가격 회복과 선진 미국 달러화의 영향으로 상품 수출과 수입은 일시적으로 증가하였다. 하지만 2019년에는 세계 경제 특히, EU 등 유럽 지역 국가들의 경제활동 위축과 영국의 브렉시트(Brexit), 미국과 중국 간의 고조된 무역 분쟁과 다자간 무역체제의 위협 등으로 인해 고조된 세계 경제의 불확실성의 증가로 인해 전년 대비 하락하였다.

[그림 3-1]은 전 세계 상품교역의 물량기준(Volume Index) 성장률을 동시에 보여주고 있다. 물량 기준으로 전 세계 상품 수출과 수입은 1980년~2019년 연평균 성장률 4.3%와 4.5%를 기록하여 금액 기준으로 산정된 연평균 성장률 6.3%보다 낮은 수치를 기록하고 있다. 1980년~2019년 기간 동안 물량 기준 성장률 변화는 수치상으로는 차이가 있어도 금액 기준 성장률과 거의 동

일한 형태를 보여주고 있다. 관찰되는 주요 차이는 다음과 같다.

첫째, 금액상으로는 전 세계 수출과 수입이 1981년~1983년 사이에 마이너스 성장을 기록하였지만 물량 상으로는 수입만 1980년 전년 대비 하락한 것으로 나타나고 있는데 이는 국제 유가의 급격한 상승으로 야기된 세계 경제의 냉각으로 인해 수입 물량이 하락하였기 때문이다.

둘째, 1998년 아시아 금융위기로 인해 전 세계 상품 수출과 수입이 금액상으로 하락하였지만 물량 상으로는 수출과 수입이 모두 4.6% 및 4.4%씩 오히려 증가하였다는 것이다. 이와 같은 이유는 아시아 금융위기로 타격을 입은 아시아의 주요 수출국의 통화 가치가 급격히 하락함으로써 수출 단위 가격이 급격히 하락하였고 이로 인해 수출 및 수입 물량은 증가하였지만, 미국 달러로 표시된 금액상으로는 하락을 유도하였다고 추론할 수 있다.

셋째, 전 세계 상품 수출과 수입은 금액상으로는 2015년 0.13% 및 0.12% 하락하였고 2016년에도 각각 0.3%씩 하락하였다. 그러나 물량 상으로는 2015년에 수출과 수입은 2.3%와 2.2%씩 증가하였고 2016년에도 수출은 1.7%, 수입은 1.0% 증가하여 대조된 모습을 보여주고 있다. 이 역시 앞에서 언급된 바와 같이 2015년과 2016년에 국제 원자재 가격의 하락과 미국 달러의 강세가 동반되어 발생하였기 때문에 농산물과 원자재 가격의 하락은 수출과 수입 물량의 증가를 유도하지만, 이들 수출과 수입 물량이 금액상 표시되는 경우에는 하락한 것으로 표시될 수 있다.

[표 3-3]은 1980년~2019년의 기간에 걸쳐 전 세계 상품 수출과 수입의 평균 증가율과 평균 경제 성장률을 동시에 보여주고 있는데 다음과 같은 점들을 쉽게 관찰할 수 있다.

첫째, 이 기간에 전 세계의 평균 경제 성장률보다 상품 수출과 수입 물량의 증가율로 표시된 평균 무역 증가율이 높게 나타나고 있다.[14]

둘째, 1990년대(1990년~1999년)에 상품 수출과 수입의 평균 증가율(물량 기준)이 지난 40여 년의 기간 가운데 가장 높게 나타나고 있지만, 금액 기준 상으로는 2000년대(2000년~2009년)에 증가율이 가장 높게 나타나고 있다.

14) 수출과 수입 금액으로 표시된 증가율은 경상가격으로 표시되어 있기 때문에 불변가격으로 표시된 GDP 성장률보다 높게 나타나는 것은 당연하다.

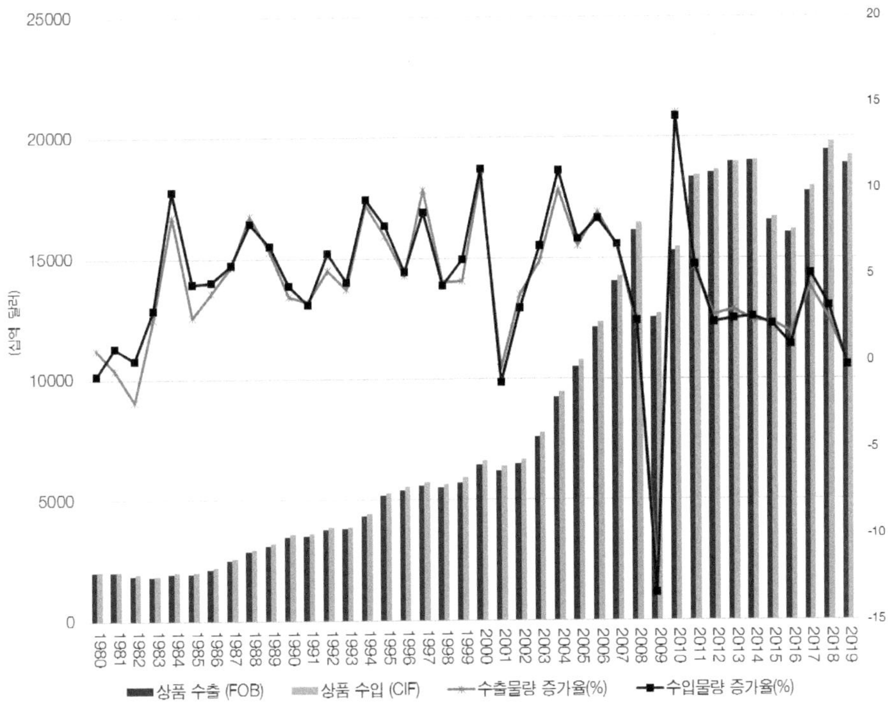


[그림 3-1] 전 세계 수출입과 교역량 변화, 1980년~2019년

출처: WTO 데이터베이스

[표 3-3] 전 세계 상품 수출과 수입 증가율(%) 및 경제 성장률(%), 1980년~2019년

| | 1980~2019 | 1980~1989 | 1990~1999 | 2000~2009 | 2010~2019 |
|---|---|---|---|---|---|
| 세계 평균 경제 성장률 (불변가격) (%) | 3.47 | 3.14 | 3.10 | 3.87 | 3.75 |
| 세계 상품무역 평균 성장률 (%) | | | | | |
| 수출금액 (경상가격, FOB, 미국달러 기준) | 6.27 | 6.45 | 6.32 | 8.19 | 4.16 |
| 수입금액 (경상가격, CIF, 미국달러 기준) | 6.26 | 6.59 | 6.34 | 7.93 | 4.23 |
| 수출물량지수 | 4.26 | 3.52 | 5.73 | 3.99 | 3.79 |
| 수입물량지수 | 4.48 | 4.19 | 5.99 | 3.96 | 3.78 |

출처: 평균 경제성장률 [표 1-3]; 평균무역성장률은 WTO 데이터베이스를 참조하여 계산

셋째, 2000년대 이후부터 물량 기준 수출과 수입의 증가율은 점진적으로 하락하여 글로벌금융위기 이후의 시점에 해당하는 2010년대(2010년~2019년)의 증가율이 가장 낮게 나타나고 있으며 금액 기준상으로도 2010년대(2010년~2019년)가 역시 가장 낮은 증가율을 기록하고 있다.

마지막으로, 글로벌금융위기 이후인 시기인 2010년대에는 무역 증가율 자체가 하락하였을 뿐만 아니라 그 이전의 시기와는 달리 상품 수출과 수입의 증가율이 경제 성장률과 비슷한 수준을 기록하고 있다.

이와 같이 2010년대 들어 무역 증가율이 하락하고 경제 성장률을 밑돌거나 비슷한 수준을 유지하고 있는 것에는 다음과 같은 몇 가지 이유가 존재한다. 무엇보다도, (1) 글로벌금융위기 이후 세계 경제 전체와 주요 국가들의 경제 성장률이 급격히 위축되었으며 2000년대 글로벌금융위기 전의 시기와 달리 세계 경제가 느린 회복과 성장세를 보이고 있다는 것이다; (2) 2009년 세계 금융위기로 인한 경제 침체 이후 지속해서 관세율 상승, 수량 제한 조치, 엄격한 수입 및 수출 통관 절차, 수입세와 수출세 부가 등과 같은 무역 제한 조치의 증가 및 전반적인 보호주의 무역의 세계적인 확산으로 인해 전 세계 경제의 불확실성이 증가함으로써 경제 성장에 적신호를 보내고 있을 뿐만 아니라 세계 무역 활성화에도 부정적인 영향을 행사하고 있다고 할 수 있다; (3) 무역 분쟁과 세계 경제의 더딘 회복으로 인해 증가한 불확실성은 기업들의 투자 감소를 촉발하였을 뿐만 아니라 최종재 생산과 수출을 위해 사용되던 중간재의 수입마저도 감소하는 상황을 야기하였다[15]; (4) 글로벌금융위기 이후 미국 달러 강세와 무역 분쟁 및 저조한 경제 회복 등으로 인해 야기된 낮은 국제 원자재 가격은 원자재 수출국들의 수입이 감소함으로써 무역 전망을 어둡게 하고 있다; (5) 영국의 EU 탈퇴, 즉 브렉시트를 둘러싼 불확실성 등도 세계 경제, 특히 유럽연합의 경제와 무역에 부정적인 영향을 행사하고 있다.

15) 이 기간에 중간재의 수입이 하락하게 된 것은 이와 같은 이유뿐만 아니라 '세계의 공장' 역할을 수행하던 중국이 차지하던 원자재와 중간재의 수입 비중이 '제조업 굴기 2025' 등과 같은 기술 혁신 정책을 통해 국내 생산으로 대치되기 시작하면서 중간재 수입이 하락하기 시작하였다(서정수, 2019).

브렉시트(Brexit: British Exit)는 영국이 28개 국가의 회원국을 가진 유럽연합 (the European Union: EU)을 탈퇴하는 과정과 현상을 말하고 있다. EU는 지역경제협정 가운데 가장 상위의 개념으로 회원국 간 재화와 서비스의 이동이 자유로울 뿐만 아니라, 이들 국민들의 회원국 간 이동의 자유도 보장된다. 그러나 대외적으로는 공통된 관세를 부과하는 무역정책을 실시하고 있다.

영국은 1973년 EU의 전신인 유럽경제공동체(the European Economic Community: EEC)에 가입하였는데 EU 회원국 중 최초로 EU를 탈퇴하는 국가가 되었다.

영국의 EU 탈퇴는 2016년 6월 실시된 국민투표 결과 52%의 찬성을 얻어 결정되었고 원래 예정된 브렉시트 날짜는 2019년 3월 29일이었다. 그러나 당시 영국 총리였던 테레사 메이(Theresa May)의 중재안이 거부되어 두 차례 연기되었고 2020년 1월 31일 23시가 최종적인 날짜로 결정되었다. 이에 따라 영국은 2020년 1월 31일 공식적으로 EU에서 탈퇴하였다.

[표 3-4] 2019년 세계 주요 수출국과 수입국 현황

| 지역 | 2019년 수출금액 (십억 달러) | 점유율 (%) | 지역 | 2019년 수입금액 (십억 달러) | 점유율 (%) |
|---|---|---|---|---|---|
| 전 세계 | 18,888.71 | 100.0 | 전 세계 | 19,237.60 | 100 |
| 아세안(ASEAN) | 1,421.21 | 7.5 | 아세안(ASEAN) | 1,388.81 | 7.2 |
| 유럽연합(EU) | 5,813.24 | 30.8 | 유럽연합(EU) | 5,526.70 | 28.7 |
| 상위 10위 수출국가 | 9,696.90 | 51.3 | 상위 10위 수입국가 | 10,134.10 | 52.7 |
| 중국 | 2,499.03 | 13.2 | 미국 | 2,568.41 | 13.4 |
| 미국 | 1,645.63 | 8.7 | 중국 | 2,077.10 | 10.8 |
| 독일 | 1,489.16 | 7.9 | 독일 | 1,234.22 | 6.4 |
| 네덜란드 | 709.23 | 3.8 | 일본 | 720.74 | 3.7 |
| 일본 | 705.53 | 3.7 | 영국 | 691.80 | 3.6 |
| 프랑스 | 569.73 | 3.0 | 프랑스 | 651.18 | 3.4 |
| 한국 | 542.23 | 2.9 | 네덜란드 | 635.97 | 3.3 |
| 홍콩 | 534.89 | 2.8 | 홍콩 | 577.83 | 3.0 |
| 이탈리아 | 532.66 | 2.8 | 한국 | 503.34 | 2.6 |
| 영국 | 468.82 | 2.5 | 이탈리아 | 473.51 | 2.5 |

출처: WTO 데이터베이스

[표 3-4]는 2019년 전 세계 10대 상품 수출국과 수입국을 보여 주고 있다. 10대 수출국은 전 세계 상품 수출에서 13.2%로 가장 높은 비중을 차지하고 있는 중국, 그 뒤를 이어 미국(8.7%), 독일(7.9%), 네덜란드(3.8%), 일본(3.7%), 프랑스(3.0%), 한국(2.9%), 홍콩(2.8%), 이탈리아(2.8%)와 영국(2.5%)에 해당한다. 이들 수출 상위 10개국의 상품무역 총 규모는 9조 6천 969억 달러로 전 세계 상품 수출액의 51.3%를 차지하고 있다.

2019년 상품 수출에 있어 상위 10위에 속하는 국가들은 수입에서도 개별 국가별로 수입시장 점유율과 금액 면에서는 차이를 보여도 여전히 상위 10의 수입대국으로 자리를 차지하고 있다. 2019년 전 세계로부터 가장 많은 상품을 수입한 국가는 미국으로 전 세계 상품 수입액의 13.4%에 해당하는 2조 5천 684억 달러를 수입하였다. 같은 해 중국은 전 세계로부터 2조 771억 달러를 수입하여 수입시장 점유율 10.8%를 기록하였으며 그다음으로 독일(6.4%), 일본(3.7%), 영국(3.6%), 프랑스(3.4%), 네덜란드(3.3%), 홍콩(3.0%), 한국(2.6%), 이탈리아(2.5%)가 상위 10의 수입국으로서 자리를 차지하고 있다.

28개국으로 구성된 있는 유럽연합(EU)을 하나의 단일 경제권으로 취급하는 경우 2019년 EU의 총 상품 수출액은 5조 8천 132억 달러에 달하며 총 상품 수출에서 차지하는 비중은 30.8%로 가장 큰 수출 경제권이 된다. 같은 해 EU의 총 상품 수입액은 5조 5천 267억 달러로 전 세계 상품 수입시장에서 28.7%의 비중을 차지하였다.

동남아시아 10개국으로 구성된 동남아국가연합인 아세안(ASEAN)은 같은 해 전 세계 상품 수출의 7.5%를 차지하는 1조 4천 212억 달러의 상품을 수출하였으며 수입 면에서는 전 세계 상품 수입시장 점유율 7.2%에 해당하는 1조 3천 888억 달러를 수입하였다.

2019년 상품 수출과 수입 면에서 상위 10위권에 속하는 국가 중 중국, 독일, 네덜란드, 한국과 이탈리아의 5개 국가만이 수출액이 수입액보다 큰 상품무역에서 흑자를 기록하였으며 미국, 일본, 프랑스, 홍콩 및 영국은 각각 상품 무역에서의 적자를 기록하였다. 같은 해 EU와 아세안도 각각 상품 수지면에서 흑자를 기록하였다.

## 2.2 세계 주요 교역국의 변화

[그림 3-2A]는 2019년 상위 상품 수출 5개국의 수출 변화를 1980년~2019년의 기간에 걸쳐 보여주고 있는데 이 그림을 자세히 살펴보면 다음과 같은 현상을 관찰할 수 있다.

먼저, 이들 상위 5개국 모두 장기간에 걸쳐 상품수출에서 증가세를 유지하였으나 2009년 세계 금융위기로 인한 무역의 대붕괴가 발생한 시점에는 이들 모든 국가의 수출이 2008년 대비 급격히 감소하였다. 그 이후 중국의 수출은 가파르게 회복되었으나 다를 국가들의 경우에는 그 회복세가 완만한 것으로 나타나고 있다. 중국을 비롯한 이들 모든 국가가 2014년~2016년 사이 수출 감소를 경험하였다.

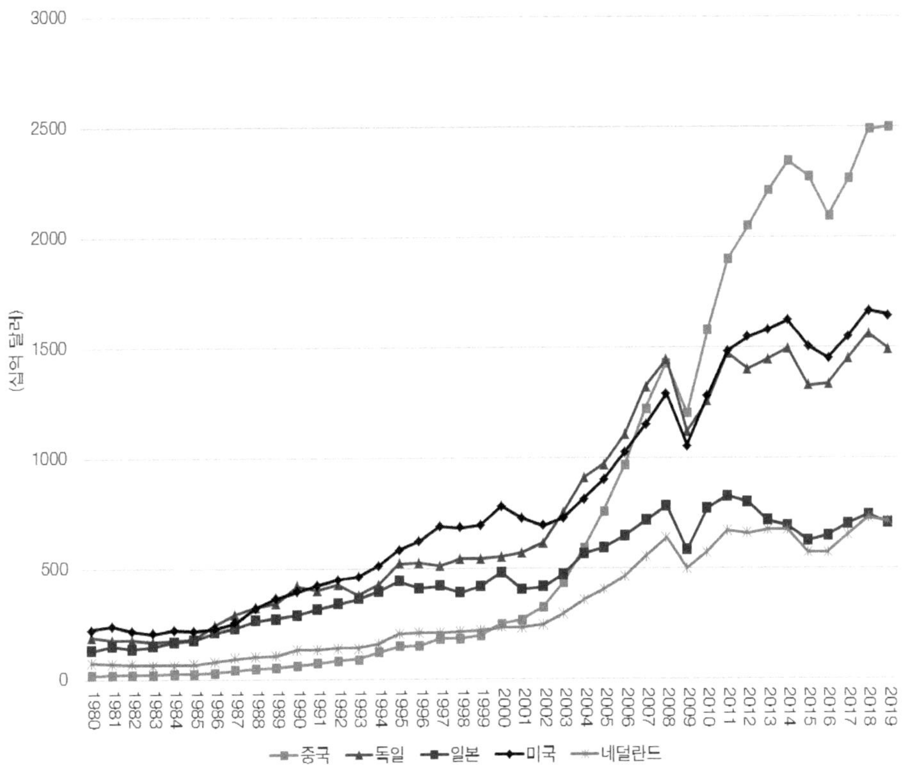


[그림 3-2A] 주요 상품 수출국 변화, 1980년~2019년

출처: WTO 데이터베이스

둘째, 2019년 현재 중국은 세계 제1위의 상품 수출국의 자리를 차지하고 있지만 이와 같은 중국 상품 수출의 급격한 성장은 2001년 중국의 WTO 가입과 무관하지 않음을 알 수 있다. 즉, 2001년 이후 중국의 상품 수출은 급격히 증가하였으며, 2009년 이후부터는 세계 제1위의 상품 수출국 자리를 견고히 하고 있을 뿐만 아니라 기타 국가들과의 차이를 확대하고 있다.

셋째, 2000년대 초반까지 세계 1위의 상품 수출국 자리를 유지하고 있었던 미국은 2000년대 이후부터는 간헐적으로 독일에 세계 1위 자리를 내주었을 뿐만 아니라 2009년 이후부터는 중국에 세계 1위 자리를 내어주고 2019년 현재 세계 제2위의 상품 수출국의 위상을 유지하고 있다.

넷째, 1980년대 이후 2000년대 초반까지 미국 독일에 이어 세계 3위의 상품 수출국으로 자리를 굳히고 있던 일본은 2001년 WTO에 가입한 중국에 2003년 상품수출을 추월당하였을 뿐만 아니라 그 이후에도 완만한 수출 증가세를

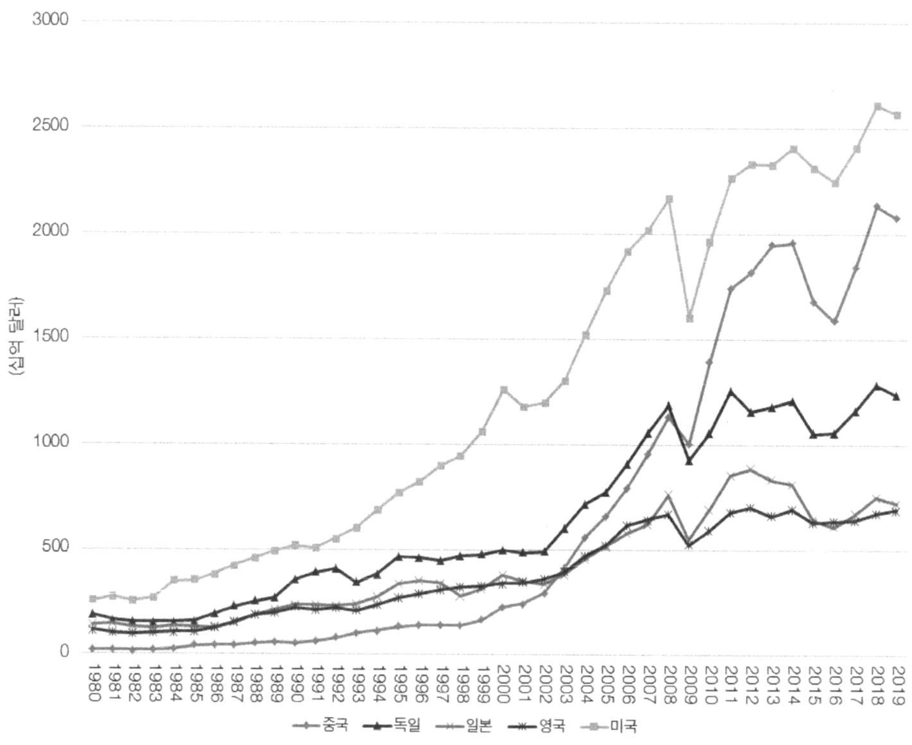


[그림 3-2B] 주요 상품 수입국 변화, 1980년~2019년

출처: WTO 데이터베이스

기록하였다. 이는 1980년대 중반 이후 일본 엔화의 강세와 이에 연이은 1990년대 초반 일본의 자산시장 붕괴에 따른 경제침체의 영향과 밀접한 관련이 있다. 2019년에는 네덜란드에 세계 제4위의 상품 수출국이라는 자리를 위협받게 되었다.

[그림 3-2B]는 2019년 상품 수입 상위 5개국의 수입 변화를 1980년~2019년의 기간에 걸쳐 보여주고 있는데 다음과 같은 점을 고찰할 수 있다.

첫째, 지난 40년에 걸친 수입 변화 중 2008년 세계 금융위기 이후인 2009년과 2014년~2016년 기간에 이들 상품수입 상위 5개국의 수입이 일제히 큰 폭으로 감소하였다.

둘째, 세계 상품 수입 1위의 국가인 미국의 위상이 두드러지게 나타나고 있음을 이 그림에서 관찰할 수 있는데 2000년 전 세계 상품 수입의 19%의 점유율을 기록했던 1980년 이후 지속적으로 세계 제1위의 수입국으로서의 자리를 차지하고 있다. 그러나 전 세계 상품 수입시장에서 미국이 차지하고 있는 비중은 2000년대 들어 점진적으로 하락하는 경향을 보이고 있다.

셋째, 세계 상품 수입시장에서 차지하는 중국의 비중이 급격하게 상승한 것이 커다란 변화 중의 하나이다. 중국의 세계 상품 수입시장 점유율 또한 수출시장 점유율과 마찬가지로 2001년 중국의 WTO 가입 시기부터 급격히 증가하기 시작하였다. 2003년에는 시장점유율 5.3%를 기록하여 3.9%의 점유율을 기록한 일본을 앞지르고 미국, 독일에 이어 세계 제3위의 수입시장으로 성장하였다. 세계 금융위기와 무역의 대붕괴가 발생한 이후의 시점인 2009년에 7.9%의 시장점유율로 7.2%의 시장점유율을 기록한 독일을 넘어서 미국에 이어 세계 2위의 수입시장으로서의 수입 규모를 확대하고 있다. 2009년 이후 미국과의 수입 시장점유율 격차는 축소와 확대의 과정을 거치면서 장기적으로 축소되는 경향을 보이는 반면 독일과의 격차는 커지고 있다.

넷째, 1980년대 이후부터 1990년대 초반까지 미국, 독일에 이어 세계 3위의 수입시장 점유율을 가지고 있었던 일본은 2002년 이후부터 중국에 세계 3위의 수입시장 자리를 내주었을 뿐만 아니라 그 점유율마저 점점 하락하여 2019년에는 3.7%의 수입시장 점유율을 기록하고 있다.

[그림 3-3A]와 [그림 3-3B]는 전 세계 상품 수출과 수입에서 아세안 10개국과 EU의 시장점유율을 2000년~2019년에 걸쳐 보여 주고 있다.

이 기간 동안 EU의 수출시장 점유율은 2000년 33.6%에서 2005년 35.1%로 증가하였으나 그 이후 급격히 하락하였다. 그러나 아세안의 수출시장 점유율은 점진적으로 2000년 6.7%에서 2005년 6.2%로 하락하였으나 그 이후에는 지속적으로 증가하여 2019년에는 7.5%로 확대되었다. EU와 아세안의 수입시장 점유율의 변화에서도 비슷한 양상을 관찰해 볼 수 있다. EU의 수입시장 점유율은 2000년 32.7%에서 2019년 28.7%로 하락했지만 아세안의 경우에는 같은 기간 시장점유율이 5.7%에서 7.2%로 증가하였다.

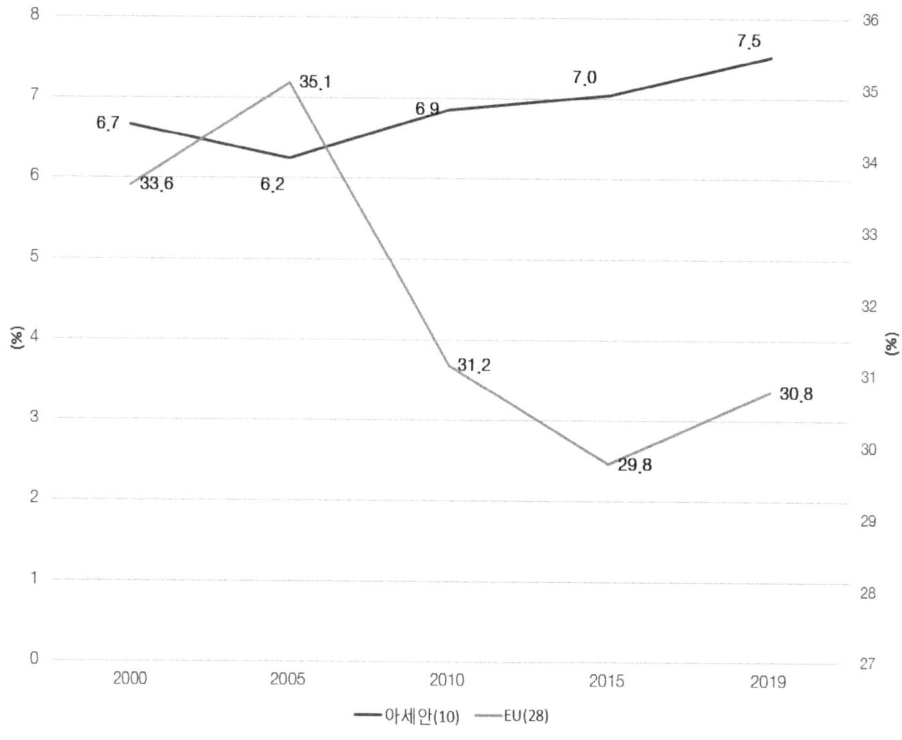


[그림 3-3A] 아세안과 EU의 수출시장 점유율 변화, 2000년~2019년

출처: WTO 데이터베이스

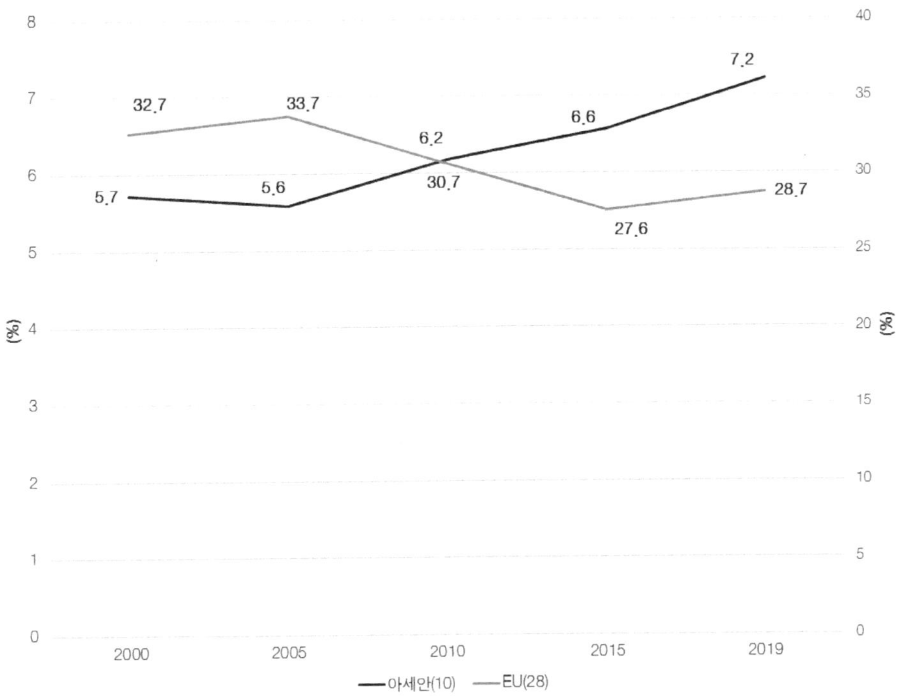


[그림 3-3B] 아세안과 EU의 수입시장 점유율 변화, 2000년~2019년

출처: WTO 데이터베이스

[표 3-5]는 아세안 5개국[16]과 중국의 2000년~2019년 기간 동안 상품무역에서 있어서의 연평균 수출 증가율과 수입 증가율을 기간별로 보여주고 있다. 2000년~2019년 기간 전반에 걸쳐 중국의 수출과 수입의 연평균 증가율은 각각 13.6%와 13.5%를 기록하여 아세안 5개국의 연평균 증가율 7.3%와 8.4%보다 월등히 높은 것으로 나타나고 있다. 2000년~2009년의 기간에는 중국의 연평균 수출 및 수입 증가율이 아세안 5개국에 비해 매우 높은 것으로 나타나고 있다. 그러나 세계 금융위기 이후의 기간인 2010년 이후부터는 아세안 5개국의 수출과 수입의 연평균 증가율이 중국의 연평균 증가율에 근접하고 있을 뿐만 아니라 2015년~2019년 기간에는 아세안 5개국의 수출과 수입 연평균 증가율이 모두 중국의 연평균 증가율보다 높은 것으로 나타나고 있다. 특히, 베트남의 경우는 2000년~2019년 기간의 연평균 수출 증가율과 수

16) 아세안 5개국은 아세안 10개국 중 인도네시아, 말레이시아, 필리핀, 태국과 베트남을 지칭한다.

입 증가율이 각각 16.9%와 16.6%로 나타나 중국의 증가율보다 높게 나타났다. 베트남의 연평균 수출 및 수입 증가율은 2005년 이후부터 지속해서 중국의 연평균 증가율을 앞서고 있을 뿐만 아니라 중국의 수출과 수입의 평균 증가율이 1.3%와 1.2%로 매우 낮은 상태를 보이는 2015년~2019년에도 베트남의 수출과 수입은 각각 연평균 증가율 12.0%와 11.4%를 기록할 정도로 빠른 속도로 증가하고 있다.

[표 3-5] 아세안 5개국과 중국의 기간별 평균 수출입 증가율, 2000년~2019년

| | | 2000년~2004년 | 2005년~2009년 | 2010년~2014년 | 2015년~2019년 | 2000년~2019년 |
|---|---|---|---|---|---|---|
| 수출증가율(%) | 인도네시아 | 6.7 | 11.1 | 8.1 | -1.0 | 6.1 |
| | 말레이시아 | 8.4 | 4.4 | 8.3 | 0.4 | 5.3 |
| | 필리핀 | 1.6 | -0.6 | 10.1 | 2.5 | 3.3 |
| | 태국 | 10.5 | 9.6 | 8.3 | 1.6 | 7.5 |
| | 베트남 | 18.1 | 16.6 | 21.3 | 12.0 | 16.9 |
| | 아세안 5개국 전체 | 8.2 | 7.8 | 10.1 | 3.0 | 7.3 |
| | 중국 | 24.9 | 15.2 | 14.3 | 1.3 | 13.6 |
| 수입증가율(%) | 인도네시아 | 10.5 | 11.3 | 13.7 | -0.9 | 8.5 |
| | 말레이시아 | 10.0 | 3.3 | 11.0 | -0.4 | 5.9 |
| | 필리핀 | 7.2 | -0.1 | 8.4 | 10.4 | 6.4 |
| | 태국 | 13.4 | 7.2 | 11.2 | 0.8 | 8.0 |
| | 베트남 | 22.2 | 17.0 | 16.1 | 11.4 | 16.6 |
| | 아세안 5개국 전체 | 11.5 | 7.0 | 12.2 | 3.3 | 8.4 |
| | 중국 | 27.6 | 12.4 | 14.3 | 1.2 | 13.5 |

출처: WTO 데이터베이스

이처럼 아세안 5개국의 수출과 수입 증가율이 2000년 이후 급격하게 성장하고 있다는 것은 이들 5개국은 다른 개발도상국들에 비해 정치적인 안정을 통해 개방적인 경제과 무역 자율화 정책을 하고 있어 외국인 투자의 유입이 활성화되었을 뿐만 아니라 이들 국가가 글로벌가치사슬, 특히 동아시아 지역에 형성된 국제생산네트워크에 편입됨으로써 수출과 수입 활동이 적극적으로

활성화되었음을 나타낸다.

## 2.3 서비스무역의 변화

한 국가의 소득 수준에 상관없이 광범위한 산업 분야에서뿐만 아니라 경제 전반에 걸쳐 성장과 성과에 영향을 미치고 있는 서비스는 전 세계 GDP의 (⅔) 이상을 차지하고 있다. 무역에서도 상품무역의 규모보다는 작지만 전 세계 교역의 또 다른 축을 형성하고 있는 것이 서비스교역[17]이다.

[표 3-6]에 제시된 바와 같이 WTO의 자료에 따를 때 2019년 현재 서비스무역 규모는 5조 9,721억 달러를 기록하고 있는데 이는 상품무역의 약 (⅓) 수준에 조금 못 미치는 31%를 차지하고 있다.[18] 서비스 수출과 상품 수출을 합치면 2019년도 전 세계 수출은 24조 9천 901억 달러에 이르는데 이 중에서 상품 수출이 76%, 서비스 수출은 24%를 차지하고 있다. 수입 면에서 전 세계의 총수입은 25조 805억 달러이고 이 중에서 상품 수입은 19조 2천 376억 달러로 77%, 서비스 수입은 5조 8천 429억 달러로 23%를 차지하고 있다.

서비스 수출은 2015년 4조 9천 841억 달러에서 2019년에는 122% 증가한 6조 1천 14억 달러를 기록하였다. 2015년~2019년 기간의 서비스 수출 연평균 성장률은 3.3%를 기록하여 같은 기간 상품 수출의 연평균 증가율 -0.1%보다 월등히 높은 수준을 기록함으로써 연평균 증가율 0.6%를 기록한 전 세계 수출 성장을 주도하였다.[19]

---

17) 서비스교역은 한 나라의 거주민과 비거주민 사이에 거래되는 서비스를 지칭하는 것으로 1995년 발효된 서비스무역에 관한 일반협정(General Agreements on Trade in Services: GATS)에 따르면 크게 4가지 유형(mode)으로 나누어진다. 제1유형은 서비스만이 국경을 넘는 cross-border supply(국외공급); 제2유형은 서비스를 소비하는 소비자가 외국에서 소비하는 consumption abroad(해외소비); 제3유형은 서비스 공급자가 서비스를 공급하기 위해 외국에 지사 혹은 자회사를 설립하는 commercial presence(상업적 존재); 제4유형은 자연인 개인이 서비스를 소비하는 소비자가 있는 외국으로 국경을 넘어 입국해야 하는 presence of natural persons(자연인의 존재)의 네 가지 형태를 지칭하고 있다(WTO, 2010).

18) WTO가 제공하고 있는 연간 추정치를 사용하여 계산하였다. 여기서 사용하는 상품무역과 서비스무역은 상품 수출과 수입의 평균값, 서비스 수출과 수입의 평균값을 지칭하고 있다.

19) 같은 기간 서비스 수입의 연평균 증가율은 서비스 수출보다 다소 낮은 2.7%를 기록하였고, 상품 수입은 0.2%, 전 세계 전체 무역수입은 0.7%의 평균 증가율을 나타내었다. 세부적인 수치상의 차이와 추정치를 사용하였다는 한계는 있으나 한 가지 명확한 것은

[표 3-6] 전 세계 총교역, 상품교역 및 서비스교역, 2015년~2019년

| (단위: 십억 달러) | 2015 | 2016 | 2017 | 2018 | 2019 |
|---|---|---|---|---|---|
| 총수출 | 21,518.23 | 21,074.35 | 23,166.88 | 25,313.13 | 24,990.07 |
| 상품 수출(FOB) | 16,555.64 | 16,043.14 | 17,737.59 | 19,468.06 | 18,888.71 |
| 서비스[1, 2] 수출 | 4,962.59 | 5,031.21 | 5,429.29 | 5,845.07 | 6,101.36 |
| 총수입 | 21,598.29 | 21,104.09 | 23,192.39 | 25,415.96 | 25,080.46 |
| 상품 수입(CIF) | 16,722.23 | 16,197.87 | 17,975.24 | 19,812.34 | 19,237.60 |
| 서비스[1, 2] 수입 | 4,876.06 | 4,906.22 | 5,217.15 | 5,603.62 | 5,842.86 |

비고 1. 정부 서비스교역 포함.
2. 서비스 수출과 수입에서 2015년~2018년 기간은 WTO 데이터 중 BOPM6에 의해 작성된 수치를 사용하고 2019년은 WTO 추정치를 사용하였다. WTO가 제공하고 있는 추정치는 BOPM6에 의해 작성된 수치보다 2015년~2018년 기간 중 수출은 평균 1.1%, 수입은 1.0% 각각 높다.
출처: 세계무역기구 (WTO) 데이터베이스

[그림 3-4]는 WTO 자료를 활용한 1980년~2018년 기간 전 세계 서비스무역의 변화를 보여주고 있는데 서비스무역은 1980년대 초반과 전년 대비 10% 가까이 하락한 2009년 글로벌금융위기로 인한 경제침체 기간 및 2014년~2015년의 기간을 제외하고는 1980년~2018년 기간 동안 지속해서 때로는 빠르게 성장하였다. 나아가 1980년대부터 1995년 WTO가 출범한 시기까지에는 서비스무역 중 수입 비중이 수출 비중보다 높게 나타났으나 그 이후에는 서비스 수출이 서비스 수입을 상회하고 있다.

1980년~2018년 기간의 서비스무역 증가율을 기간별로 구분해 보면 다음과 같은 몇 가지 사항을 관찰할 수 있다[표 3-7].

첫째, 1980년대 이후부터 글로벌금융위기가 발생한 2000년~2009년의 기간까지 수출과 수입 모두 평균 증가율은 지속해서 상승하였으며 2010년~2018년 이후 수출과 수입 모두 증가율이 하락하였다.

둘째, 2000년~2009년 기간의 서비스무역 평균 증가율은 수출 9.5%, 수입 9.1%를 기록하여 가장 높았으나 글로벌금융위기 이후의 시기인 2000년~2018년은 서비스무역의 증가율이 가장 낮은 것으로 나타나고 있다.

---

2015년~2019년 서비스교역의 증가율이 상품무역의 증가율을 앞질러 세계 무역 성장을 주도하였다는 것이다.

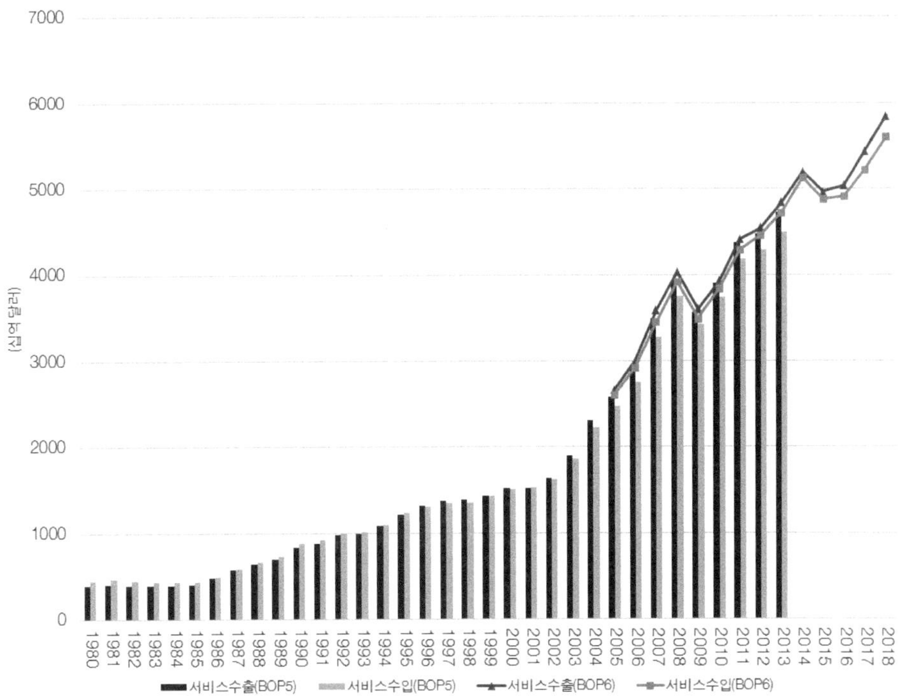


[그림 3-4] 전 세계 서비스 무역의 변화, 1980년~2018년

비고: WTO는 1980년~2013년의 기간 동안 서비스 수출과 수입은 1993년에 도입된 IMF의 제5차 국제수지매뉴얼(The Balance of Payments Manual 5: BOP5)에 의해 작성한 자료를, 2010년부터는 2008년 채택된 IMF의 제6차 국제수지매뉴얼(The Balance of Payments Manual 6: BOP 6)에 의해 작성된 자료를 제공하고 있다.

출처: WTO 데이터베이스

셋째, 서비스무역의 기간별 증가율은 상품무역의 기간별 증가율과 매우 유사한 형태를 보여주고 있다. 즉, 수출가격과 수입가격으로 표시한 평균 증가율과 서비스 수출 및 수입의 평균 증가율은 매우 높은 유사성을 보여주고 있다.

넷째, 1980년~2018년 기간 중 서비스무역의 기간별 평균 증가율은 1980년대 서비스 수입의 평균 증가율을 제외하고는 전 기간에 걸쳐 상품무역의 평균 증가율보다 높게 나타나고 있다.

[표 3-7] 기간별 상품무역 증가율 및 서비스무역 증가율, 1980년~2018년

| | 1980년~1989년 | 1990년~1999년 | 2000년~2009년 | 2010년~2018년 |
|---|---|---|---|---|
| 상품 수출 증가율(%, FOB) | 6.45 | 6.32 | 8.19 | 4.16[2)] |
| 서비스 수출 증가율(%) | 6.54[1)] | 7.45 | 9.49 | 5.53[3)] |
| 상품 수입 증가율(%, CIF) | 6.59 | 6.34 | 7.93 | 4.23[2)] |
| 서비스 수입 증가율(%) | 5.66[1)] | 6.89 | 9.11 | 5.39[3)] |

비고: 1) 서비스 수출 증가율과 수입 증가율은 1981년~1989년 기간 평균 증가율을 나타낸다.
2) 상품 수출 증가율과 상품 수입 증가율은 2010년~2019년 기간 평균 증가율을 나타낸다.
3) 2010년~2018년 서비스 수출과 수입의 평균 증가율은 IMF 제6차 국제수지매뉴얼에 따라 작성된 것을 기초로 계산하였다.

출처: WTO 데이터베이스를 기초로 계산

1990년대 이후부터 2009년 글로벌금융위기까지는 국제통상과 무역 환경에서 FTA를 비롯한 지역 무역협정 등의 확산으로 인해 상품무역뿐만 아니라 서비스무역 및 외국인 직접투자(Foreign Direct Investment: FDI) 촉진과 저해 요인의 제거 등 자율화 노력이 획기적으로 진전되었고 이는 상품무역뿐만 아니라 서비스무역의 활성화에도 기여하였다. 그러나 글로벌금융위기 이후의 국제경제 및 무역 환경은 선진경제의 성장 속도 회복이 금융위기 전의 시대에 비하여 빠르지 않을 뿐만 아니라 미국과 중국의 통상마찰 등 무역 분쟁의 확산과 다자간무역체계의 불안정성, 신흥국가의 국가 경제 위기설 등에 기인하여 불확실성이 고조되고 있어 서비스 수출과 수입의 증가율에 부정적인 영향을 행사하고 있다고 할 수 있다.

세계무역기구(the World Trade Organization: WTO)는 다자주의무역체제(the multilateral trading system)로서 무역의 자율화를 위해 1995년 1월 1일 출범하였다. WTO는 1947년 타결된 「관세와 무역에 관한 일반협정(the General Agreement on Tariffs and Trade: GATT)」이 1947년 이후 총 여덟 차례에 걸쳐 진행된 무역자율화 회담의 결과로 이루어졌다. 1986년 우루과이(Uruguay)의 푼타델에스테(Punta del Este)에서 협상을 시작한 소위 '우루과이라운드(the Uruguay Round)'는 장장 8년이라는 시간을 거친 끝에 1994년 4월 15일 모로코의 마라케시(Marrakesh)에서 123개국이 동의한 협약인 '마라케시 협약(Marrakesh Agreement)'을 통해 1995년 WTO를 설립하기로 하였으며 설립 당시의 회원국 수는 74개국에 달하였다. 2018년 9월 30일

기준으로 WTO 회원국은 총 164개국에 달하며 이들 국가는 전 세계 무역의 98% 정도를 담당하고 있다. 나아가 현재 22개의 국가가 WTO 회원 신청을 한 상태이다.

WTO의 기능적 핵심은 협상(negotiations), 계몽(illumination)과 소송(litigation)인데 구체적으로 (1) WTO 협정을 실행; (2) 무역협상을 진행하는 장; (3) 무역 분쟁 처리; (4) 무역정책 감시; (5) 개도국들에 대한 기술적인 지원과 훈련 제공; (6) 다른 국제기구들과의 협조를 진행하는 것을 주요 기능으로 하고 있다.

WTO는 GATT와 마찬가지로 상호주의(reciprocity), 최혜국대우(most-favored nations treatment: MFN)와 내국민대우(nationals treatment)의 3가지 정신을 기본으로 하여 신뢰성과 안정적인 세계 무역질서의 창출, 무차별원칙에 입각한 모든 회원국의 공정하고 형평성 있는 대우 확보, 보장된 정책적인 구속력을 바탕으로 한 경제활동 촉진과 점진적인 자율화를 통한 무역과 개발 촉진 등의 목표를 내세우고 있다. WTO는 부작용이 발생하지 않는 한 무역이 최대한 자유롭게 이루어질 수 있도록 하는 것이 최대의 목적 중 하나이다.

WTO 이전의 과거 GATT 체제는 상품무역에 한정된 것이라면 WTO는 서비스 무역에 관한 일반협정(the General Agreement on Trade in Services: GATS), 지적재산권에 관한 협정(Trade-Related Aspects of Intellectual Property Rights: TRIPS)을 포함하고 있다.

WTO출범 이후에도 지속적인 협상이 진행되었는데 2001년 카타르의 도하에서의 '도하개발어젠다(Doha Development Agenda: DDA, 혹은 도하개발의제)' 선언 이후 협상과정에서 난항을 겪고 있는 가운데서도 정부 조달에 관한 협정(the Government Procurement Agreement) 및 정보기술(the Information Technology Agreement)에 관한 협정 등을 갱신하고 확대하였을 뿐만 아니라 2017년에는 지식재산권에 관한 협약(the Intellectual Property Agreement)과 무역원활화에 관한 협정(the Trade Facilitation Agreement) 등을 발효하였다.

그러나 WTO는 2001년 선언된 도하개발의제 협상이 2011년에도 커다란 결론을 얻지 못하게 되면서 WTO의 다자간무역체제는 커다란 위협을 맞이하게 되었다. 특히, 세계화를 통해 선진국과 개도국, 다국적기업과 중소기업 불평등이 확산하고 여성과 청년들이 소외되는 등의 문제가 부각되면서 WTO의 다자간 무역협상 기능과 중재기능에 대한 의문이 제기되었을 뿐만 아니라 WTO체제를 해체 내지는 개선하자는 목소리가 높아지고 있다.

WTO의 위기는 근본적으로 회원국들이 경제발전단계 및 경제 규모 혹은 가입시기와 상관없이 동등한 권리를 가지게 되었다는 것이 한편으로는 무역을 촉진하는 역할을 수행하였지만 다른 한편으로는 자국의 이권에 집중하게 만듦으로써 만장일치

(Consensus)에 근거한 WTO 협상을 진행하기 어렵게 만들면서 위기를 자초하게 되었다.

태생 초기부터 규율과 예외(Rules and Exception)의 균형을 달성하고자 했던 WTO는 투명성을 지나치게 강조하였고 분쟁조절기구(Dispute Settlement Body)로서 너무 많은 예외를 규율화하면서 회원국들 위에 군림하는 결과를 초래하였다. 이처럼 예외를 규율화함으로써 중국을 비롯한 일부 개발도상국가들이 지속해서 혜택을 보게 되는 체제를 만들게 되었고, 최근 '미국우선주의'를 내세우는 트럼프 행정부에 의한 중재기구(Appellate Body)의 판사 임명을 거부하는 등 미국을 비롯한 다수의 선진국이 WTO 운영방식에 대해 불만을 가지게 되었다.

이와 같은 내부적인 위협요소에다 WTO 협정 제24조에 명시된 바와 같이 10여 년간 같은 관심 사항과 자율무역체제를 만들려고 하는 의지를 가진 WTO 회원국가들 간에 체결된 수많은 양자간(bilateral) 혹은 복자간(plurilateral) 무역협정을 통한 지역 무역협정의 확산은 WTO라는 다자간무역체제에 대한 위협요소로 작용하고 있으며 나아가 2008년~2009년 세계 금융위기 이후 두드러지고 있는 보호주의 무역이 급속도로 확산하여 다자간무역체제에 대한 위험이 고조되고 있다.

## 2.4 주요 서비스 무역국의 변화

[표 3-8]은 2108년 세계 주요 상업용 서비스 수출 및 수입 국가를 나타내고 있다.[20)]

2018년 전 세계의 총 상업용 서비스교역은 11조 2천550억 달러에 달하는데 이 중에서 수출은 5조 7천 700억 달러, 수입은 5조 4천 850억 달러에 이른다. 같은 해 미국은 수출과 수입 면에서 각각 8천 80억 달러와 5천 360억 달러를 기록하여 전 세계 상업용 서비스 수출과 수입에서 차지하는 비중은 각각 14.0%와 9.8%로 세계에서 가장 큰 서비스 교역국으로 자리 잡고 있다. 미국 다음으로는 서비스 수출 면에서 영국(3천 730억 달러, 6.5%), 독일(3천 260억 달러, 5.6%), 프랑스(2천 910억 달러, 5.0%)와 중국(2천 650억 달러, 4.6%)이 상위 5위의 수출국에 해당한다. 이들 상위 5위 서비스 수출국이 전

20) 상업용 서비스교역은 총 서비스교역과는 차이가 있는데 후자는 상업용 서비스교역에다 정부 관련 서비스 중 다른 곳에 언급되지 않은 항목(대사관 혹은 타국에 존재하는 군사기지 등에서의 사용되는 서비스를 포함)을 포함한 것이다. 상업용 서비스는 전체 서비스교역 중 2005년~2018년 기간 중 97~99%에 해당하는 압도적인 비중을 차지하고 있다.

세계 서비스 수출에서 차지하는 비중은 35.8%이며 이들 국가를 제외한 나머지 상위 10위의 서비스 수출국은 네덜란드, 아일랜드, 인도, 일본과 싱가포르가 해당하는데 이들 상위 10위의 서비스 수출국의 비중은 53.4%에 달한다.

[표 3-8] 2018년 주요 서비스 수출 및 수입국가 현황

| | 수출 (십억 달러) | (%) | | 수입 (십억 달러) | (%) |
|---|---|---|---|---|---|
| 세계 | 5,770 | 100.0 | 세계 | 5,485 | 100.0 |
| 미국 | 808 | 14.0 | 미국 | 536 | 9.8 |
| 영국 | 373 | 6.5 | 중국 | 521 | 9.5 |
| 독일 | 326 | 5.6 | 독일 | 350 | 6.4 |
| 프랑스 | 291 | 5.0 | 프랑스 | 257 | 4.7 |
| 중국 | 265 | 4.6 | 영국 | 230 | 4.2 |
| 네덜란드 | 241 | 4.2 | 네덜란드 | 229 | 4.2 |
| 아일랜드 | 205 | 3.6 | 아일랜드 | 218 | 4.0 |
| 인도 | 204 | 3.5 | 일본 | 198 | 3.6 |
| 일본 | 187 | 3.2 | 싱가포르 | 187 | 3.4 |
| 싱가포르 | 184 | 3.2 | 인도 | 175 | 3.2 |
| 상위 10개국 | 3,084 | 53.4 | 상위 10개국 | 2,901 | 52.9 |
| 스페인 | 149 | 2.6 | 벨기에 | 129 | 2.4 |
| 스위스 | 123 | 2.1 | 이탈리아 | 123 | 2.2 |
| 벨기에 | 121 | 2.1 | 한국 | 123 | 2.2 |
| 이탈리아 | 121 | 2.1 | 캐나다 | 112 | 2.0 |
| 홍콩 | 114 | 2.0 | 스위스 | 103 | 1.9 |
| 룩셈부르크 | 113 | 2.0 | 러시아 | 93 | 1.7 |
| 한국 | 95 | 1.6 | 룩셈부르크 | 86 | 1.6 |
| 캐나다 | 92 | 1.6 | 스페인 | 85 | 1.5 |
| 태국 | 94 | 1.6 | 홍콩 | 71 | 1.3 |
| 오스트리아 | 74 | 1.3 | UAE | 71 | 1.3 |
| 상위 20개국 | 4,180 | 72.4 | 상위 20개국 | 3,897 | 71.0 |

출처: World Trade Statistical Review 2019. [Table A.8]

서비스 수입 면에서 살펴보면 2018년은 미국은 전 세계로부터 5천 360억 달러를 수입하여 전 세계 서비스 수입시장에서 9.8%의 점유율을 기록하였다. 중국은 미국에 이어 5천 210억 달러로 9.5%의 비중을 차지하고 있는데 이 수치 만을 가지고 보면 미국은 같은 해 2천 720억 달러의 서비스수지 상의 흑자를 기록했지만 중국은 2천 560억 달러의 서비스수지 적자를 기록한 것이 된다. 미국과 중국을 제외한 서비스 수입 상위 5개국에 속하는 국가들은 독일(3천 500억 달러, 6.4%), 프랑스(2천 570억 달러, 4.7%)와 영국(2천 300억 달러, 4.2%)로 서비스 수출 상위 5개국과 순위의 차이는 있으나 동일한 국가들이며 이들 상위 5위국이 전 세계 서비스 수입에서 차지하는 비중은 34.5%에 달한다. 이들 국가를 제외한 서비스 수입 상위 10위권에 속하는 나머지 국가들은 네덜란드, 아일랜드, 일본, 싱가포르 및 인도인데 이들 국가 역시 서비스 수출 상위 10권에 속하는 국가로서 이들 국가가 전 세계 서비스 수입시장에서 차지하는 비중은 52.9%이다.[21)]

[그림 3-5A]와 [그림 3-5B]는 1980년~2018년 기간 동안 전 세계 서비스 수출 및 수입과 더불어 2018년 기준으로 상위 10위의 서비스 수출국과 수입국 그리고 서비스교역 상위 5개국인 미국, 중국, 프랑스, 독일과 영국의 서비스교역에서의 점유율 변화를 보여주고 있다. 물론, 1980년~2000년 기간의 자료는 IMF의 제5차 국제수지매뉴얼에 따라 작성된 자료를 사용하였고 2005년~2018년 기간은 제6차 국제수지매뉴얼에 의거 작성되었기 때문에 2005년 이전과 그 이후의 엄격한 비교는 무리이지만 다음과 같은 커다란 추세 비교는 이들 국가 간 가능하다.

첫째, 전 세계의 서비스 수출과 수입은 2009년 세계 금융위기의 여파에 따른

21) 2018년 서비스 수출 상위 20권에 속하는 나머지 국가들은 스페인, 스위스, 벨기에, 이탈리아, 홍콩, 룩셈부르크, 한국, 캐나다, 태국 및 오스트리아로 상위 20권의 서비스 수출 국가들이 차지하는 비중은 72.4%에 달한다. 서비스 수입 상위 20권에 속하는 나머지 국가들은 벨기에, 이탈리아, 한국, 캐나다. 스위스, 러시아, 룩셈부르크, 스페인, 홍콩과 UAE(아랍연합)로 이들 상위 20권에 속하는 국가가 전 세계 서비스 수입에서 차지하는 비중은 71.0%에 달한다. 서비스 수출 상위 20권과 수입 상위 20권에 속하는 국가들의 차이가 거의 없다는 것이 특이한 사항이라고 할 수 있다. 그러나 서비스무역은 주로 선진국들 사이에서 이루어지고 있는 현상이라고 간주할 수 있으며 이는 앞서 언급한 바와 같이 서비스무역의 통계 작성 시 요구되는 세부적인 사항과 방법과 밀접한 관련이 있을 수 있다.

위축과 2015년 세계 교역의 감소에 따른 영향으로 전년 대비 각각 하락한 경우를 제외하고는 이 기간에 장기적으로 성장하고 있는 추세를 관찰할 수 있다.

둘째, 서비스교역에서 제1위의 수출과 수입 비중을 차지하고 있는 미국의 경우 2005년 이후 수출 비중은 다소 증가하거나 정체된 모습을 보이지만 영국, 독일 및 프랑스의 수출 비중은 점진적으로 미세하게나마 하락하는 추세를 보인다. 중국의 경우에는 2010년까지 전 세계 서비스 수출에서 차지하는 비중이 증가하였으나 그 이후에는 정체하고 있는 상황을 노출하고 있다. 수입면에서 보면 미국, 프랑스, 독일 및 영국의 서비스 수입시장 점유율은 수출과 비슷한 양상을 보이나 중국의 비중은 같은 기간 매우 급격하게 성장하고 있다. 즉, 2005년 서비스 수입시장 점유율이 3.3%에 머물던 중국은 2009년에 9.5%의 시장점유율을 기록하여 미국에 이어 두 번째로 큰 서비스 수입국으로 등장하였다.

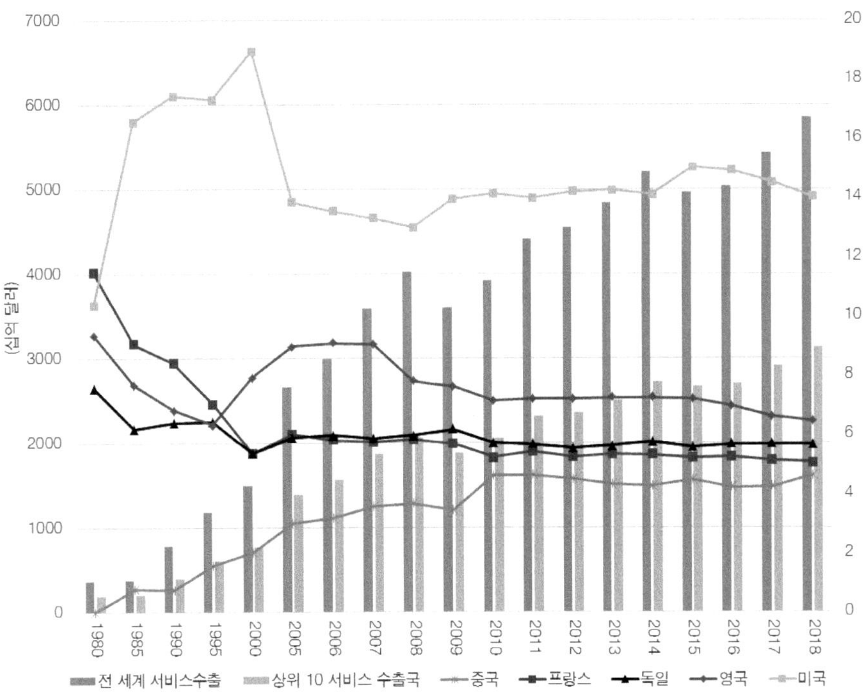


[그림 3-5A] 주요 서비스 수출국의 시장점유율 변화, 1980년~2008년

비고: 1980년~2000년은 자료는 제5차 국제수지매뉴얼에 의거 작성, 2005년~2019년 자료는 제6차 국제수지매뉴얼에 의거 작성되었음

출처: WTO 데이터베이스

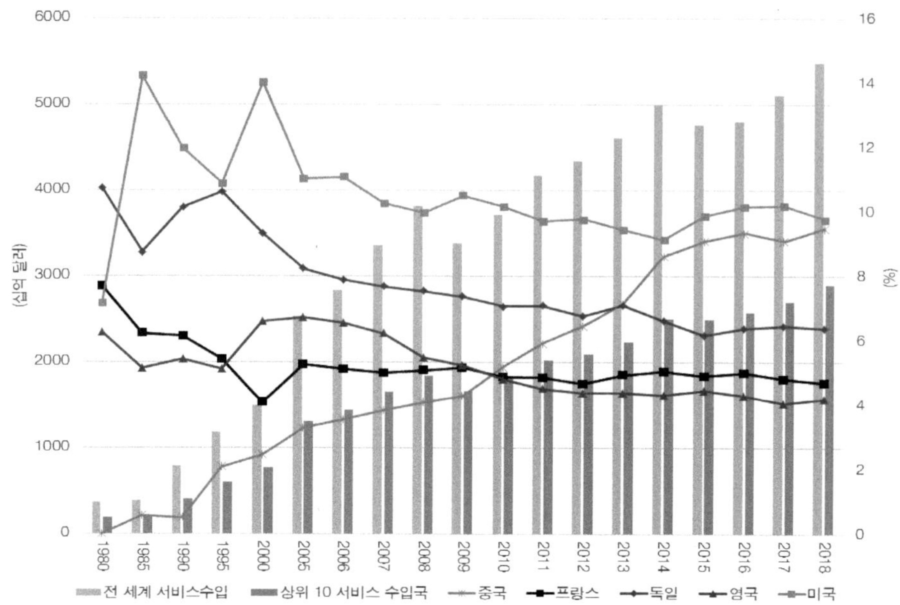


[그림 3-5B] 주요 서비스 수입국의 시장점유율 변화, 1980년~2008년

비고: 1980년~2000년은 자료는 제5차 국제수지매뉴얼에 의거 작성, 2005년~2019년 자료는 제6차 국제수지매뉴얼에 의거 작성되었다.
출처: WTO 데이터베이스

셋째, 서비스 수출 상위 10위권의 비중은 2005년 51.3%에서 2018년 53.5%로 상승하였고 수입의 경우에는 이들 상위 10위권 국가 비중이 2007년~2013년 50% 미만으로 하락하기도 하였으나 2005년의 51.4%에서 2018년에는 52.9%로 증가하였다.

## 3 국제통상환경의 변화

### 3.1 지역 무역협정의 확산

최근 들어 지역 무역협정 체결을 통한 지역주의 형성이 대세를 이루고 있다는 현상은 전혀 새로운 것이 아니다. 1990년대 초반 이후 국제통상 및 무역질서는 1995년 WTO의 출범을 필두로 한 다자간무역체제 아래에서 세계 무역의 확대가 급격하게 이루어지는 시기일 뿐만 아니라 또 다른 한편으로는 자유무역협정(Free Trade Agreement: FTA), 즉 FTA와 같은 지역 무역협정(Regional Trade Agreement: RTA)을 통한 지역주의의 확산이 동시에 이루어지는 시기이기도 하다. 여기서 지역 무역협정[22]이란 회원국들 사이에 무역 장벽을 해소하기 위한 목적으로 일련의 국가들이 모임을 형성하는 것이라고 할 수 있다.

FTA와 같은 지역 무역협정은 체결국 간의 차별적인 관세 등과 같은 호혜적인 대우를 제공하는 협정으로 무역 자율화를 추구하기는 하지만 무차별적인 최혜국 대우를 기본정신으로 하는 세계무역기구(WTO)와는 얼핏 보면 위배되는 현상에 해당한다. 그러나 WTO 협정(혹은 GATT 협정) 제24조에는 특혜 무역 협정이나 FTA 체결을 통해 대부분의 무역이 자율화되며 비협정체결국에 대해서 관세를 포함한 무역장벽을 증가시키지 않는 때에만 지역 무역협정 체결이 가능하도록 허용되어 있으며, WTO 출범 초기에는 지역 무역협정의 체결이 다자간무역체제를 보완할 수 있다는 관점에서 장려되기도 하였다.

[그림 3-6]에서 보는 바와 같이 2019년 발효 중인 지역 무역협정으로 WTO에 통보된 것은 누적 기준으로 총 488개이며 그중에서 302개의 지역 무역협정이 발효 중이다.[23] 이 중에서 자유무역협정 즉, FTA가 절반이 넘는 55% 이상을 차지하고 있으며 경제통합 관련 지역 무역협정이 전체 지역 무역협정의 (⅓) 정도를 차지하고 있다.

[그림 3-6]을 자세히 살펴보면 지역 무역협정은 GATT의 출범 시기부터 존재하였다는 것을 알 수 있다. 그러나 1990년대 중반, 특히 WTO의 출범과 더불어 지역 무역협정의 수가 급격히 증가하는 것을 알 수 있다. 이처럼 지역 무역협정이 1990년대 중반부터 확산하기 시작한 원인은 여러 가지 이유 중에서 다음과 같은 것이 주요 원인으로 간주하고 있다.

---

22) 지역 무역협정은 통합의 정도에 따라 특혜무역협정(Preferential Trade Agreement: PTA), 자유무역협정(Free Trade Agreements: FTA), 관세동맹(Customs Union: CU), 공동시장(Common Market), 경제연합(Economic Union)으로 구분된다.

23) 2020년 4월 현재 발효 중인 RTA로 WTO에 통보된 것은 490개, 발효 중인 RTA는 303개에 이르고 있다. WTO에 통보된 숫자는 상품, 서비스 및 가입 관련 통보 내용을 WTO에서는 개별적으로 산정한다.

첫째, 지역 무역협정을 통해 지역 내의 무역 자유화와 무역 이득을 추구할 수 있게 됨으로써 국민들의 복지 향상에 기여할 수 있다는 입장을 견지함으로써 지역 무역협정이 체결되고 있다. 무역 자유화는 관세와 비관세 장벽 등 자국 시장과 국제 거래 관계에 존재하는 자원 배분을 왜곡하는 요소를 제거함으로써 국민의 복지를 향상한다는 논리로 국제경제론과 무역론에서 일반적으로 받아들여지는 이론적인 근거이다. 그러나 지역 무역협정은 소위 무역 창출과 무역 전환이라는 개념을 내포하고 있기 때문에 지역 무역협정 체결을 통해 얻어지는 복지 효과는 불분명하다고 할 수 있다.[24]

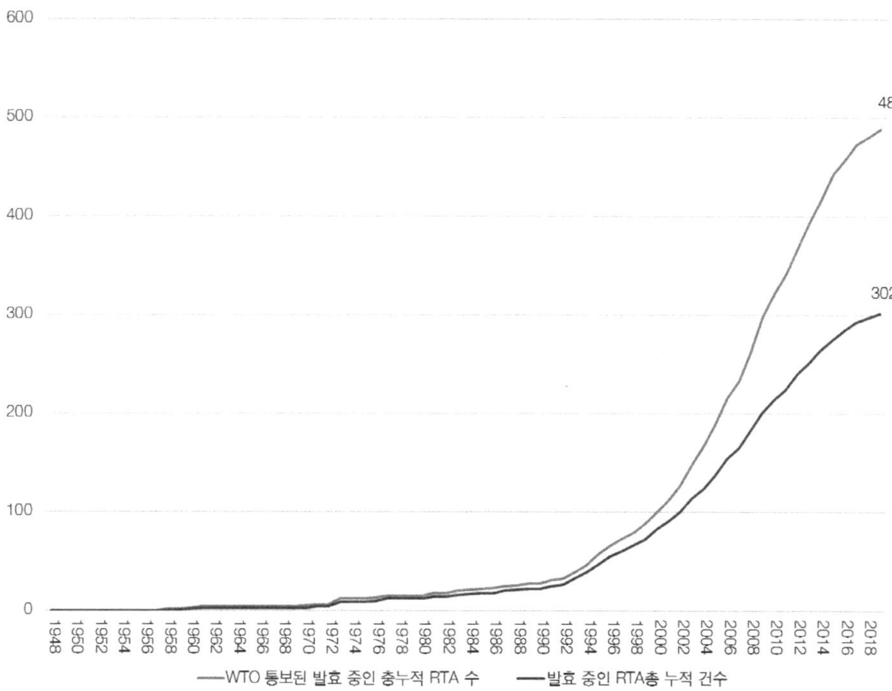


[그림 3-6] 지역 무역협정의 추세와 변화, 1948년~2019년

출처: WTO 데이터베이스

24) 무역 창출과 무역 전환이라는 개념은 바이너(Viner)가 제창한 개념으로 무역 협정을 체결한 회원국 국내 수요를 충족시키기 위해 자국의 비효율적인 국내 생산자로부터 회원국 내의 효율적인 생산자로부터의 수입으로 전환하는 경우 무역 창출 효과가 발생하게 되는데 이 경우에는 생산의 효율성과 소비의 효율성을 동시에 달성할 수 있다. 반면 무역 전환이라는 개념은 다자간무역체제에서 무역 협정을 체결한 회원국들이 역내의 효율적인 생산자로부터 수입을 한다 하더라도 역외 국가에 있는 더 효율적인 생산자로부터의 수입을 대체 혹은 전환하는 경우 발생한다.

둘째, 지역 무역협정의 확산은 '도하개발의제'(the Doha Development Agenda: DDA)의 협상 과정에서 노출된 바와 같이 무역 자유화를 위한 다자간 무역 협상의 진전이 지연되고 있는 현상에 대한 회원국들의 우려를 반영하여 관심이 있는 회원국들이 모여 무역 자유화 블록을 형성하는 양자간 혹은 복자간 지역 무역협정이 다자간 무역 협상에 대한 대안으로 간주하고 있다.

셋째, 전 세계 경제가 글로벌가치사슬(Global Value Chain: GVC)과 국제생산네트워크(International Production Network: IPN)를 통해 수직적 혹은 수평적으로 상호 연결되어 있기 때문에 상품과 원자재 등의 자유로운 이동을 통해 더 높은 이윤을 추구하려는 기업들, 특히 다국적 기업들이 상업적 이윤을 최대화하기 위해 FTA와 같은 지역 무역협정의 확대를 견인하도록 하였다.

넷째, 지역 무역협정에 참가하지 못한 비회원국들은 지역 무역협정이 제공하는 거대 시장의 혜택에서 제외될 수 있다는 우려감에서 서둘러 FTA와 같은 지역 무역협정 체결을 경쟁적으로 시도하였다. 특히, 비회원국들은 기존에 존재하는 지역 무역협정에 참여하여 회원국들의 수를 늘리는 것보다 새로운 지역 무역협정을 체결하는 것이 더 유리한 것으로 판단함으로써 이는 지역 무역협정 숫자의 급속한 증가를 유도하게 되었다.

다섯째, 1990년대 초반 냉전 체제의 와해로 인한 러시아와 동유럽의 붕괴 이후 다극화로 변화하는 국제 질서 가운데서 약자의 위치에 놓이게 된 개발도상국들이 자국의 정치적이고 외교적인 안전을 위해 어떤 정치 경제적 블록에라도 가입하고 싶어 하는 심리가 지역 무역협정의 체결 동기로 작용하여 지역주의 확산을 부추겼다고 할 수 있다.

## 3.2 지역별 국가별 지역 무역협정 현황

지역 무역협정의 확산이 세계 전반에 걸쳐 확산하고 있는 가운데서도 지역별로 그 추세에 차이가 관찰되고 있다. [표 3-9]에서 보는 바와 같이 발효된 지역 무역협정이 94개에 해당하는 유럽이 가장 적극적으로 지역 무역협정을 체결하고 있으며 그다음으로 89개가 발효된 동아시아 지역과 61개가 발효된 남미 지역이 지역 무역협정을 강력하게 추진하고 있다.

이와 같은 지역별 지역 무역협정 추세는 [그림 3-7]에서 보는 바와 같이 국가별 순위에서도 그대로 반영되고 있는데 2019년 현재 EU가 총 42개의 지역 무역협정을 체결 발효하고 있으며, 유럽자유무역연합(EFTA)이 31개, 싱가포르(24개), 멕시코(23개), 터키(22개), 페루(18개), 한국(18개), 우크라이나(18개), 일본(17개), 인도(16개), 파나마(16개)와 중국(15개)의 순으로 많은 협정체결을 주도하고 활용하고 있다.

[표 3-9] 2019년 지역별 무역협정 체결 현황

| | 통보 | 발효 |
|---|---|---|
| 북미 | 84 | 48 |
| 중미 | 75 | 40 |
| 남미 | 114 | 61 |
| 캐리비언 | 15 | 10 |
| 유럽 | 137 | 94 |
| 독립국가연합 | 60 | 46 |
| 아프리카 | 38 | 33 |
| 중동 | 34 | 29 |
| 서아시아 | 34 | 23 |
| 동아시아 | 168 | 89 |
| 대양주 | 44 | 25 |

출처: WTO 데이터베이스

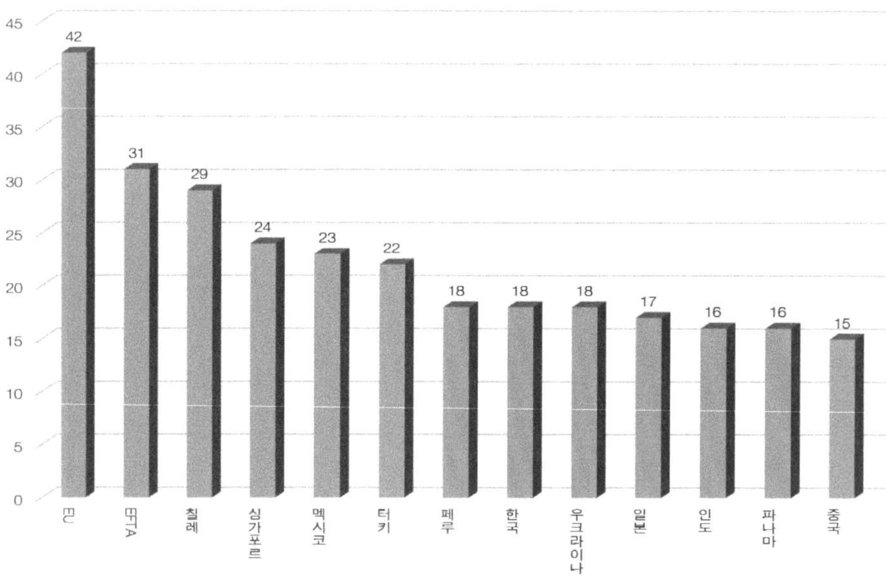


[그림 3-7] 2019년 주요 국가의 지역 무역협정 현황

출처: WTO 데이터베이스

유럽자유무역연합(European Free Trade Association: EFTA)은 현재 아이슬란드, 리히텐슈타인, 노르웨이 및 스위스의 4개국으로 형성되어 있는 자유무역지역이며 조직이다. 1960년 5월 스톡홀름협약(the Stockholm Convention)에 의해 출발할 당시에는 이들과 유럽경제공동체(the European Economic Community: EEC)에 가입할 수 없거나 가입하기를 거부했던 7개 나라가 포함되어 있었다. 이 7개국은 오스트리아, 덴마크, 노르웨이, 포르투갈, 스웨덴, 스위스 및 영국이다. 핀란드는 1961년 EFTA에 준회원 국으로 가입하여 1986년 정회원국이 되었으나 1995년 오스트리아, 스웨덴과 함께 유럽연합(EU)에 가입함으로써 EFTA를 탈퇴하게 되었고 덴마크와 영국은 1973년 유럽경제공동체(the European Economic Community: EEC)에 가입함으로써 회원국의 지위를 상실하였다. 포르투갈 역시 1986년 EEC에 가입함으로써 EFTA를 탈퇴하게 되었다. 1970년 아이슬란드, 1991년에는 리히텐슈타인이 EFTA에 가입함으로써 현재 4개국 체제를 갖추게 되었다. 따라서 1995년 이후부터는 원래 창립 회원국 중에서 노르웨이와 스위스만 남아 있게 되었다.

## 4 외국인 직접투자(Foreign Direct Investment)의 발전과 변화

### 4.1 외국인 직접투자의 정의와 형태

기업이 해외시장에 진출하는 형태는 크게 국내 생산을 한 후 해외 시장에 공급하는 수출(Export), 해외 소재 기업에 자사의 지식재산권을 활용하도록 계약하는 라이선싱(Licensing) 혹은 이들 해외 소재 기업에 자사의 브랜드를 달고 생산 후 판매하도록 하는 프랜차이징(Franchising), 해외 시장에 직접 진출하여 생산 시설을 확보하여 공급하는 직접투자(Direct Investment)의 형태로 구분할 수 있다. 직접투자의 경우에는 해외 기업과 지분 투자를 통한 위험 요소 감소와 현지 기업의 강점을 활용하는 합자 기업(Joint Venture) 설립과 해외 자회사를 설치하여 100% 소유하여 생산하고 소비자에게 공급하는 완전소유 자회사로 크게 대변해 볼 수 있다.[25] 이와 같이 직접투자를 통하

25) 직접투자를 통한 생산시설을 소유하는 방법에는 해외 시장에서 존재하는 기존의 기업을

여 생산시설을 확보하여 수요자에게 상품 및 서비스를 공급하는 형태를 외국인 직접투자(Foreign Direct Investment: FDI)라고 한다.

IMF에 따르면 외국인 직접투자(FDI)는 아래와 같이 정의된다:

> Foreign direct investment (FDI) is defined as an investment involving a <u>long-term relationship</u> and reflecting <u>a lasting interest and control</u> by a resident entity in one economy (foreign direct investor or parent enterprise) in <u>an enterprise resident in an economy other</u> than that of the foreign direct investor.

즉, 외국인 직접투자는 지속적인 경제적 이해관계 수립을 목적으로 하는 국경을 뛰어넘어 다른 국가의 기업에 행하는 투자라고 정의할 수 있다. 지속적인 경제적 이해관계는 단기적인 투자라기보다 장기적인 투자를 의미하며 투자자가 투자대상 회사의 경영권 행사에 대한 실질적 영향력도 가진 것을 의미하므로 주식 총수의 10% 이상을 소유하고 의결권을 행사하는 것을 외국인 직접투자로 구분한다.

FDI의 형태는 크게 수평적 FDI(Horizontal Foreign Direct Investment)와 수직적 FDI(Vertical Foreign Direct Investment)로 나누어진다. 수평적 FDI는 FDI를 실시하는 기업이 본국에서 행하는 생산과 서비스 형식을 해외에서 그대로 수행하기 위하여 실시하는 FDI의 형태로서 주로 비슷한 수준의 소득을 가지고 있는 선진국에서 행해지는 직접투자 형태이다. 수직적 FDI는 직접투자를 실시하는 기업의 생산 및 공급과정의 일부를 타국에서 행하기 위해 실시하는 FDI 형태로 해외 자회사에서의 생산과정과 본국의 생산과정 사이에 깊은 연관성을 가지고 있다.[26)]

---

인수 혹은 합병(Mergers & Acquisition)하는 경우와 완전히 새로운 생산시설을 건설하여 확보하는 '그린필드 투자(Greenfield Investment)'로 나누어 생각할 수 있다.

26) 수평적 및 수직적 FDI 이외에도 FDI가 외국인 투자기업, 즉 모기업의 활동과는 상관이 없는 생산 활동을 수행하기 위해 진행하는 '재벌 FDI(Conglomerate FDI)'와 해외에서의 직접투자를 통해 확보된 생산시설을 제3국 수출을 위한 교두보로 활용하는 '플랫폼 FDI(Platform FDI)'도 새로운 형태의 FDI라고 분류할 수 있다.

외국인투자(Foreign Investment)의 종류는 앞서 말한 외국인 직접투자(Foreign Direct Investment: FDI)와 외국인 포트폴리오투자(International Portfolio Investment: FPI)로 크게 구분할 수 있다.

장기적인 관점에서 회사의 경영권에 영향을 미치고자 하는 투자가 FDI라고 한다면 외국인(자연인 및 법인) 투자가가 외국기업의 경영권을 획득하여 참여하거나 혹은 통제하려고 하는 의도가 없이 단순히 수익률을 목표로 하는 외국인투자를 외국인 포트폴리오투자라고 한다. 외국인 포트폴리오투자는 외국의 채권, 주식을 구매하거나 혹은 자본 및 부채 거래와 같은 금융상품을 구매함으로써 행해지는 외국인투자라고 할 수 있다.

FDI는 유량(flows) 개념과 보유하고 있는 총량의 개념인 스톡(stock 혹은 investment position)으로 측정되는데 유량은 분기 혹은 연 단위로 움직이는 FDI 데이터를 나타내지만 스톡은 해당 기간의 말에 측정되는 외국인투자 자본의 총량 개념이라고 이해할 수 있다.

유엔무역개발회의(UNCTAD)에서는 유량 개념을 사용하여 전 세계 FDI를 제공하고 국제통화기금(IMF)과 경제협력개발기구(OECD)에서는 2014년부터 자산과 부채(assets and liabilities)의 개념을 바탕으로 한 FDI 자료를 제공하고 있기 때문에 FDI 자료를 활용하고자 하는 경우 양자간 자료의 차이가 존재할 뿐만 아니라 FDI 자료 출처에 따라 집계하는 방식의 차이가 있어 주의를 기울일 필요가 있다. 일반적으로 UNCTAD에서 제공하는 FDI 유량 데이터는 획득과 처분되는 자본금, 이익 중 주주배당으로 배분되지 않은 잉여 투자금과 기업 간 대출금으로 구성되어 있다.

## 4.2 외국인 직접투자 발전과 현황

[그림 3-8]은 1980년부터 2019년까지의 전 세계로 유입되는 외국인 직접투자(FDI)와 선진경제, 개발도상경제 및 전환경제로 유입되는 FDI를 보여주고 있다.[27]

전 세계 FDI의 경우 이 기간에 높은 변동성을 보이는 가운데서도 장기적으로는 증가하는 추세를 보이며 이 기간 동안 연평균 증가율은 9.1%를 기록하

27) 유입되는 외국인 직접투자(유량; Inward Foreign Direct Investment(flows))를 외국인 직접투자 혹은 FDI라고 칭하고 유출되는 외국인 직접투자(유량; Outward Foreign Direct Investment(flows))를 해외 직접투자(Overseas Direct Investment) 혹은 ODI라고 칭한다.

였다. 1980년대 초반과 1990년대 초반에 하락을 경험한 FDI는 2001년~2003년 소위 '닷컴버블'의 붕괴로 인해 야기된 세계 경제의 침체로 큰 폭의 하락을 경험하였다. 그 이후 가파르게 상승하던 FDI는 2008년~2009년 세계 금융위기로 인한 심각한 경제침체가 발생하면서 매우 큰 폭으로 하락한 후 다시 증가세로 돌아선 FDI는 2015년 일시적인 회복세를 보이기는 하였으나 2012년 이후 거의 지속해서 하락하는 경향을 보이고 있다.

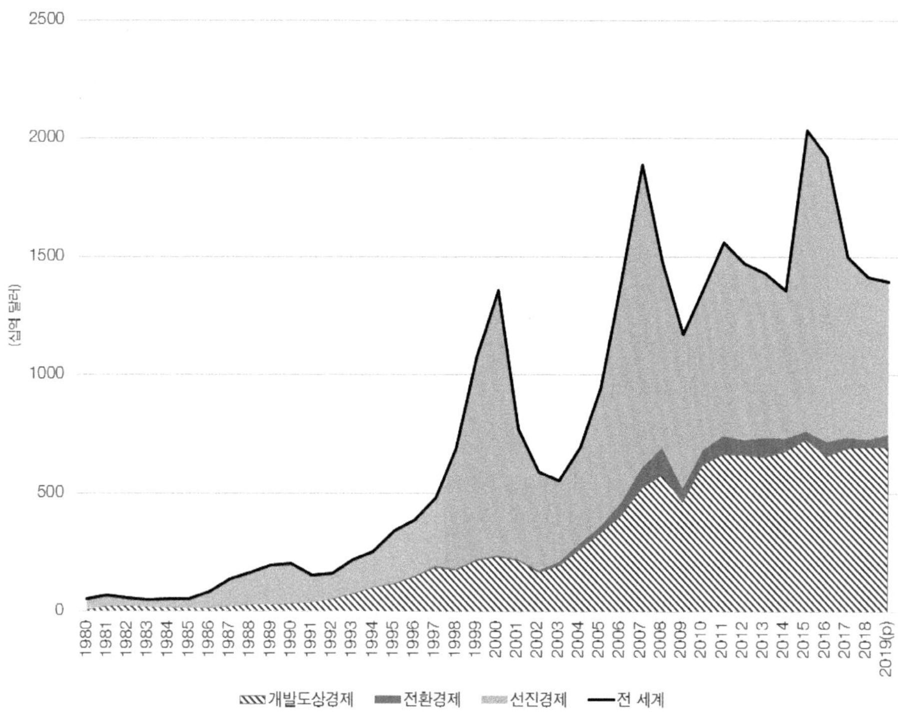


[그림 3–8] 전 세계 FDI 현황, 1980년~2019년

비고: 2018년과 2019년의 FDI 유입 자료는 UNCTAD(2020) *Investment Trends Monitor* 자료를 활용하였다.

출처: UNCTAD FDI 데이터베이스

전 세계 FDI의 발전 형태는 1980년대 초반의 경우를 제외하면 연평균 증가율 7.6%를 기록한 선진경제로 유입되는 FDI의 발전 상황과 매우 밀접한 연관을 가지고 있는데 그 이유는 선진경제 FDI의 비중이 이 기간 내 평균적으로 전 세계 FDI의 약 65%에 달하기 때문이다. 그러나 1980년대 전 세계 FDI

의 75% 정도를 차지하던 선진경제 FDI의 비중은 그 이후 점진적으로 감소하여 2010년~2019년 기간에는 약 52%로 하락하였다.

전 세계 FDI에서 선진경제가 차지하는 비중이 점진적으로 하락한 이유는 같은 기간 평균 33% 정도의 비중을 차지한 개발도상경제의 비중이 점진적으로 상승한 것과 맥락을 같이 하고 있다.

FDI를 활용하여 경제 성장과 개발을 추구하는 다수의 국가에서 외국인 직접투자를 환영하는 정책을 통해 FDI를 적극적으로 장려함으로써 개발도상경제 FDI는 연평균 증가율 11.8%를 기록할 정도로 빠르게 증가하여 선진경제 FDI의 증가율을 초과하였다. 1980년대 전 세계 FDI에서 개발도상경제가 차지하던 비중은 25%에 머물렀으나 2010년~2019년 기간에는 그 비중이 무려 44% 이상으로 상승하였다. 1990년대 이후 세계 FDI 시장에 등장한 전환경제 또한 세계 FDI에서 차지하는 비중을 2010년~2019년 기간에 3.9%로 증가시켰다.

전 세계 FDI는 2000년대 이후 그 증가율이 급격하게 둔화되었는데 2000년~2009년 기간 평균 증가율은 1%를 밑도는 0.9%를 기록하였고 2010년~2019년 기간에는 증가율이 다소 상승한 연 1.7%를 기록하였으나 여전히 1980년~2019년 전 기간의 연평균 증가율보다는 매우 낮은 수준을 보여 주었다.

전 세계 FDI에서 관찰되는 이와 같은 현상은 전환경제를 제외한 선진경제와 개발도상경제로 유입되는 FDI에서도 증가율 면에서 정도의 차이는 있으나 동일하게 관찰되고 있다. 즉, 선진경제로 유입되는 FDI의 연평균 증가율은 2000년~2009년과 2010년~2019년 기간 각각 -2.7%와 -0.1%를 기록하였으며 개발도상국의 경우에는 같은 기간 연평균 증가율이 7.9%와 4.2%를 기록하였다. 전환 경제의 경우도 2000년~2009년 기간에는 24.1%의 연평균 증가율을 기록하였으나 2010년~2019년 기간에는 그 증가율이 -0.8%로 큰 폭으로 하락하였다.

이처럼 전 세계 FDI뿐만 아니라 지역별로 유입되는 FDI의 저조한 증가율은 2000년대 초반의 경제침체 및 2008년~2009년의 세계 금융위기와 이에 따른 경제침체와 밀접한 관련이 있다. 나아가 글로벌금융위기 이후에 긴장감이 고조되는 미·중 간 무역 분쟁과 보호주의 무역의 확대, 국제원자재 가격의 폭락, 영국의 EU 탈퇴 즉, '브렉시트'를 둘러싼 문제와 일부 개발도상국가들에서 발생하고 있는 국가위험 고조 혹은 지정학적 불안감 등이 세계 경제의 불안정성과 불확실성을 증폭시키고 있으며 이에 따라 투자 심리가 위축되었다는 것을 나타낸다고 할 수 있다.

[그림 3-9]는 1980년~2018년 기간 전 세계에서 유출되는 FDI 즉, 해외직접투자(Overseas Direct Investment: ODI)의 현황과 선진경제, 개발도상경제 및 전환경제의 비중 변화를 보여주고 있다. 1980년대 전 세계 유출 외국인 직접투자의 95%를 차지할 정도로 선진국의 전유물이다시피 했던 해외직접투자는 1990년대 이후 개발도상경제가 전 세계 ODI의 중요한 원천으로 등장하기 시작하면서 선진경제의 위상이 흔들리기 시작하였다. 이들 개발도상경제가 전 세계 ODI에서 차지하는 점유율이 증가하고 있다는 단순하고 명백한 사실뿐만 아니라 특히, 2000년대 이후 그 비중이 급격히 상승하고 있다는 것이 놀라운 현상이라고 할 수 있다.

1980년대 개발도상경제가 ODI에서 차지하는 비중은 평균 6% 이하에 머물렀으나 1990년대는 그 비중이 11%, 2000년대는 12%를 기록하였고 2010년~2018년 기간에는 평균점유율이 약 30%에 이를 정도로 급격히 성장하였다.

이와 같이 개발도상경제가 전 세계 해외 직접투자에서 차지하는 비중이 높아진 사실은 개발도상경제에 속하는 다수의 국가가 ODI에 대한 정책적 제한과 통제를 풀어주는 제도상의 변화를 추구하였을 뿐만 아니라 오히려 이들을 장려하고 지원하는 범정부적 기구도 창설하고 있다는 것이다. 개발도상국 정부들은 ODI를 활용하여 자국 기업들의 적극적인 해외시장 진출을 장려하며, 나아가 이들 기업도 자본, 기술과 지식 원천 등 전략적 자산에 대한 접근성이 높아지고 이들을 확보할 수 있게 됨으로써 국제경쟁력 강화를 도모할 수 있다는 점을 적극적으로 활용하고 있다. 이에 더하여 해외 직접투자를 통해 개발도상국들의 수출 확대 및 혁신 등을 추진하는 것이 가능해졌으며 이를 통해 경제발전과 국가경쟁력 확보에도 기여할 수 있다는 인식이 확대되고 있다(Perea and Stephenson, 2018). ODI를 수행하는 개발도상국 중 일부 국가들은 글로벌가치사슬에 적극적으로 참여할 뿐만 아니라 그들이 속한 지역 내에서 국제생산네트워크를 구축하고 이의 활용도를 제고하기 위하여 해외 직접투자를 적극적으로 추진하고 있다.

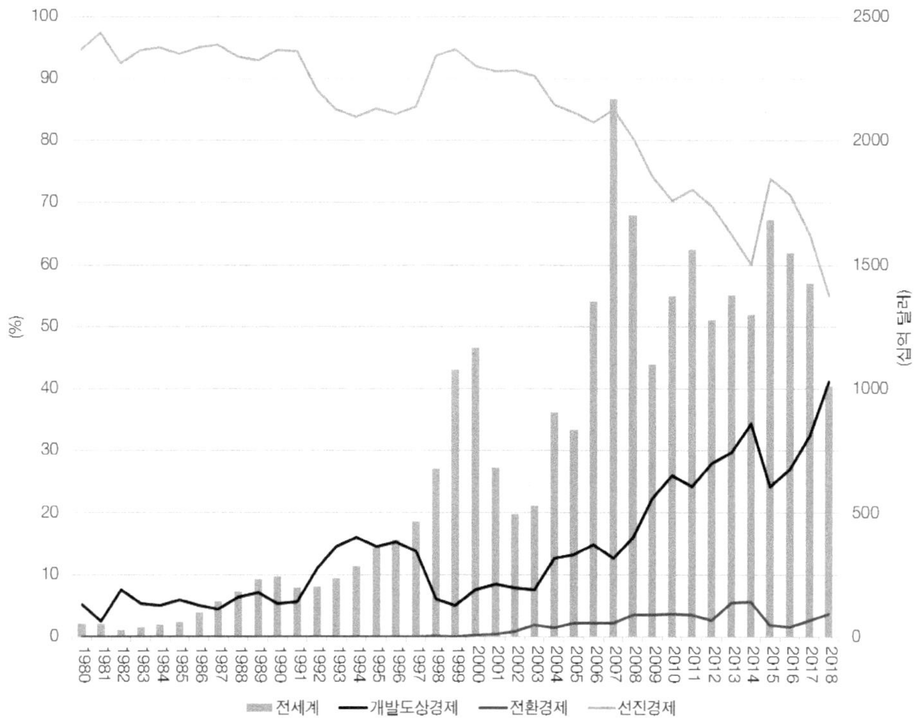


[그림 3-9] 세계 해외 직접투자(ODI) 현황, 1980년~2018년

비고: 2018년 데이터는 잠정치

출처: UNCTAD, 데이터베이스

## 4.3 주요 국가별 외국인 직접투자 현황

[표 3-10]은 2019년 FDI를 유치한 상위 10위 국가들을 보여주고 있다. 2019년 가장 많은 외국인 직접투자를 유치한 국가는 미국으로 2천 510억 달러의 FDI를 유치하였는데 이는 전 세계 대비 18%의 점유율에 해당하는 것이다. 그러나 미국의 2019년 FDI는 2018년의 2천 540억 달러에서 1.2% 감소한 수치에 해당된다. 미국 다음으로 외국인 직접투자를 많이 유치한 국가는 1천 400억 달러에 이르는 FDI를 받아들인 중국이다. 중국이 유치한 FDI는 같은 해 미국이 유치한 FDI의 56%에 해당하는 수준으로 전 세계 FDI의 10%

에 해당하는 점유율을 기록하고 있다. 싱가포르는 2019년 정보통신 분야에서의 FDI를 비롯한 총 1천 100억 달러에 이르는 외국인 직접투자를 유치하여 세계 3권으로 부상하였는데 이는 2018년 대비 44% 성장한 수준이다.

싱가포르에 이어 브라질(750억 달러), 영국(610억 달러), 홍콩(550억 달러), 프랑스(520억 달러), 인도(490억 달러), 캐나다(470억 달러) 및 독일(400억 달러)이 외국인 직접투자 유치국 10권에 위치하였다. 2019년 홍콩이 유치한 550억 달러의 FDI는 홍콩 내에서 확산되는 정치적 불안정으로 인해 외국인 투자가들이 지속해서 투자액 회수를 진행함으로써 2018년 대비 47% 이상 하락한 수준이다. 반면 독일의 경우 2018년에 120억 달러의 FDI를 유치하였는데 2019년에는 자회사에 대한 대출의 급격한 증가로 인해 전년 대비 230% 이상 증가한 400억 달러의 FDI를 유치할 수 있었고 프랑스도 비슷한 이유로 인해 2019년 FDI는 2018년 대비 40% 이상의 증가를 기록하였다. 이들 상위 10개국이 2019년 전 세계 FDI에서 차지한 비중은 63%를 상회하였다.

[표 3-10] 2019년 주요 외국인 직접투자 유치국가

| (십억 달러) | 2018년 | 2019년 | 증가율 (%) |
|---|---|---|---|
| 전 세계 | 1,413 | 1,394 | -1.3 |
| 미국 | 254 | 251 | -1.2 |
| 중국 | 139 | 140 | 0.7 |
| 싱가포르 | 78 | 110 | 41.0 |
| 브라질 | 60 | 75 | 25.0 |
| 영국 | 65 | 61 | -6.2 |
| 홍콩 | 104 | 55 | -47.1 |
| 프랑스 | 37 | 52 | 40.5 |
| 인도 | 42 | 49 | 16.7 |
| 캐나다 | 43 | 47 | 9.3 |
| 독일 | 12 | 40 | 233.3 |
| 상위 10개국 (%) | 834 (59.0) | 880 (63.1) | 5.5 |

비고: 2019년 자료는 추정치

출처: UNCTAD (2020). Investment Trends Monitor. Issue 33.

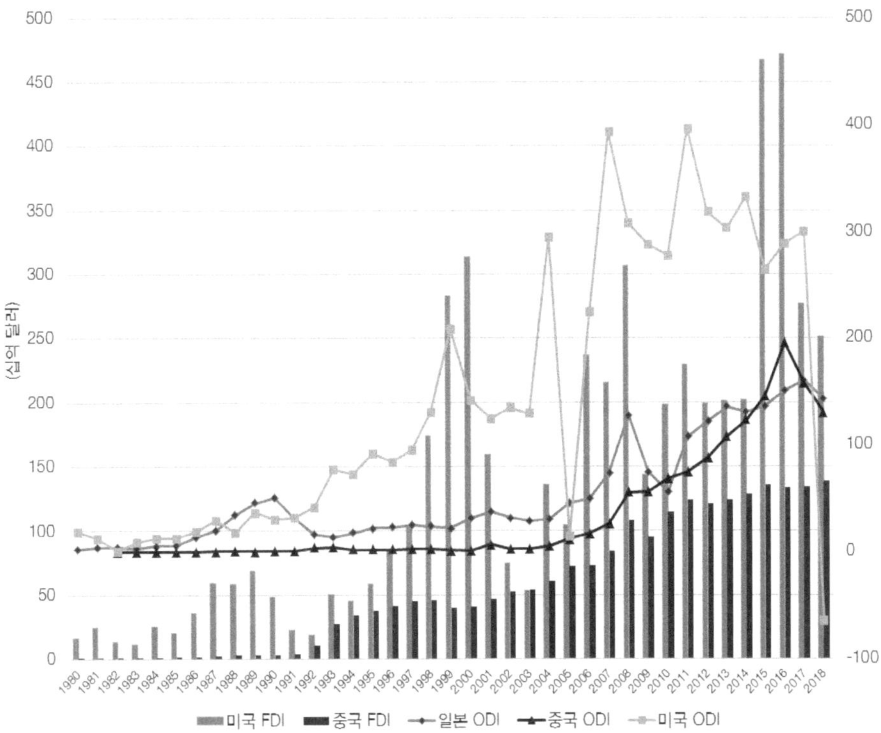


[그림 3-10] 미국과 중국, 일본의 FDI와 ODI, 1980년~2018년

비고: 2018년은 잠정치
출처: UNCTAD 외국인 직접투자 데이터베이스

[그림 3-10]은 외국인 직접투자에 있어서 2018년 상위 2개국인 미국과 중국을 비교하고 해외 직접투자 면에 있어서는 미국, 중국과 일본의 주요 3개국의 1980년~2018년 기간에 걸친 FDI와 ODI의 발전 현황을 비교하고 있다.

먼저, 이 기간에 FDI에서 미국과 중국의 발전 현황을 관찰하면 전반적으로 미국의 FDI가 2003년을 제외하고는 중국의 FDI를 앞지르고 있다는 것을 파악할 수 있으며 미국과 중국의 FDI 격차는 이 기간에 확대와 축소를 반복하고 있다는 것도 쉽게 관찰할 수 있다.

둘째, 해외 직접투자 측면에 있어서는 미국과 중국뿐만 아니라 일본과의 비교도 중요한 관찰 대상이다. 일본의 ODI는 1980년대 초반과 1985년 엔화의 평가절상에 따른 일본기업의 해외 진출 급증으로 인해 1988년~1990년 기간 미국을 추월하였다. 그러나 2005년 및 2018년을 제외하면 1990년대 초반부터 미국의 ODI가 일본의 ODI를 추월하고 있을 뿐만 아니라 그 격차가 점점 더 확대되고 있다. 1982년에 들어서야 처음으로 해외 직접투자를 실시한 중국은 2000년 중국 정부가 "해외로(Going Out)"라는 해외 진출 전략을 수립하고 기존의 ODI에 대한 까다로운 심사와 승인 절차를 단순승인 제도로 변경한 2004년부터 해외 직접투자는 급격히 증가하기 시작하였다. 그러나 일본의 ODI와 비교하면 2015년~2016년 기간을 제외하고는 거의 전 기간에 걸쳐 일본의 해외 직접투자가 중국의 해외 직접투자를 앞서고 있다.

# 제 3 장 정리문제

□ 문제 □

1. 경상수지란 무엇을 뜻하며 주요 구성요소에는 어떤 것들이 있는가?

2. 세계 각국이 FTA와 같은 지역 무역협정을 체결하는 이유는 무엇인가?

3. FTA와 같은 지역 무역협정의 확산은 다자간무역체제인 WTO와는 이득인가 혹은 독이 되는가? 그 이유는 무엇인가?

4. 기업이 해외에 직접투자를 행하는 근본적인 이유와 해외 직접투자를 행하는 경우 발생하는 비용과 위험 요소는 무엇인가?

5. 외국인 직접투자를 받아들이는 경우 국내 경제 미치는 영향은 긍정적 영향과 부정적인 영향은 무엇이라고 보는가?

□ 주요 용어 □

- 경상수지
- 자본 및 금융수지
- 지역 무역협정
- 지역주의
- 외국인 직접투자
- 해외 직접투자

# 제4장 무역정책

# 제4장 무역정책

## 1 무역정책의 의의

국제 경제에서 GATT와 WTO 등 국제무역기구는 세계 경제의 원활한 흐름을 위해 자유무역의 확대를 위한 많은 노력을 하고 있다. 그렇지만 개별 국가들은 현실 경제에서 자국 경제의 호불황에 따른 대응과 자국 이익의 극대화, 그리고 시장의 실패와 왜곡 등을 바로 잡기 위해 적절한 정부의 시장개입 등 인위적인 무역정책(foreign trade policy)이 필요하다. 이런 측면에서 무역정책은 정부가 자국의 경제 목적을 달성하기 위해 수출·수입 등의 활동에 일정 부문 개입하는 형태를 말한다. 즉, 무역정책은 자국 산업의 보호, 국제수지 개선, 자원의 효율적 활용, 고용증대 등을 위해 정부가 무역 거래에 개입하는 경제정책이다.

---

무역정책이 필요한 구체적 이유는 무엇인가?

1) 국제 간 무역거래는 국가 간에 경제제도, 정치, 자원, 환율, 법률, 규제, 환경, 문화, 정보 등이 국내 거래와는 비교가 되지 않을 정도로 다르다. 따라서 국제 거래를 국내 거래와 같이 시장에만 맡겨두면 국익 측면에서 한계가 있을 수 있다. 그리고 나라마다 추구하는 경제정책의 목표가 다르다. 예를 들면 G2(미국, 중국)는 향후 전개될 세계 경제의 패권을 위해 치열한 무역전쟁 중이고, 그 외 선진국들은 자국 산업의 발전을 더욱 강화하기 위해 경쟁력 확보를 위해 노력한다. 그리고 개발도상국과 후진국은 아직 유치하여 선진국과의 경쟁에서 뒤쳐지는 산업의 경쟁력을 확보하

기 위한 정책수단을 사용하려 한다. 우리나라는 어떠한가? 자원 빈곤국으로서 경쟁력 강화를 위해 적극적인 수출 드라이브 정책을 사용한다. 따라서 각 나라가 처한 현실 경제상황 때문에 완전한 자유무역을 추구하기에는 한계가 있는 것이다.

2) 국내 경제거래는 절대적 경쟁우위원리이지만, 국제 경제거래는 상대적 경쟁우위 원리에 가깝다. 따라서 국제 경제거래를 국내 경제거래와 같이 적용할 경우 국민 경제에 여러 가지 불리한 영향을 초래할 수 있다.

3) 국내외 경제 거래의 주체는 개인과 기업이다. 따라서 정부 정책적 차원에서는 개인과 개별 기업의 이익을 추구하도록 적극 지원하되, 국가 전체의 이익과 사회적 후생이 극대화 되도록 일정한 정책적 개입이 필요하다.

## 2 무역정책의 유형

무역정책은 세계 무역의 발전에 따라 다양하게 발전되고 있다. 세계 경제의 호·불황에 따라 자유무역주의와 보호무역주의 정책의 흐름이 반복적으로 바뀌는 경향이 있다. 최근에는 미국과 중국의 무역전쟁, 일본의 한국에 대한 수출규제 등 선진국의 이해관계에 따라 더욱더 보호무역주의가 강화되는 흐름을 보인다. 무역정책의 유형을 시기별로 보면, 중상주의, 자유무역주의, 보호무역주의, 신보호무역주의 등으로 나눌 수 있다.

중상주의(mercantilism) 사상은 15세기 말~18세기 중엽으로 중세의 봉건주의 시대에서 근대적인 산업체제로 넘어 가는 시기로 유럽의 절대왕정국가들이 주로 채택했던 국가본위의 경제정책 및 경제사상을 말한다. 이 시기에는 부국강병을 위한 국가의 간섭정책을 근간으로 하여 무역수지 흑자를 통한 금·은의 축적이 국가의 부를 상징하는 것으로 보았다. 수출은 재화나 농수산물 등의 판매 대가로 얻은 금·은 등 귀금속의 확보이고, 수입은 재화나 농수산물 등의 구입에 따른 대가 지급으로 인한 귀금속의 유출로 보았다. 이러한 환경 때문에 수출을 확대하고 수입을 억제하는 강력한 보호무역 정책으로 이어졌다. 이러한 중상주의 보호정책론은 어떤 나라가 수출로 이익을 보면 다른 나라는 필연적으로 수입이 증대하여 손해를 본다는 논리이다.

18세기 후반에 영국으로부터 산업혁명(industrial revolution)이 시작되는 시기에 이러한 중상주의 보호무역에 대하여 애담 스미스(Adam Smith) 등에 의해 비판이 제기되었다. 애담 스미스(Adam Smith)는 국부는 화폐 자체가 아니라 화폐로 살 수 있는 재화라고 주장하며, 생산비가 낮으면 그 재화에서 절대우위(absolute advantage)가 있기 때문에 국제 분업을 통한 자유무역주의가 더 효율적이라고 강조하였다.

자유무역 정책론자의 근본적 주장은 자유무역을 하면 무역을 하지 않거나, 보호무역을 할 때보다 더욱 무역 당사국이 얻을 수 있는 경제적 이익이 더 크다는 것이다. 이 시기의 자유무역을 고전적 자유무역(Classic Freedom to Trade)이라고도 하는데, 자유무역을 통해 자원의 효율적 배분, 국민소득과 소비후생 증대, 자유경쟁론 등 긍정적 경제적 효과를 얻을 수 있다는 것이고 실제로 그 경제적 효과가 이론적, 경험적으로 뒷받침되고 있다. 그럼에도 현실적으로 자유무역이 지배적인 정책기조는 되지 못했고 19세기 초에 산업의 발전과 교통의 발달에 따른 국가 간의 경쟁 심화로 자국 산업의 보호를 위하여 보호무역주의가 나타나기 시작하였다. 보호무역의 주요 정책수단으로 다자간 협상을 통한 보호관세가 주요 수단으로 사용되었다. 주로 후진국에서 자국의 유치산업을 육성하거나 수입대체 산업을 보호하기 위하여 보호무역 정책이 실시되었다. 이러한 보호무역주의의 이론적 근거로 유치산업보호론(theory of infant industry protection) 등을 들 수 있다.

1945년 제2차 세계대전 종료 후 1960년대까지 자유무역주의 체제는 전 후 새로운 패권국으로 부상한 미국의 주도하에 이루어졌는데, 중상주의 시기에 국제협력 상실에 대한 반성으로 GATT-IMF체제가 구축되었다.

신보호무역주의는 1970년대 중반 이후의 시기로 증가하고 있는 각종 세분된 무역제한 조치로 과거의 보호무역 정책과는 보호목적과 보호수단 등에서 차이가 있다. 신보호무역주의는 농업 부문의 고용유지, 국제수지 개선 등을 위해 선진국의 사양·정체산업 보호 또는 첨단신산업 육성 등을 목적으로 하는데, 쌍무적 또는 일방적 협상을 통한 비관세장벽(non-tariff barrier) 수단을 사용한다. 따라서 여러 가지 수입규제 조치에 있어서 보호무역주의가 잠정적·일시적 보호를 전제로 하는데 비해 신보호무역주의는 장기적·영구적 보호가 필요하다.

주요 무역정책의 흐름의 변화를 표로 나타내면 [표 4-1]과 같다.

[표 4-1] 무역정책의 변화

| 무역정책 | 시기 | 목적 | 사용수단 | 방식 |
|---|---|---|---|---|
| 중상주의적 보호무역 | 15c 말~ 18c 중반 | 국부=금,은 | 금,은 축적 | 수출확대, 수입억제 |
| 자유무역주의 | 18c 후반 | 국부=재화 | 국제분업 | 애덤 스미스 절대우위론 |
| 보호무역주의 | 19c 초 | 후진국의 유치산업 또는 수입대체산업 보호 | 관세 | 다자간 협상 당시 후발국인 미국, 독일 중심 |
| (전후) 자유무역주의 | 제2차 세계대전~ 1960년대 | 미국주도 자유무역체제 | 관세 | GATT-IMF체제 |
| 신보호무역주의 | 1970년대 중반 ~ | 선진국의 사양산업보호 | 비관세장벽 | 쌍무적, 일방적 협상 선진국중심 보호주의 |

### 참고 유치산업보호론

보호무역정책의 이론적 근거로 유치산업보호론(theory of infant industry protection)을 들 수 있다. 유치산업은 한 나라의 산업 중 성장잠재력은 있지만 개발기에 생산비용이 너무 높아 국제경쟁력을 갖추지 못한 미발달산업을 의미한다. 이런 경우 정부에서는 이 산업이 장래에 국민경제 발전에 공헌할 가능성이 클 경우 국내생산보다 수입이 자국의 후생이라는 관점에서 유리하지만, 일정 기간 그 산업을 보호하여 국제경쟁력을 확보할 수 있게 한다. 따라서 관세정책으로 그 산업에 대한 보호 기간을 부여함으로써 이 유예 기간에 그 산업은 규모의 경제와 기술적 효율을 이룩할 수 있어, 생산 비용이 저하되고 그 결과 외국의 산업 및 상품과의 경쟁력을 배양할 수 있다. 유치산업의 보호가 성공되기 위해서는 다음 두 가지 조건이 충족되어야 한다. 첫째, 보호기간이 시한부적이며 점진적으로 관세율을 낮춘다. 둘째, 유치산업의 업종 선택이 매우 중요하여 장차 국제비교우위가 있을 업종을 택해야 한다.

이 이론은 18세기 후반 미국의 재무장관 해밀톤(A. Hamailton)에 의해 '산업분화

론'으로 제시된 이후 19세기 중엽 독일의 역사학파인 리스트(F. List)에 의해 체계화되었다. 유치산업보호론의 특성은 1) 애덤 스미스 등의 고전학파적 경제사상과 대비되는 국민경제사상, 2) 19세기 중엽 독일이 패권적 지위를 확보한 영국산업과 경쟁을 하기 위한 후진국적 입장, 3) 농업에만 의존할 경우 대외적으로 부정적 영향을 받기 쉬우므로 생산력을 확보하기 위해서는 농업보다는 공업이 유리하다고 역설하는 공업보호론 등이 있다.

▸ **우리나라 유치산업 보호 사례**

한국은 1970년대 기계, 조선, 철강, 화학, 전자 등의 중화학 업종 육성을 통해 획기적인 경제발전을 이루어 왔다. 이들 산업을 육성하기 위해 정부는 수입 장벽을 세워 외국과의 경쟁에 노출시키지 않았고, 보조금을 지원하였다. 즉, 한국은 비교우위에 입각한 자유무역의 논리를 따르기보다는 '유치산업보호론'(Infant Industry Argument)에 따라서 경제발전 경로를 밟아왔다. 유치산업보호론이란 아직 경쟁력이 없는 유치산업(Infant Industry)을 외국산업과 경쟁할 수 있을 때까지 일시적으로 보호하여(temporary protection) 육성시키자'라는 논리이다.

## 3 무역정책 수단

무역정책 수단은 수입억제 정책과 수출촉진 정책으로 나눌 수 있다. 수입억제 정책에는 관세정책과 비관세정책이 있고, 수출촉진 정책에는 생산보조금 지급, 수출장려금 지급, 환율 인상 등을 통한 가격경쟁력 향상, 무역금융, 수출보험제도 등이 있다.

### 3.1 관세정책

#### 3.1.1 관세의 의의

관세란 관세영역(customs line)을 출입하는 물품에 대하여 국가가 법률이나 조약에 의거하여 부과하는 조세이다. 관세는 과거에 정부가 재정수입을 확보하기 위한 수단으로 많이 활용하였지만, 고유의 정책목표는 수출입 물품의 수급조절을 통한 자국 산업의 보호와 발전이다.

### 3.1.2 관세의 종류

관세는 수출에 부과되는 수출 관세, 수입에 부과되는 수입 관세로 나눌 수 있으나, 수출 관세는 수출가격을 높이고 국제경쟁력을 약화시키므로 실제로 이런 과세를 부과하는 경우는 매우 드물다. 수출 관세는 국내에 물품이 모자라거나 수출품이 그 나라의 독점 특산물로서 고가일지라도 시장을 잃을 염려가 없을 때 실시되는 경우가 있다. 따라서 일반적으로 관세라고 하면 수입 관세를 말한다. 또한, 과세표준을 수량으로 하느냐, 가격으로 하느냐에 따라 종량세(specific tax), 종가세(advalorem duty)로 나누는데, 종가세가 많이 사용되고 있다. 주세, 부가가치세는 종가세이고, 인지세, 유류 특별소비세는 종량세로 분류된다.

과세표준을 가격으로 하느냐, 수량(개수, 길이, 면적, 용적, 중량 등)으로 하느냐 하는 것은 무역과 과세 행정 기술면에 미치는 영향이 대단히 크기 때문에 각국 정부에서는 선택에 매우 신중을 기한다.

종가세는 1) 관세 부담이 균등·공평하며, 2) 긴급한 인플레이션의 경우에도 세율 정책 당시와 동등한 조세부담을 하게 되어 안정된 재정을 확보하는 장점이 있다. 그러나 1) 송품장 가격을 저가로 신고하는 경우 관세가 탈루될 수 있으며, 2) 동일 물품이라도 CIF 가격을 과세 가격으로 하게 되어 적출지와 시기에 따라 관세의 차이가 있을 수 있는 단점이 있다.

종량세는 1) 과세방법이 간편하고 2) 적출지와 시간에 따른 관세 차이가 없으며, 3) 외국이 덤핑수출해도 관세 부담의 영향이 없음으로 덤핑 방지책에 유효한 장점이 있다. 그러나 1) 원료품과 반제품, 완제품의 가격 차이가 큰 수량품일수록 세액이 높아 관세부담의 공평성을 기하지 못한다. 2) 물가변동에 적응성이 없으므로 본래의 관세 기능을 충분히 발휘하지 못하고 국가재정에도 차질이 발생할 수 있는 단점이 있다.

[표 4-2] 종가세와 종량세의 장·단점

| 구분 | 종가세 | 종량세 |
|---|---|---|
| 장점 | - 관세 부담이 균등하고 공평<br>- 인플레이션의 경우에도 세율정책 당시와 동등한 조세 부담으로 안정된 재정을 확보 | - 과세방법이 간편<br>- 적출지와 시간에 따른 관세 차이가 없음<br>- 외국이 덤핑수출해도 관세 부담의 영향이 없으므로 덤핑 방지책에 유효 |
| 단점 | - 송품장 가격을 저가로 신고하는 경우 관세가 탈루될 수 있음<br>- 동일 물품이라도 CIF 가격을 과세가격으로 하게 되어 적출지와 시기에 따라 관세의 차이가 있을 수 있음 | - 원료품과 반제품, 완제품의 가격 차이와 수량품일수록 세액이 높아 관세 부담의 불공평성<br>- 물가변동에 적응성이 없으므로 본래의 관세의 기능을 충분히 발휘하지 못하고 국가재정에도 차질이 발생할 수 있음 |

### 3.1.3 관세의 경제적 효과

수입국에서 어떤 수입 물품에 관세를 부과하면 그 수입 물품의 가격이 오름에 따라 경제적으로 직·간접 효과가 따른다. 이러한 경제적 효과 분석 방법에는 어떤 특정한 하나의 재화 등 개별 부문만을 취급하는 부분균형(partial equilibrium) 분석과 복수의 재화 등 여러 경제 부문을 동시에 취급하는 일반균형(general equilibrium) 분석으로 나눌 수 있다.

또한, 관세의 경제적 효과를 분석하는데 관세 부과하는 나라가 소국인 경우와 대국인 경우로 나눌 수 있다.

#### 1) 부분균형 분석과 일반균형 분석

부분균형 분석은 분석의 편의를 위해 분석을 단순화하여 '다른 여건이 일정하거나 불변'이라는 전제 하에 특정 부문과 특정 경제변수만을 개별적으로 분석한다. 분석의 단순화를 통해 신속하고 간편하게 결과를 도출하는 장점이 있으나, 여러 가지 다양한 경제변수와 변수 간의 상호작용을 무시함으로써 현실 적용에 어려움이 있을 수 있다. 예를 들면, 관세부과국(한국, A국)이 중국(B국)으로부터 양파(Y재)를 수입함에 있어 관세를 부과하는 경우, 한국에서 이와 관련되는 다른 상품인 마늘(X재)의 시장이나 상대국인 중국에는 아무런 변화가 없다고 가정하고, 한국에서 양파를 수입하면서 관세 부과에 따른 경제적 효과에 한정하여 분석하는 것이다.

일반균형 분석은 개별 부문의 수요와 공급, 가격 등과 상호의존성, 그리고 수입, 수출시장 등 모든 시장을 동시에 분석하므로 더욱 현실에 가까운 분석을 할 수 있지만, 분석이 매우 복잡하고 상당한 시간이 소요되는 단점이 있다. 예를 들면, 한국(A국)이 중국(B국)으로부터 양파(Y재)를 수입하고 마늘(X재)을 수출한다고 가정할 경우에, 한국이 중국으로부터 양파 수입에 따른 관세를 부과한다면 수입국인 한국 시장은 물론 수출재 시장과 중국 시장에 미치는 영향을 포함하여 동시에 분석하는 것이다.

### 2) 소국과 대국의 분석

관세부과국을 소국(small country)인 경우와 대국(large country)인 경우로 구별하여 분석할 수 있다. 소국은 경제 규모가 작아서 그 소국이 수출량 또는 수입량을 변화시켜도 외국에서의 재화 가격에 영향을 미칠 수 없는 경우를 의미한다. 즉, 세계 경제 시장에서 결정되는 가격에 순응하는 가격 순응자(price taker)의 입장이다. 반면에 대국은 미국, 중국과 같이 경제 규모가 매우 크고 당해 제품이 수출, 수입량의 변동에 따라 외국에서의 재화 가격이 변화하는 가격 결정자(price maker) 경우를 말한다. 따라서 교역조건 개선 효과는 소국인 경우 영향이 없지만, 대국인 경우 국내 관세를 부과하면 국내 가격의 상승 → 국내 수요량 감소 → 세계 시장의 수요량 감소 → 국제 가격의 하락 → 수입 가격의 하락을 통하여 교역조건이 개선될 수 있기 때문이다. 이러한 교역조건 개선 효과는 일반균형분석 방법을 통하여 분석이 가능하다.

---

교역조건(Terms of Trade: TOT)은 대외 무역 거래에서 수출품과 수입품의 수량적 교환 비율을 나타낸다. 즉, 한 국가가 제품을 1단위 수출하면서 받을 수 있는 수입품의 양($Q_M$ / $Q_X$)을 말하는 것이다.

교역조건은 가격으로 표시하는 수출품의 가격($P_X$) 대비 수입품의 가격($P_M$) 비율, 즉 ($P_X$ / $P_M$)으로 표시할 수 있다. 만약 수입품의 가격 대비 수출품의 가격이 상승하면 수출국의 교역조건은 개선되었다고 할 수 있으며 그 반대의 경우에는 교역조건이 악화하였다고 말한다.

교역조건의 총수출가치와 총수입가치의 비율로도 표시할 수 있다. 이를 총교역조건이라고 하는데 (총수출액 / 총수입액)으로 나타낸다. 즉, $TOT = (V_X / V_M) = (P_xQ_x / P_MQ_M)$로 나타낼 수 있다. 총수출액이 총수입액보다 높아지면 교역조건이 개선되었다고 하며 반대의 경우에는 교역조건이 악화되었다고 한다. 총교역조건은 기준 시점(t=0) 대비 비교 시점(t=1)의 수치를 보고 교역조건 상황을 언급할 수 있다. 즉, $TOT_1 > TOT_0$이면 비교 시점의 교역조건은 기준 시점의 교역조건보다 개선되었다고 말한다.

### 3) 수요와 공급곡선

관세의 경제적 효과 분석에 앞서 이해를 도우려고 완전경쟁 시장[28]에서 수요와 공급곡선에 대해 설명한다. [그림 4-1]에서 가로축은 수량(Q), 세로축은 가격(P)를 나타낸다고 가정한다. 그리고 D선은 수요곡선, S선은 공급곡선을 나타낸다.

소비자들이 어떠한 값을 치르고 일정량의 재화를 구입할 능력과 의사가 있을 때, 이때 구매할 능력이 있는 수량을 수요량(quantity demanded)이라고 한다. 재화는 가격의 변화에 따라 수요량이 변하는데, 일반재화는 가격이 오를 때 수요량이 증가하고 가격이 하락할 때 수요량이 감소한다. 그러나 모든 재화가 일반재화인 것은 아닌데, 가격이 오를 때 오히려 수요량이 증가하는 재화가 있으며(베블렌 재화(Veblen Goods)), 가격이 오를 때 수요량이 증가하고 내릴 때 수요량이 감소하는 재화(기펜재(Giffen Goods))가 있다. 여기서는 일반재를 가정한다. 따라서 일반재는 가격이 오를수록 수요량은 감소하고 가격이 내릴수록 수요량이 증가하므로 수요곡선은 우하향하는 D곡선이 된다. 반대로 판매자가 판매할 의사와 능력이 있는 재화의 수량을 공급량(quantity supplied)이라고 한다. 일반재의 경우 판매자들은 소비자와 반대로 재화 가격이 오를수록 더 많이 판매하려고 하고 재화 가격이 일정 수준 이

28) 시장의 참가자가 다수이고 시장의 참여가 자유로우며, 시장 참가자가 완전한 정보와 상품지식을 갖고 동질한 재화 또는 서비스를 가정한다. 따라서 개개의 시장 참가자가 시장 전체에 영향력이 없으며 완전경쟁에 의해 가격이 형성된다.

하로 떨어질수록 공급을 줄일 것이다. 따라서 공급곡선은 좌하향하는 S 곡선이 된다. 그림에서처럼 수요곡선과 공급곡선이 만나는 점에서 균형(equilibrium)이 이루어지고 균형 가격과 균형 거래량이 형성된다.

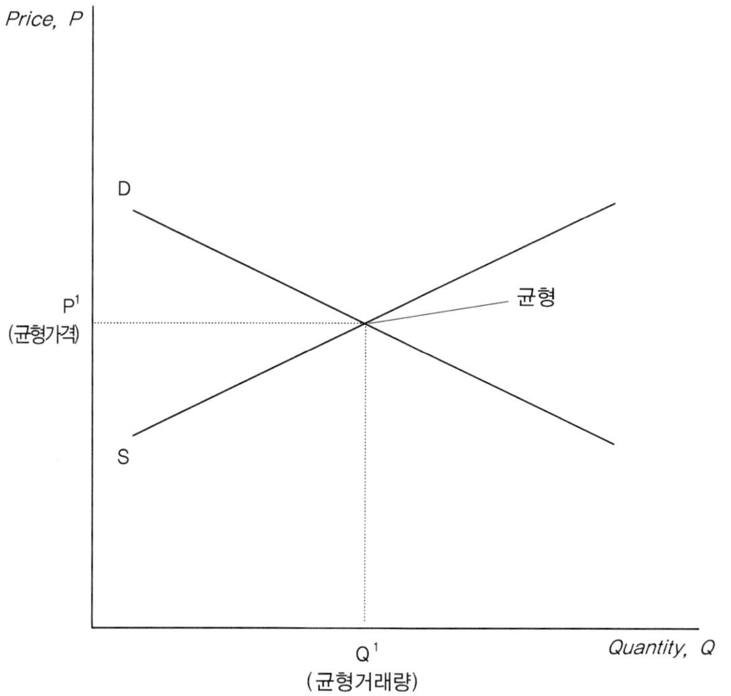


[그림 4-1] 수요와 공급곡선

### 4) 소국의 부분균형 분석을 통한 관세의 경제적 효과

관세의 부분균형 분석을 위해 아래와 같은 가정이 필요하며, 소국인 경우에 대해 분석한다. 이해와 분석이 편리한 부분균형 분석을 중심으로 대표적인 무역정책인 수입관세의 효과에 대해서 알아본다.

- 가정

① 자국(H국)과 외국(F국)의 2국으로 구성된 세계

② X재라는 하나의 재화만을 분석대상으로 하는 부분균형을 검토함으로써 여타의 재화시장 등에 전혀 영향을 미치지 않음

③ 국산품과 수입품은 완전 동질재(homogenous good)이며, 완전 대체관계에 있다고 가정함

관세 부과국인 자국이 소국이고 교역 상대국인 외국의 공급이 무한 탄력적이라고 가정하면, 국내 시장에서 직면하는 외국의 공급 곡선은 수평선으로 나타난다. 관세를 부과하는 자국의 국내 시장에서 수입품의 가격은 관세만큼 상승한다.

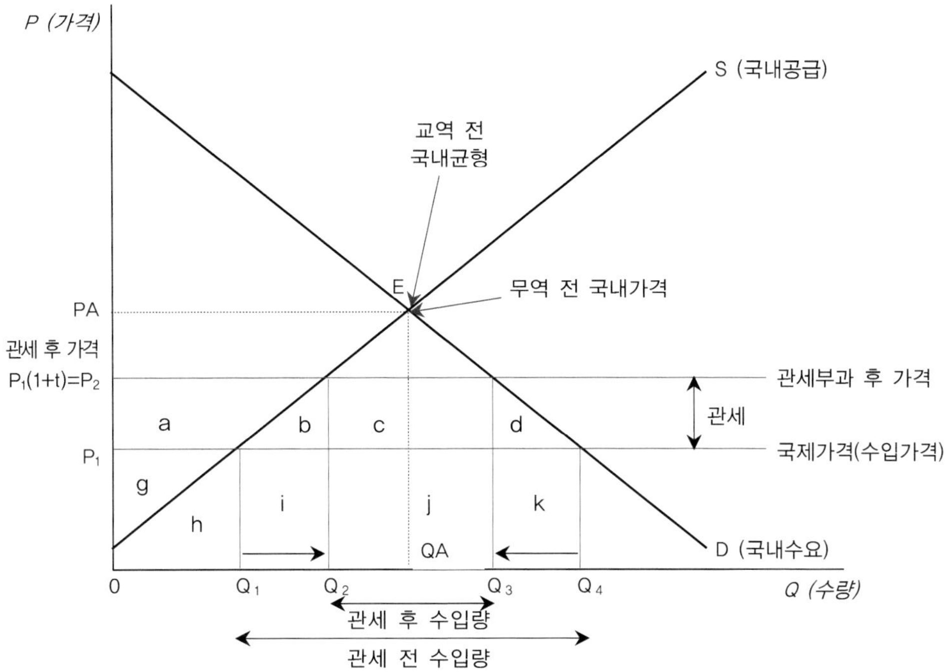


[그림 4-2] 관세의 경제적 효과

[그림 4-2]에서 세로축은 X재의 가격, 가로축은 수량을 나타내고, 직선 D와 S는 폐쇄경제에서 자국의 수요곡선과 공급곡선을 나타낸다. 따라서 무역이 존재하지 않은 폐쇄경제 아래에서는 균형 가격이 PA이고 균형 수량이 QA인 수요곡선 D와 공급곡선 S가 교차하는 E점에서 균형이 형성된다. 그러나 무역이 존재하는 어떤 상품의 세계 시장 가격은 폐쇄경제 시장보다 낮은 $OP_1$이라고 하면 관세가 부과되기 전의 자유무역 상태의 가격 $OP_1$ 아래에서는 국내 수요가 $OQ_4$이고 국내 공급이 $OQ_1$이므로 국내 수요 부족 $Q_1Q_4$는 외국으로부터 수입한다. 이때 정부에서 국내 산업을 보호하거나 관세 수입 등을 목적으로 $P_1P_2$(=P×세율t)의 관세를 부과하면 여러 가지의 관세 효과가 나타난다.

### (1) 가격효과, 소비효과

수입 물품에 관세를 부과하면 물품의 국내 가격이 상승하게 되는 가격 효과(price effect)가 발생하고, 재화의 가격이 오름에 따라 재화의 수요, 즉 소비가 감소하는 소비효과(consumption effect)가 발생한다. [그림 4-2]에서 관세부과 후의 가격이 $OP_1$에서 $OP_2$로 상승하면, 국내 소비는 $OQ_4$에서 $OQ_2$로 감소한다. 즉, $Q_3Q_4$만큼 소비가 감소한다.

### (2) 보호효과, 소득효과, 고용효과

수입 관세가 부과되면 국내 가격이 상승하고 국내 수요가 감소한다. 그리고 국내 생산자는 가격 상승에 따른 가격경쟁력을 가지게 되어 생산을 늘린다. 즉 국내 산업 보호효과가 나타나는 것이다. [그림 4-2]에서 국내 공급 가격이 $OP_1$에서 $OP_2$로 상승함으로써 국내 생산업자는 생산량을 $OQ_1$에서 $OQ_2$로 늘린다. 이 때 국내 생산량 증가분 $Q_1Q_2$가 보호효과(protection effect)인데 생산효과(production effect)라고도 한다. 이렇게 생산이 증가하면 고용이 확대되어 국민소득이 향상되는 효과를 소득효과(income effect)라고 한다. 그러나 관세 부과국이 소국이 아닌 경우, 즉 대국인 경우, 자국의 보호효과에서 파생된 고용 및 소득효과는 무역 상대국의 수출 감소와 이로 인한 고용 및 소득의 감소가 뒤따를 수 있기 때문에 무역 상대국의 보복 조치가 없어야 한다는 것이 전제되어야 한다.

### (3) 재정수입 효과

관세를 부과하면 정부의 재정수입이 늘어난다. 재정수입은 C[관세부과 후의 수입량($Q_2Q_3$)×단위당 관세액($P_1P_2$)]이다.

### (4) 소득재분배 효과, 후생효과

관세 부과에 따라 소비자와 생산자 간의 소득의 분배에 어떠한 변화가 있는지를 나타내는 것을 소득재분배라고 한다. 그리고 사회적 후생은 소비자 잉여와 생산자 잉여[29]로 나뉜다. 소비자 잉여는 소비자가 어떠한 재화를 구매하

29) 소비자 잉여(consumer surplus)는 소비자가 지불할 의향이 있는 가격과 실제 지불하는

기 위해 지불할 의사가 있는 최고가격이 실제로 그 소비자가 지불하는 시장가격을 초과하는 금액을 말한다. 생산자 잉여는 생산자가 낮은 가격으로라도 생산, 판매할 의사가 있는 재화를 실제로 그보다 높은 가격으로 생산, 판매할 경우의 이윤을 말한다.

- 사회적 후생 = 소비자 잉여 + 생산자 잉여
  - 소비자 잉여 : 소비자가 지불할 의사가 있는 최고가격 – 실제 지불가격
  - 생산자 잉여 : 실제판매가격 – 생산자가 생산판매 의사가 있는 최저가격

[그림 4-2]에서 관세 부과 전에 시장가격은 $P_1$으로 형성되어 있지만, 시장가격이 형성되기 전에 소비자의 성향이나 필요에 따라서 일부 소비자는 $P_1$이나 $P_2$ 또는 PA 그리고 그 이상의 가격을 지불하더라도 구입할 의사가 있었다. 그러나 실제 시장가격 $P_1$만큼 지불했으므로 그 차액만큼 소비자 잉여가 발생한다. 따라서 관세 부과 전 소비자 잉여는 a+b+c+d+e+f이다. 그러나 관세부과 후 시장가격은 $P_2$로 인상되었다. 따라서 관세 부과 전 $P_1$~$P_2$ 가격으로 구입의사가 있었던 소비자들은 구입을 포기하게 된다. 따라서 소비자 잉여는 e+f로 감소하게 된다. 한편, 생산자는 [그림 4-2]에서 관세 부과 전에 일부 생산자의 성향이나 경영전략 상 $P_1$ 미만의 가격으로도 생산, 판매할 의사가 있는 생산자가 일부 있었다. 그러나 시장가격이 $P_1$으로 형성되어 $P_1$으로 실제 판매하게 되었으므로 심리적으로 차액만큼 이윤이 발생한다. 따라서 생산자 잉여는 g이다. 그러나 관세가 부과된 후에는 시장가격이 $P_2$로 인상됨에 따라 생산자는 추가 이윤이 a만큼 발생하여 생산자 잉여는 g+a로 증가하게 되는데, a만큼 소비자에서 생산자로 소득이 재분배됨을 알 수 있다. 또한 소

---

가격의 차이를 말한다. 소비자 잉여는 소비자의 한계효용을 나타내는 수요곡선 아래, 균형 가격 위로 둘러싸인 면적을 가리킨다.

공급자 잉여는 생산자 잉여(producer surplus)라고도 하는데, 공급자가 실제로 받는 가격과 판매, 즉 공급할 의향이 있는 가격의 차이를 나타낸다. 공급자 잉여는 균형가격 아래, 공급자의 한계 비용을 나타내는 공급곡선 위로 둘러싸인 면적으로 나타낸다.

소비자 잉여와 생산자 잉여는 정부의 정책이 사회적 후생에 미치는 영향을 분석할 때 사용한다. 여기서 사회적 후생은 소비자 잉여와 생산자 잉여의 합을 나타내는데, 사회적 후생이 가장 크게 되는 상태를 경제적인 의미의 효율적인 상태라고 한다.

비자 잉여 감소분 중 c는 정부의 재정수입으로 돌아가고 소비자 잉여의 순 감소분(b+d) 중 b는 생산자 측면 손실, d는 소비의 감소에 따른 소비자 측면의 사회적 손실이다. 따라서 관세 부과에 따른 전체 후생은 b+d만큼 감소하는 것으로 사회적 손실이다. 이러한 후생손실을 관세 부과에 의한 사중손실(dead-weight loss)이라고도 한다. 여기서 b는 상대적으로 효율적이지 못한 국내산업의 생산을 확대함으로써 발생하는 생산 측면에서의 왜곡 또는 손실이다. 그리고 이는 소비자가 낮은 가격에 소비를 하지 못하고 관세를 포함한 상대적으로 높은 가격을 지불하고 소비하게 됨에 따라 소비자가 소비를 줄임으로써 발생하는 소비 측면에서의 왜곡 또는 비효율에 의한 손실에 해당된다. 그리고 이들 생산, 소비 측면에서의 손실은 관세로 인해 재화의 국내 가격과 세계 가격 간에 괴리가 발생함으로써 생기는 손실이다. 결국 소국의 경우에 관세의 부과는 자기 나라의 후생 수준을 반드시 감소시킨다.

[표 4-3] 관세의 경제적 효과 분석 요약

| 구 분 | 관세 전 | | → | 관세 후 | 변화 내용 |
|---|---|---|---|---|---|
| 가격효과 | 국내 가격 | $P_1$ | → | $P_2=P_1(1+t)$ | + $P_1P_2$ 상승 |
| 소비효과 | 국내 소비 | $OQ_4$ | → | $OQ_3$ | − $Q_3Q_4$ 감소 |
| 보호효과 | 국내 생산 | $OQ_1$ | → | $OQ_2$ | + $Q_1Q_2$ 증대 |
| 무역효과 | 수입량 | $Q_1Q_4$ | → | $Q_3Q_4$ | − $(Q_1Q_2+Q_3Q_4)$ 감소 |
| 국제수지 효과 | 수입액 | i+j+k | → | j | − (i+k) 개선 |
| 재정수입 효과 | | | → | c | + (c) 증대 |
| 소득재분배 효과 | 소비자 잉여 | a+b+c+d+e+f | → | e+f | − (a+b+c+d) 감소 |
| | 생산자 잉여 | g | → | a+g | + (a) 증대 |
| 전체 후생 효과 | a+b+c+d+e+f+g | | → | a+c+e+f+g | − (b+d) 감소 |

* 무역효과와 국제수지효과는 대국인 경우에 상대국이 보복무역 정책을 사용하지 않는 가정 하에 성립한다.

### 5) 대국의 부분균형 분석을 통한 관세의 경제적 효과

미국, 중국과 같은 대국의 경우 시장 지배력이 있는 어떤 제품에 대해 수입관세를 부과할 경우 소국과 달리 교역 조건에 영향을 미치게 된다. 자국이 대국인 경우에 수입물품에 관세를 부과하면 자국의 수입량이 변화하게 되고, 이는 세계시장에서의 재화가격에 영향을 미치게 된다. 예를 들면 2019년 미국과 중국의 무역전쟁 중 중국에서 미국으로 수입되는 모든 철강에 대해 미국에서 관세를 부과한 적이 있다. 대국의 경우 관세부과의 대상이 되는 철강 산업만을 고려한 부분균형 분석을 통해서 후생효과의 면에서 앞에서 살펴본 소국의 경우와는 다른 결과가 도출된다. 대국의 경우에 관세 효과를 알아보기 전에 이해를 돕기 위해 우선 재화의 국제가격 결정원리에 대해 알아본다.

### (1) 대국과 국제가격 결정원리의 이해

[그림 4-3]에서 왼편 자국(H국) 시장, 오른편은 외국(F국) 시장에서의 재화 X 대한 각각의 수요, 공급 상태를 나타내며, 중앙의 그림은 세계 시장에서의 가격 결정을 나타낸다. 그림에서 X재에 대한 자국의 초과수요($ED^h$)는 자국의 국내 수요($D^h$)와 국내생산($S^h$)의 차이이다($ED^h = D^h - S^h$). 자국의 초과수요는 수입에 의해 충당되므로 $ED^h$는 자국의 수입곡선이 된다. 가격이 상승하면 자국의 수요는 감소하고 공급은 증가할 것이므로 자국의 초과수요 $ED^h$는 감소하며 이에 초과수요곡선(또는 수입수요곡선)은 우하향의 곡선이 된다. 마찬가지로 X재에 대한 외국(F국)의 초과공급($ES^f$)은 외국의 국내공급($S^f$)과 외국의 국내수요($D^f$)의 차이이다($ESf = S^f - D^f$). 외국의 초과공급은 자국에 대한 수출에 의해 충당되므로 $ES^f$는 외국의 수출공급곡선이 된다. 외국의 초과공급곡선(또는 수출공급곡선)은 유사한 논리에 의해 우상향의 곡선이 된다.

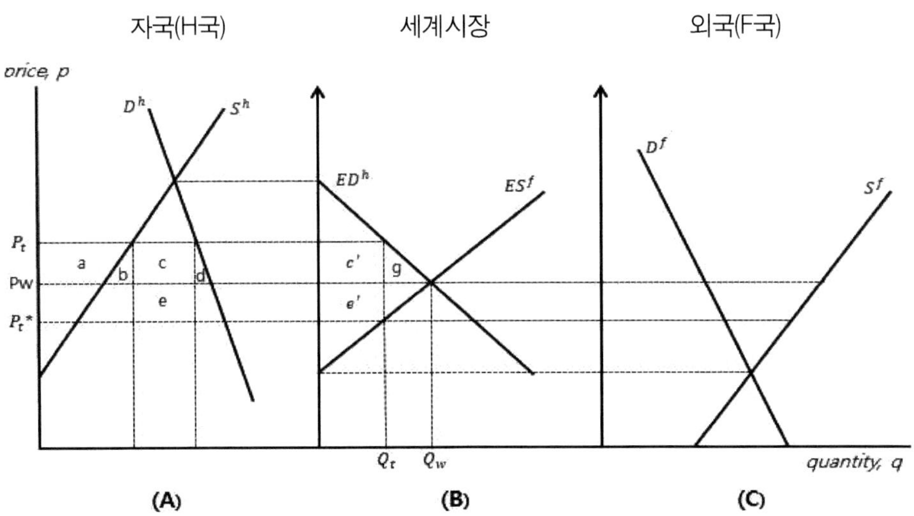


[그림 4-3] 관세의 경제효과(대국): 부분균형분석

### (2) 무역 전후 및 관세부과 후 균형

[그림 4-3]의 상황은 폐쇄경제에서의 X재에 대한 자국(H국) 가격은 외국(F국)보다 높다. 따라서 자국과 외국이 무역을 개시하게 되면 자국이 X재를 외국으로부터 수입하게 된다. 자유무역의 경우, H국과 F국으로 구성되는 세계 시장에서의 균형은 H국의 초과수요와 F국의 초과공급이 일치되는 점에서 결정된다. 따라서 균형에서의 세계 가격은 H국에서의 재화가격과 F국에서의 재화가격이 일치하는 $P_w$이며, 이 때 무역량은 H국의 수입량과 F국의 수출량이 일치하는 $Q_w$가 된다.

자국이 수입량을 억제하기 위해 외국으로부터의 수입에 대해 종가관세 t를 부과하게 될 경우, 자국의 X재 가격은 $P_t^*$에서 $P_t$로 상승한다. 그리고 외국은 관세를 추가로 부담하기 때문에 외국은 수출이 줄어들게 될 것이므로 외국 시장에서의 X재 가격은 하락하게 된다. 그리고 관세 부과 이후의 자국가격($P_t$)은 관세 부과 전의 외국가격($P_t^*$)에 관세 분을 더한 수준에서 결정된다 [$P_t=(1+t)P_t^*$]. 통상적으로 관세를 부과하게 되면 양국 간의 가격 차이가 $t \cdot P_t^*$가 될 때까지 자국 가격은 상승하고 외국에서의 가격은 하락하게 된다. 자국은 가격상승으로 수입 수요는 감소할 것이며, 외국은 가격 하락으로 수출 공급이 감소하게 된다. 이는 [그림 4-3(B)]에서 $ED^h$상의 점(자국가격을 의미)과 $ES^F$ 상의 점(외국가격을 의미) 간의 수직적인 거리가 정확히 $t \cdot P_t^*$가 될 때까지 교역량이 $Q_w$에서 $Q_t$로 감소함을 의미한다. 관세부과 후에 균형에서 자국에서의 가격은 $P_t$, 외국에서의 가격은 $P_t^*$이며, 따라서 $P_t=(1+t)P_t^*$가 성립된다. 자유무역과 비교하여 관세 부과 후 자국은 국내가격이 $P_t$로 높아짐으로써 생산은 증가하고 소비는 감소하여 수입량이 감소하게 된다. 반대로 외국은 내수시장에서 가격이 $P_t^*$로 하락함으로써 생산은 감소하고 소비는 증가하여 그 결과 수출량이 감소하게 된다.

### (3) 관세정책의 후생효과 : 대국인 경우

자국이 대국인 경우 관세의 후생효과는 소국과는 다른 결과를 얻는다. [그림 4-3(A)]에서 자국에서 자유무역(또는 무역 전)일 때, X재 가격이 $P_w$로 형성되었으나, 관세(t)가 부과됨에 따라 X재 가격이 $P_t$로 상승하였다. 따라서 소비자 잉여가 a+b+c+d의 면적만큼 감소하였다. 그리고 X재 가격의 상승에 따라 생산자는 생산을 늘림으로 생산자 잉여가 a면적만큼 증가한다. 즉 a면적만큼 소비자 잉여에서 생산자 잉여로 소득재분배가 일어났다. 따라서 소비자 잉여와 생산자 잉여의 합의 후생은 b+c+d의 면적만큼 감소한다. 그런데 대국의 경우에는 관세수입이 c+e의 면적만큼 발생함으로써 소국의 경우와 비교할 때 e의 면적만큼 추가적인 후생증가가 있다. 그 결과 한 나라 전체의 사회적 후생의 변화는 e-(b+d)로 나타난다. 여기서 e는 대국인 자국의 관세 부과로 인해 외국시장에서의 가격이 하락함에 따른  효과, 즉 관세의 교역조건 개선효과를 나타내며, b, d는 앞에서 설명과 마찬가지로 각각 소비측면, 생산측면에서의 자원배분의 왜곡에 따른 후생손실을 나타낸다. 이 같은 자국의 후생 분석은 [그림 4-3(B)]의 자국의 수입수요곡선을 통해서도 마찬가지로 확인할 수 있다. 그림에서 수입수요곡선 아래쪽 면적은 폐쇄경제와 비교한 후생(소비자 잉여와 생산자 잉여의 합)의 변화를 나타낸다. 관세 부과에 의해 자국 가격이 $P_w$에서 $P_t$로 상승하면 후생은 c'+g 면적만큼 감소한다. 그러나 한편으로는 관세수입이 c'+e'의 면적만큼 발생함으로써 자국의 후생 변화는 e'-g가 된다. 여기서 e'는 교역조건 개선에 의한 후생의 증가분이며(e'=e), g는 생산 및 소비 측면에서의 자원배분 왜곡에 따른 손실의 크기에 해당된다(g=b+d). 따라서 대국의 경우 충분히 낮은 관세 수준은 자국의 후생을 증가시킨다는 중요한 사실을 확인할 수 있다. 이러한 사실을 확인하기 위해 관세율을 점차 낮춰 간다고 가정하자. [그림 4-3(B)]에서 알 수 있듯이 삼각형의 손실부분(g)은 사각형의 이익부분(e')에 비해 급격하게 감소함을 알 수 있다. 따라서 관세율이 충분히 낮은 수준에서 관세율의 인상은 자국의 후생 수준을 반드시 증가시킨다. 그러나 관세율이 보다 높은 수준에서 관세의 추가 인상으로 교역조건 개선에 의한 이익의 절대적 증가분 보다 자원배분의 왜곡에 의한 손실의 절대적 증가분이 능가하게 되며, 결국 어느 일정의 관세 수준을 넘게 되면 전체 사회적 후생은 관세의 부과로 오히려 감소의 방향으로 전환하게 된다.

이에 대해서는 [그림 4-4] 최적관세를 통해 알아본다.

### 6) 최적관세

한 나라에서 수입 관세를 부과하면, 수입 물량의 감소에 따른 사회 후생의 감소와 무역수지의 개선에 의한 후생 증가라는 두 가지 효과가 나타난다. 따라서 정부에서는 교역량의 감소에 따른 사회적 손실을 최소화하고 교역조건의 개선에 따른 이익을 극대화하는 최적관세(optimal tariff)를 지향한다. 최적관세는 상대국이 관세 보복이 없다는 전제 아래 자국의 사회적 이익을 극대화할 수 있는 관세라 할 수 있다. 이는 관세 부과에 의한 교역조건의 이점이 수입량 감소로 인한 손실을 보상하고 그 차가 가장 클 때 나타난다.

[그림 4-4]는 대국의 경우, 관세율(t)과 경제 전체의 후생 수준(sw, Social Welfare)의 관계를 나타낸 것인데, 한나라의 후생 수준을 가장 최대로 하는 관세 수준을 최적관세라고 한다. 그림에서 보듯이 이 경제의 후생은 최적관세인 $t=t^{opt}$가 최대가 된다. 그리고 대국의 경우 최적관세의 수준은 보통 양(+)의 수준이 된다($t^{opt}>0$). 그러나 관세 수준이 금지관세 $t=t^{e}$를 초과하면 이 경제의 후생은 더 이상 관세 수준과는 관계없이 불변이다.

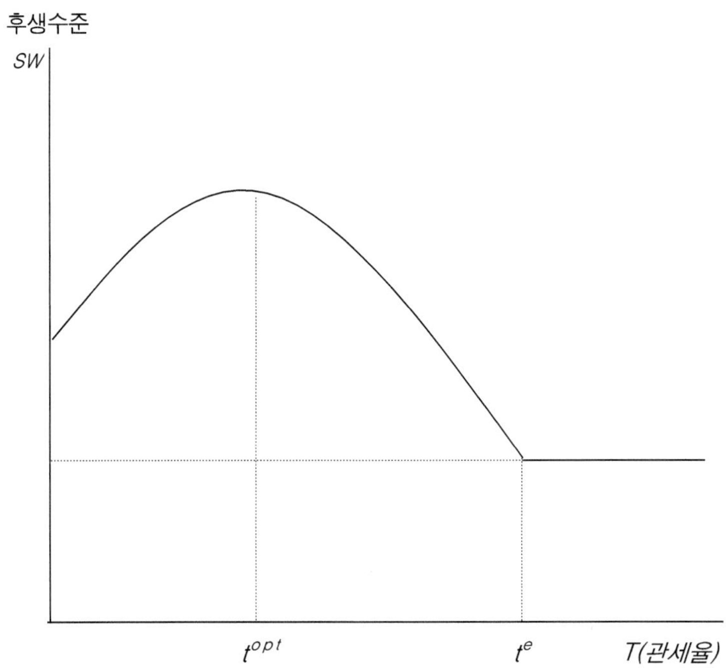


[그림 4-4] 최적관세

## 3.2 우리나라의 FTA 관련 관세

### 3.2.1 FTA 관세특례법 운용

자유무역협정(FTA)의 이행을 위한 관세법의 특례에 관한 법률(약칭, 자유무역협정(FTA)관세법)은 우리나라의 FTA 체약 상대국과 체결되는 자유무역협정이 효율적이고 원활한 국내 이행을 위해 제정되었다.

자유무역협정(FTA)관세법)은 우리나라가 체약상대국과 체결한 자유무역협정의 이행을 위하여 필요한 관세의 부과·징수 및 감면, 수출입물품의 통관 등 「관세법」의 특례에 관한 사항과 자유무역협정에 규정된 체약상대국과의 관세행정협조에 관하여 필요한 사항을 규정함으로써 자유무역협정의 원활한 이행과 국민경제의 발전에 기여함을 목적으로 2005년 12월 31일 제정, 2006년 3월 2일 첫 시행 하였다. 그 이후 총 11회에 걸친 개정을 거친 후 해당 자유무역협정(FTA)관세법이 2020년 1월1일부터 시행 중이다.

### 3.2.2 협정 관세의 적용

#### 1) 협정 관세율

협정 관세(convention tariff)는 FTA의 상품양허표로서 FTA의 일부로 규정된다. FTA관세특례법에서는 협정에 따라 체약 상대국을 원산지로 하는 수입 물품에 대하여 관세를 철폐하거나 혹은 세율을 연차적으로 인하하여 부과하여야 할 관세를 협정 관세라고 한다. 협정 관세는 기본 관세율을 0%로 하는 것도 가능하나 반드시 국회의 동의를 거쳐야 확정된다. FTA에는 협정 관세 외에 산업 보호와 관련해 덤핑방지 관세, 상계관세, 긴급 관세, 농림축산물에 대한 특별 긴급 관세 등에 대한 특례규정을 두고 있다.

#### 2) 상호대응 관세율 제도

FTA는 체약 상대국이 협정문에 따라 양허 물품에 대해 관세율을 0%로 하거나 인하하는 것을 주요 골자로 하는 협정이다. 그러나 한-아세안 FTA 협정에 상호대응 관세율 규정이 있다. 상호대응 관세율 제도는 FTA 체약 상대국이 자국 산업 보호를 목적으로 관세 철폐 양허를 하지 않고 고율의 관세를 부과하는 민감 품목[30)]을 상대국에 수출할 경우, 수입국도 FTA 협정에서 관세를 철폐하기로 약속한 품목(일반품목 등)이라 하더라도 상호주의에 따라 관세를 철폐하지 않거나 상대국 관세율 수준으로 관세를 부과하는 제도를 말한다.

수출국에서 민감 품목으로 지정해 놓은 품목의 경우 수입국에서는 양허 품목 대상이라 하더라도 일반 품목의 양허 세율을 적용하지 않을 수 있는 것이다. 우리나라는 2008년 9월부터 아세안 국가로부터 수입되는 일부 물품에 대해 상호대응 관세율 제도를 시행하고 있으며, 아세안 국가들도 동일한 제도를 운영하고 있다.

예를 들면, 삼계탕의 경우 우리나라는 초민감 품목으로 지정하였으며, 베트남은 해당 품목을 일반 품목군에 지정한다. 따라서 이런 경우 상호대응 세율 적용이 가능한 것이다. 즉, 한-아세안 FTA 특혜세율(15%)을 적용받지 못하고 MFN 세율(22%)이 적용된다.

### 3) 용도 세율

동일한 물품이라도 관세법상 협정 세율이 용도에 따라 서로 다른 세율로 규정되기도 하는데, 그 중 낮은 세율을 용도 세율이라고 한다. 용도 세율 적용 물품이란 용도에 따라 세율을 다르게 정한 물품에서 그 세율이 낮은 쪽을 적용한 물품을 말한다.

특정 용도로 사용하는 조건으로 낮은 세율이 적용된 물품은 그 수입 신고의 수리일부터 일정 기간 동안 승인받은 용도 이외의 다른 용도로 사용될 수 없다.

---

30) DDA(도하개발의제) 농업협상에서 국내의 민감성을 고려하여 민감 품목(sensitive track)에 대해서는 관세율 감축에 있어서 일반 품목(normal track)과 비교해 일정한 신축성을 부여할 수 있는 품목을 말한다.

# 4 비관세정책

## 4.1 비관세정책의 의의

비관세정책은 일반적으로 무역의 자유로운 흐름을 왜곡하는 관세 이외의 모든 무역장벽이라고 할 수 있다. 수입을 양적으로 제한하여 수입량을 억제하거나 국내 수입업자와 외국 수출업자에 대하여 수출입 거래의 비용과 위험의 부담을 증가시켜 수입 가격을 인상시킴으로써 수입량을 억제하는 관세 이외의 모든 무역정책 수단을 의미한다. 비관세 무역이 보편화된 것은 1970년대 이후 신보호무역주의의 출현과 같이 하는데, 효과 측정의 곤란성, 복잡성, 불확실성, 개도국에 더 불리한 차별적 적용, 협상의 어려움 등과 같은 특징이 있다.

## 4.2 비관세정책의 유형

비관세정책은 복잡하고 다양하여 그 특성과 유형을 일괄적으로 분류하기가 쉽지 않다. 또한, 비관세정책은 공식적으로 인정되지 않고 은폐되거나 위장되어 있기 때문에 그 유형을 모두 정확히 파악하기 쉽지 않다. 현실적으로 널리 알려진 비관세정책을 살펴보면 아래와 같다.

### 4.2.1 수입할당제

수입할당제는 외국으로부터 상품의 수입을 원칙적으로 허용하지만, 수입 상품을 일정 기간 총수량이나 총금액으로 제한하기 위해 국가별, 지역별, 수입업자별로 수입 물량을 할당하여 수입을 제한하는 제도로 수입쿼터제(import quota system)이다. 특정 품목에 대해 총수량으로 제한하는 수입수량할당제와 특정 국가의 수입 총액을 제한하는 수입금액할당제로 나눌 수 있다. 수입할당제는 수입되는 상품에 대한 수입 제한을 통해 자국 산업을 보호하고 국제수지 개선, 소득 재분배 등과 같은 정책적 목적을 달성하기 위해 실시한다.

수입할당제는 수입국이 독자적으로 부과하는 자주적 할당제(unilateral import quota)와 상대국과 협의하여 부과하는 협정할당제(bilateral import quota)로 구분된다.

그러나 수입수량할당제의 경우 무역 자유화의 가장 큰 걸림돌로 인식되면서 GATT 발족 이후 선진국의 공산품에 대한 수입수량할당제는 대부분 폐지되었다.

수입수량할당제는 수입 억제를 목적으로 한다는 점에서 관세와 유사한 경제적 효과를 가진다. 관세는 국내 가격의 인상을 통하여 수입량을 간접적으로 통제하는 정책 수단인 반면에, 수입수량할당제는 직접적으로 수입량을 통제하는 정책 수단이다. 그러나 수입재의 국내 가격을 인상시켜 수입재의 국내 생산을 촉진하고 국내소비를 억제한다는 측면에서 관세와 수입수량할당제는 동일한 경제적 효과가 있다.

수입할당제 부과 사례를 살펴보면, 우리나라는 농업의 보호를 위해 쌀 등 농수산물 수입량을 제한하고 있으나, 우루과이 라운드 이후 수입 제한량이 줄어들고 있다. 2019년 말 기준 쌀 관세율을 513%로 유지하되, 국가별 쿼터제가 시행되고 있다. 영화 산업의 스크린 쿼터도 수입 할당제의 한 사례이다. 1927년 영국에서 자국의 영화 산업을 보호하기 위해 시작된 스크린 쿼터제는 우리나라에서도 1967년에 시행되어 국내 영화 상영일을 146일 이상에서 2006년 73일 이상으로 축소하여 운영되고 있다. 스크린 쿼터제 시행 후 우리나라 영화 산업이 비약적으로 발전하는 계기가 되었다. 또한, 일본은 한국산 김, 고등어, 오징어 등 17개 수산물에 대해 수입쿼터제를 시행하고 있다.

### 4.2.2 수출자율규제

수출자율규제(voluntary export restraints; VER)는 수입국이 수입 증가로 인한 시장 교란 등을 방지하기 위하여 수출국과 수입국이 협정을 체결한 후 수출국의 수출을 자율적으로 제한하는 조치이다. 즉, 수출국이 자발적으로 과도하게 특정 국가에 특정 상품의 수출이 이루어지지 않도록 조절하는 것이다. 수출자유규제를 하는 이유는 수출입국 간의 자율적 추진으로 GATT, WTO 등의 제재와 상대국의 수입 제한조치 등의 무역 보복 조치를 피할 수 있는 이점이 있다. 그러므로, 수입국 입장에서는 수출국이 스스로 수출 물량을 직접적으로 제한함으로 강력한 수입 억제 효과를 거둘 수 있다. 수량 규제와 유사한 쿼터제도라고 할 수 있다.

수입 쿼터는 경제적 이익이 수입 허가권자에게 귀속되지만, 수출자율규제는 수출 허가권자에 경제적 이익이 귀속되는 점에서 다르다.

수출자율규제 사례를 살펴보면, 실제로 1950년대에 미일 간 면제품의 수출자율규제 협정(VER)이란 구체적인 형태로 시작되어 이후 1960년대에 들어서면서는 쌍무적인 차원만이 아니라 다자간 차원에서의 섬유협정이 맺어진 바 있다. 1970년대에는 섬유만이 아니라 소고기, 오렌지 등의 교역과 관련된 국제간 협정이 맺어지는 등, 국제 무역에 있어서의 관리 대상 부문이 점차 확대되었다. 이것이 1980년대에 들어서면서는 특수강을 비롯한 철강, 자동차, 자동차부품, 공작기계, 반도체에 이르기까지 보다 광범위하게 적용되었다. 또한, 미국의 압력으로 1981년부터  일본의 대미 자동차 수출자율규제, 1984년부터 한국의 대미 철강제품 수출자율규제를 시행하였다.

### 4.2.3 생산 보조금, 수출 보조금과 상계관세

생산 보조금(production subsidy)은 정부나 공공단체가 수입재의 수입을 억제하고 국내 생산을 촉진하기 위하여 수입재 산업이나 수입 대체 산업에 대하여 생산 비용 중 일정액을 지원해주는 재정적 또는 금융적 지원 조치이다.

수입재 산업에 대해 조세 감면 혜택의 부여, 저리로 기술 개발 자금을 제공하는 등 간접적으로 생산비를 보조하는 경우가 해당하는데, 현재의 WTO 체제 아래에서는 부당 경쟁으로서 생산 보조금 제도 등을 엄격하게 금하고 있다. 만일 우리나라 섬유 산업을 장려하기 위해 정부가 수출 금액의 일부를 섬유 생산업체에 생산 보조금으로 지원한다면 그만큼 가격경쟁력이 생겨 저렴한 가격으로 수출할 수 있으며, 생산 보조금을 지원받은 생산업체는 매우 유리하게 되기 때문이다.

수출 보조금(export subsidy)은 정부가 수출을 증대시키기 위해 수출업체 등에 특별 조세 감면, 저리 대출 등의 형태로 지급하는 것으로 국내 생산업자가 수출 상품 가격경쟁력을 갖도록 하여 수출을 증대시키기 위한 목적으로 활용된다. 또한 수입 대체 기업에 보조금이 지급되면 국내 관련 산업의 가격경쟁력을 높여 수입이 줄어들게 되므로 수출 상대국의 입장에서 보면 공정한 경쟁을 저해하는 것으로 볼 수 있다.

보조금 지급으로 수출국 기업의 경쟁력이 향상되어 수입국 국내 산업에 피해를 주거나 이익에 심각한 영향을 주는 경우, 수입국인 피해국은 상계관세를 부과할 수 있다. 그러나 WTO는 개도국에 대한 우대 조치로써 공산품에 대한 수출 보조금이 다른 국가의 무역 및 생산에 심각한 피해를 초래하지 않는 한 예외적으로 보조금 지급을 허용하고 있다.

상계관세는 상품의 제조, 생산 또는 수출에 직·간접으로 부여된 보조금을 상쇄할 목적으로 부과하는 특별 관세로서 수입국이 덤핑 및 보조금 지급 상품의 수입 증가로 인하여 국내 산업이 실질적으로 피해를 입었거나 입을 우려가 있을 경우 부과할 수 있다.

### 4.2.4 반덤핑 관세

덤핑(dumping)은 시장 독점 또는 점유율을 높이기 위하여 부당하게 저렴한 가격으로 물품을 수출하는 것이다. 덤핑의 기준은 첫째, 생산 원가보다 싸게 수출하는 경우, 둘째, 국제 시장 가격보다 저렴하게 판매하는 경우, 셋째, 수출국의 국내 시장 가격보다 싸게 판매하는 경우 등이 있다. 이와 같은 덤핑으로 수입국 산업 피해가 계속되거나 재발할 것으로 예상되는 경우에는 덤핑 차액 이하의 범위 내에서 반덤핑 관세를 부과할 수 있다. 그러나 반덤핑 관세를 부과하기 위해서는 덤핑 사실 및 덤핑 물품의 수입으로 인한 실질적인 산업 피해 여부 등에 대한 조사가 자세하게 이루어져야 한다.

반덤핑 관세 부과 사례를 살펴보면, 한국은 2004년부터 일본산 스테인리스 스틸 바에 15.3% 반덤핑관세 부과 중이며, 베트남 정부는 2019년 6월 한국산 철강 제품 일부에 반덤핑 관세를 부과한 사실이 있다.

### 4.2.5 긴급수입제한조치

긴급수입제한조치(safeguard, SG)는 수입이 급증하여 수입국 경제나 산업이 심각한 피해를 입거나 피해를 받을 우려가 있는 경우, 수입국 산업을 보호하기 위해 수입을 일시적으로 제한할 수 있는 구제 조치이다. GATT 제19조 및 WTO 긴급수입제한조치협정(세이프가드협정)이 근거가 된다. 반덤핑 관세, 상계관세 등은 불공정한 무역 행위로 인한 무역규제 조치이지만, 긴급수입제한조치는 공정한 무역 행위에 대하여 부득이하게 취하는 긴급 조치이기 때문에 한시적으로 행해져야 한다. 수출국은 수입국이 취한 긴급수입제한조치의 사유가 인정될 경우에는 원칙적으로 수입국과 협의하여 적절한 보상을 제공하도록 노력해야 한다. 그러나 수입국에서 사양산업 보호를 위한 수단으로 활용되는 경우도 많이 발생하고 있다.

긴급수입제한조치 발동을 위해서는 첫째, 특정 품목의 수입이 급증할 경우, 둘째, 수입 급증이 다자간 협정에 따른 무역 자유화의 결과이거나 혹은 예상치 못한 사태 발생의 결과일 때, 셋째, 동종 또는 경쟁 산업 수입국의 국내 산업에 심각한 피해 또는 피해 우려가 예상되는 경우, 넷째 수입 급증과 피해 간의 이해관계가 입증될 것 등의 요건이 충족되어야 한다.

한편, 특별 긴급수입제한조치(Special Safeguards)는 우루과이라운드(UR) 협상에서 모든 농산물에 대해 예외 없는 관세화를 추진하였는데, WTO에 의해 일정 상황에서는 관세를 통해 농산물의 추가 보호를 인정한 제도이다. 미리 정해진 품목에 대하여 수입량이 정해진 기준을 초과하거나 수입 가격이 정해진 수준을 미달한 경우, 회원국은 수입 농산물에 대한 추가적인 관세를 부과할 수 있다. 일반 세이프가드와는 달리 국내 산업의 심각한 피해가 확인되지 않더라도 수입제한조치를 발동할 수 있다.

〈긴급수입제한조치 발동요건〉

1. 특정 품목의 수입이 급증
2. 수입 급증이 다자간 협정에 따른 무역 자유화의 결과이거나 예상치 못한 사태 발생의 결과
3. 동종 또는 경쟁 산업의 심각한 피해 또는 피해 우려가 예상되는 경우
4. 수입 급증과 피해 간의 이해관계 입증

[표 4-4]에서 확인할 수 있는 것처럼 2003년 *US-Steel Safeguards* 사건으로 세이프가드 조치의 불합치성이 확인된 이후인 2004년~2016년 기간 선진국에서는 조사 건수가 감소하였으며(28건 → 16건), 조사대비 세이프가드 조치 이행 건수도 현저히 감소하였다(50% → 12.5%). 그러나 2017년 이후에는 선진국에서 세이프가드 조사 개시 건수는 줄어들었지만(5건), 동 조사가 세이프가드 조치 발동까지 이어지는 비율은 현저히 높게 나타났다(80%). 이런 흐름은 보호무역주의 수단으로 선진국이 세이프가드 조치를 적극적으로 활용하고 있는 것이라고 추정할 수 있다.

미국은 2003년 *US-Steel Safeguards* 사건 이후 2016년까지 세이프가드 조치를 발동하지 않았다.

그러나 2017년 한국산 가정용 대형 세탁기와 태양광 셀/모듈에 세이프가드 조사를 했으며, 동 조사 결과 2018년 1월 22일 세이프가드 조치가 발동되었다. 이는 트럼프 행정부가 출범한 이후 트럼프 대통령의 강력한 보호무역주의가 반영되었기 때문으로 판단된다.[31)]

[표 4-4] WTO 설립 협정 발효 이후 긴급 수입 제한 조치 통계

(2019.12월 말 기준)

| 구분 | 1995~2003 | | 2004~2016 | | 2017~2019.12 | |
|---|---|---|---|---|---|---|
| | 조사 | 발동 | 조사 | 발동 | 조사 | 발동 |
| 선진국 | 28 | 14 | 16 | 2 | 5 | 4 |
| 개발도상국 | 79 | 37 | 199 | 113 | 36 | 8 |
| 최빈국 | 2 | 2 | 4 | 2 | 6 | 3 |

### 4.2.6 원산지 규정

원산지(country of origin)는 관세, 수량 제한, 또는 기타 무역관련 조치의 적용을 목적으로 정해진 기준에 따라, 물품이 생산·제조된 국가 또는 지역을

31) 이진우, 박언경(2020), "지역무역 협정의 WTO 긴급수입제한조치 협정상의 병행주의 적용에 미치는 영향-한-미, 한-캐나다 세이프가드 조치" 인용

의미하는데, 원산지 규정은 특정 제품의 원산지를 결정하기 위한 제반 기준 및 절차 등을 말한다. 이러한 원산지 규정은 자유무역협정 등의 무역제도에 종속되어 원산지를 결정하기 위한 기준과 절차 등을 정한 것으로 국제적으로 공동된 규정이 있는 것은 아니다. 나라마다 원산지를 증명하기 위한 규정이 다르고 그 내용이 복잡하고 불명확하여 차별적으로 적용할 개연성이 존재하여 간접적으로 수입을 억제하는 효과가 될 수 있다. 실례로 미국과 유럽연합 등 선진국들은 한국, 일본, 홍콩 등의 기업이 해외 시장으로 진출하는 것을 견제하고 자국의 산업을 보호하는 수단으로 원산지 규정을 활용하고 있다. 국제적으로 원산지 표시가 불필요한 무역 장벽이 되는 것을 방지하기 위해 GATT에서 원산지 표시에 대한 기준을 권고 사항으로 정하고 있지만, 원산지 판정에 대한 불확실성과 비용 부담 등이 무역 장벽으로 작용할 수 있다.

이와 같은 원산지 규정의 등장은 생산의 국제적 전개와 지역주의의 등장에 따라 원산지 판별이 매우 중요하게 되었기 때문이다.

국제적으로 사용되고 있는 원산지 인정 규정은 다음과 같다.

### 1) 세번 변경 기준(change in tariff classification criterion: CTC)

국제표준인 HS(Harmonized System)[32]를 근거로 제품의 제조 및 생산과정에 투입된 원재료 또는 부품의 세번[33]이 실질적 변형을 이루어 이로부터 생산된 제품의 세번이 다를 경우 이 완성품을 제조한 국가 또는 지역을 원산지로 인정하는 기준을 말한다. 그리고 단순한 가공을 통해서도 실질적 변형 없이 HS번호가 변경되는 경우가 있을 수 있는데 이러한 경우에는 불인정공정(non-qualifying operation))으로 원산지 상품으로 인정되지 않는다.

### 2) 부가가치 기준(value added criterion)

특정 물품의 생산과정에서 일정한 수준 이상의 부가가치를 발생시킨 국가 또는 지역을 원산지로 인정하는 기준이다. 세번 변경 기준과 같이 물리적인

32) 무역상품이 수출국 생산자로부터 수입국 소비자에게 인도되기까지 관세, 통계, 운송 단계에서의 분류를 위한 다목적, 통일적 상품 명칭과 전산처리를 위한 코드로 구성된 분류체계(품목표)이다.
33) 세번이란 HS 품목 분류 체계에서 code를 세수 개념에서 부르는 다른 말이다.

실질적 변형과는 다르나 창출된 경제적 가치를 기준으로 하기 때문에 원산지 개념에서 가장 부합한 기준이라고 할 수 있다.

3) 주요 공정기준(important operation or process criterion)

생산 공정상 거쳐야 하는 주요 공정을 파악한 후 가장 중요하고 실질적 변형이 일어났다고 인정할 수 있는 공정이 발생한 국가 또는 지역을 원산지로 하는 기준을 말한다. 품목별로 해당 가공 또는 공정을 지정하는 포지티브(positive) 방식과 특정한 공정만 수행하거나 혹은 특정한 재료를 비원산지 재료로 사용하는 경우 원산지를 인정하지 않는 네거티브(negative) 방식이 있다.

### 4.2.7 수출세

수출세(export tax)는 관세선을 통과하는 수출재에 대하여 부과하는 조세이다. 수출세는 재정 수입의 확보, 전략 물자와 자유 공업에 필요한 원료 등의 국내 확보, 국내 가격 상승 방지 등을 위하여 정책적으로 부과할 수 있지만, 현실적으로 수출세를 부과하여 수출을 억제하는 국가는 많지 않다. 브라질의 커피 수출에 대한 수출세 부과와 일부 개발도상국이 자국의 부존자원에 대해 수출세를 통하여 간접적으로 수출 통제를 가하고 있는 정도이다. 그렇지만 한 국가가 특정한 목적을 달성하기 위해 수출 물량을 제한하거나 수출 절차를 까다롭게 한다면 이러한 수출 물량의 제한은 수출세와 비슷한 효과를 나타낸다. 예를 들면, 2019년에 일본이 한국에 대한 반도체 소재 수출 규제, 우리나라가 코로나19로 인해 야기된 마스크의 내수 부족 물량을 해소하기 위한 수출 규제 등은 수출세 부과 효과와 비슷한 효과를 거둘 수 있는 것이다. 또한, 미국과 중국의 무역 전쟁 중 중국이 무기와 첨단 과학 기술 장비 제조, 핸드폰과 전기차 배터리 등에 필수적인 희귀 금속인 희토류 등에 대한 수출 규제 움직임도 수출세의 효과와 비슷한 전략적 정책이다.

### 4.2.8 대항 조치

FTA는 당사국 간의 합의에 따라 관세 등 무역상 특례를 부여하는 최혜국 대우의 예외를 인정하는 특혜 관세를 주요 내용으로 삼고 있다. 그러나 협정 상대국이 이러한 합의를 무시하고 우리나라에서 수출된 물품에 대해 불이익한 조치(countermeasures)이다. FTA 관세특례법에서 정부는 우리나라를 원산지로 하는 특정 물품에 대하여 체약 상대국 정부와 해당 조치에 대한 체약 상대국의 적절한 보상방법 등에 관하여 협의를 할 수 있도록 규정하고 있다.

첫째, 협정에 따라 긴급 관세 조치 또는 잠정 긴급 관세에 해당하는 조치를 하는 경우, 둘째, 협정에 따른 관세 철폐 또는 관세 인하 등과 같은 관세 양허 의무를 이행하지 않거나 지연하는 경우, 협의를 진행하였으나 보상 방법 등에 관하여 합의가 이루어지지 않은 경우, 넷째, 협정에서 정하는 바에 따라 체약 상대국의 조치에 상응하는 수준의 대항 조치를 할 수 있다. 이러한 대항 조치는 체약 상대국의 조치에 대응하는 것으로서 필요한 범위로 한정한다.

# 제 4 장 정리문제

□ **문제** □

1. 무역정책의 변화 과정에 대해 설명하시오.

2. 보호무역 정책의 이론적 근거는 무엇인가?

3. 신보호무역주의와 보호무역주의의 차별점은 무엇인가?

4. 부분균형 분석에 의한 수입품에 대한 관세 부과 효과는?

5. 부분균형 분석에 의한 소국과 대국의 관세 부과에 따른 사회적 후생의 변화의 차이점은?

6. 비관세정책의 종류에는 어떤 것이 있는가?

7. 수입할당제 개념 및 사례에 대해 설명하시오.

8. 수출자율규제 개념 및 사례에 대해 설명하시오.

9. 긴급수입제한조치 개념 및 사례에 대해 설명하시오.

10. 보조금과 상계관세 개념 및 사례에 대해 설명하시오.

□ **주요 용어** □

- 반덤핑관세(anti-dumping duties)
- 비관세장벽(non-tariff barriers)
- 수출세(export tax)
- 수출자율규제(voluntary export restraints)
- 유치산업보호론(theory of infant industry)
- 종가세(advalorem duty)
- 종량세(specific tax)
- 최적관세(optimal tariff)
- 협정 관세(convention tariff)

# 제5장

# FTA와 지역경제통합 유형

# 제5장 FTA와 지역경제통합 유형

## 1 세계의 지역 무역주의

세계 여러 나라는 세계 경제의 환경의 변화에 따라 자국의 경쟁력이 하락하거나 경제 여건이 어려워지면, 자국과 우호적인 관계이거나 상호 의존도가 높은 국가들과 공통의 이해 증진을 도모하기 위해 노력해 왔다. 특히, 지리적으로 인접한 국가를 대상으로 교역을 우대하거나 혜택을 공유하는 협정을 체결하며 지역 무역주의 발전을 도모하여 왔다.

지역주의는 1차 세계대전 직후부터 시작되었는데 구체적으로 드러난 것은 1930년대의 불황기 때 시작되었으며 이 시기 아프리카 지역의 중앙아프리카 관세동맹(UDEAC)과 서아프리카 관세동맹(UDEAO), 중남미 지역의 중미 공동시장(CACM), 라틴아메리카 자유무역연합(LAFTA), 그리고 카리브 공동시장(CARICOM)과 같은 지역 무역협정이 체결되었다.

이런 지역주의 협정은 2차 세계대전 이후 체결 건수가 줄어들며 주춤하는 양상을 보였다. 영국과 프랑스를 중심으로 과거 자신들의 식민지였던 국가를 대상으로 특혜 무역 형태가 추진되었고, 제2차 세계대전 이후부터는 서유럽 국가, 프랑스, 독일, 이탈리아 등을 중심으로 민족과 문화적 동질성을 추구하기 위하여 지역주의 협정이 추진되었다. 그러나 당시 지역주의는 제2차 세계대전 발발의 원인이었던 보호무역에 대한 반성으로 지역주의를 기피하는 분위기였기 때문에 1960년까지 체결 건수는 5~6건에 지나지 않았다.

1947년 출범한 관세 및 무역에 관한 일반협정(GATT)의 가장 중요한 원칙 중 하나는 회원국 간 최혜국 대우(Most Favored Nation, 이하 MFN)이다.

그러나 FTA와 같은 지역 무역협정은 출범 시점부터 일정 요건 아래 MFN의 예외를 인정하는 것으로 규정되었고, 1995년 WTO 출범 이후 FTA 지역주의는 다자체제 발전에 기여한다는 입장(Building Block)이 정착되었다.

1980년대 중반 이후 본격화되고 있는 세계 교역 질서 재편 과정에서는 다자주의(Multilateralism)와 지역주의(Regionalism)라는 2가지 뚜렷한 흐름이 병존했는데, 여기서 다자주의는 WTO를 중심으로 다자간 자유무역 체제를 구현하는 체계지만 지역주의는 FTA와 같이 특정 국가 간 무역상의 특혜를 주고받는 협정을 의미한다.

1990년대 들어서면서 지역주의는 북미, 남미, 유럽 등 거대 경제권까지 가세하면서 전 세계적으로 확대하였는데, 미국은 1993년에 캐나다, 멕시코를 포괄하는 NAFTA(the North American Free Trade Agreement)를 만들어 타국을 차별했고, 서유럽은 1992년에 유럽연합(EU)을 결성하여 혜택을 공유하였다. 그 후 1995년 WTO가 출범한 이후에도 WTO 중심의 다자체제 강화와 동시에 지역 무역협정을 통한 경제 통합이 심화하였다.

## 2 지역 무역협정의 종류

그동안 지역 무역협정은 다양한 목적과 근거에 따라 다양한 형태로 체결되었는데 헝가리 출신의 경제학자 벨라 발라사(Bela Balassa)는 1960대에 경제통합 이론을 정립시켰다. 경제통합이란, 2개국 이상의 국가가 경제에 관한 협정을 체결하여 경제적 조직을 결성한 후에 상품 및 생산요소의 국제적 이동을 저해하는 여러 가지 요인들을 제거하고, 가맹국 상호 간 경제적인 측면에서 경제적으로 보조 내지 조정하는 경제적 조직체라 정의할 수 있다. 경제통합에 대한 이론은 통합의 단계가 높아질수록, 시장의 무역 장벽은 감소한다는 기본 틀 속에서 발전하였다. 앞서 살펴본 바처럼 경제통합 이론에서 경제통합의 단계를 다음과 같이 5단계로 구분할 수 있으며 각 단계별 특징은 [표 5-1]에서 제시하고 있다. 발라사(B. Balassa)는 이를 FTA, 관세동맹, 공동시장, 경제공동체, 경제통합 등 5가지 형태로 구분하였다.

[표 5-1] 지역 무역협정의 종류와 포괄 범위

<table>
<tr><th>역내관세 철폐</th><th>역외 공동 관세<br>부과</th><th>역내 생산요소<br>자유 이동</th><th>역내 공동 경제<br>정책 수행</th><th>초국가적 기구<br>설치·운영</th></tr>
<tr><td>자유 무역협정<br>(NAFTA, EFTA 등)</td><td></td><td></td><td></td><td></td></tr>
<tr><td colspan="2">관세동맹<br>(베네룩스 관세동맹, CARICOM)</td><td></td><td></td><td></td></tr>
<tr><td colspan="3">공 동 시 장<br>(EEC, CACM, CCM, ANCOM 등)</td><td></td><td></td></tr>
<tr><td colspan="4">경 제 공 동 체<br>(E C)</td><td></td></tr>
<tr><td colspan="5">완 전 경 제 통 합<br>(EU : 마스트리히트 조약 발효 이후의 EC)</td></tr>
</table>

FTA(Free Trade Agreement)는 가장 낮은 수준의 경제통합이다. FTA는 무역 자유화를 위해 회원국들끼리는 관세 및 비관세 장벽을 철폐하는 등 단일 관세 체제를 유지하나, 비회원국에는 여전히 과거와 같은 관세 장벽을 유지한다. 이러한 점이 FTA와 관세동맹 간의 큰 차이점이기도 하다. FTA가 경제통합의 단계상으로는 가장 낮은 통합 단계이나, 오늘날 FTA는 당사국 상호 간 구속력을 갖는 방대한 협정문 내 규정으로 이루어지고 있다.

관세동맹(Customs Union: CU)은 회원국 간에 관세 철폐는 물론 역외국에 대해 공동 관세율을 적용하는 경제통합이며 상당히 차별적인 효과가 발생한다. 회원국 간에는 무관세를 적용하지만 비회원국에게는 공동 역외 관세(common external tariff: CET)를 부과하는 점이 FTA와의 가장 큰 차이점이다. 1944년의 베네룩스 3국이 대표적인 관세동맹에 해당하는데, 이러한 형태는 과거에는 많이 체결되었으나 공동 관세 체제 유지의 부담 때문에 요즘에는 거의 체결하지 않고 있다.

공동시장(Common Market)은 회원국 사이에 무역 자유화를 기반으로 하면서 노동, 자본 등 생산요소의 자유로운 역내 이동을 허용하는 협정이며 안데스 공동체(the Andean Community: ANCOM)와 남미 공동시장(Mercado Común del Sur: MERCOSUR)이 대표적인 사례이다.

경제공동체는 회원국들이 회원국 간에 금융, 재정정책 등에서 공동의 정책을 수행하는 수준의 경제통합이다. EU의 전 단계인 EC(European Community)가 대표적인 사례이다.

완전한 경제통합은 경제통합의 마지막 단계로서 무역 통상 경제 제도는 물론 정치, 사법제도 등 사회 전반의 통합을 실현하는 것으로 완전한 경제통합을 의미한다. 집행위원회가 설치되어 공동의 재정 및 금융 정책을 시행하는 등 경제면에서는 완전한 하나의 국가로 정책이 수행되며 마스트리흐트 조약 이후의 EU가 대표적인 사례이다.

## 3 지역 경제통합 유형과 지역 무역협정 추진 현황

세계무역기구(WTO)의 회원국은 현재 하나 이상의 지역 무역협정에 참여하고 있다. 1948년부터 1994년까지 GATT는 124건의 지역 무역협정 통보를 받았으며, 1995년 WTO의 출범 이후, 상품 또는 서비스 무역을 포함 400건 이상의 추가 무역협정 조치가 이뤄졌다. WTO의 다자간 무역 협상은 지지부진하지만, 지역 무역협정(RTA)[34]은 1990년대 초부터 급격히 확산되었다. 2020년 6월 현재 WTO에 통보된 전체 RTA 건수는 490건으로 이 가운데 자유무역협정(Free Trade Agreement: FTA) 270건, 관세동맹(Customs Union: CU) 30건, 경제통합 협정(Economic Integration Agreement: EIA) 162건, 특혜 무역 협정(Preferential Trade Agreement: PTA) 28건이다.

34) FTA와 같이 개별 국가 간 무역에 특혜를 주는 협정을 지역 무역협정(Regional Trade Agreement : RTA)이라고 총칭하며 경제통합 혹은 지역 통합이라 함(www.wto.org).

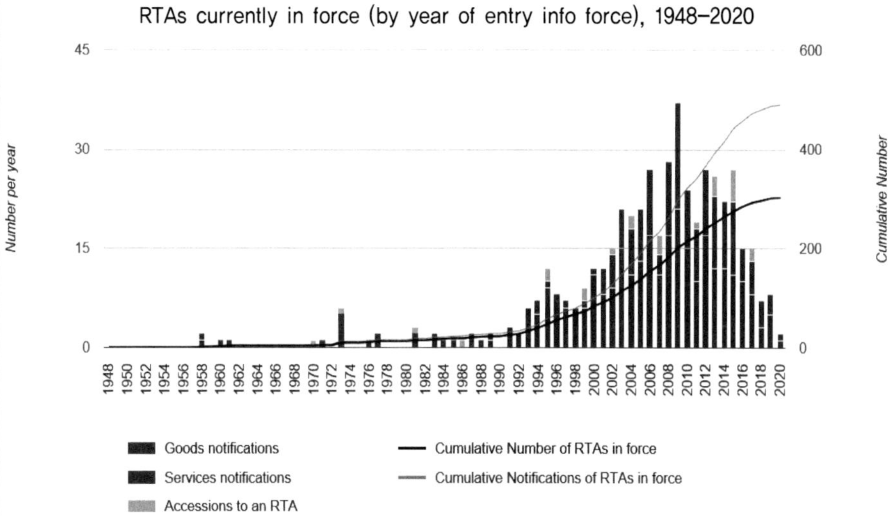


[그림 5-1] RTA 연도별 현황

출처 : http://rtais.wto.org/UI/charts.aspx#

[표 5-2] 협정의 종류

| | Enabling clause | GATS Art. V | GATT Art. XXIV | Grand total |
|---|---|---|---|---|
| Customs Union | 7 | | 11 | 18 |
| Customs Union – Accession | 2 | | 10 | 12 |
| Economic Integration Agreement | | 155 | | 155 |
| Economic Integration Agreement – Accession | | 7 | | 7 |
| Free Trade Agreement | 23 | | 243 | 266 |
| Free Trade Agreement – Accession | 1 | | 3 | 4 |
| Partial Scope Agreement | 26 | | | 26 |
| Partial Scope Agreement – Accession | 2 | | | 2 |
| Grand total | 61 | 162 | 267 | 190 |

출처 : http://rtais.wto.org/UI/publicsummarytable.aspx

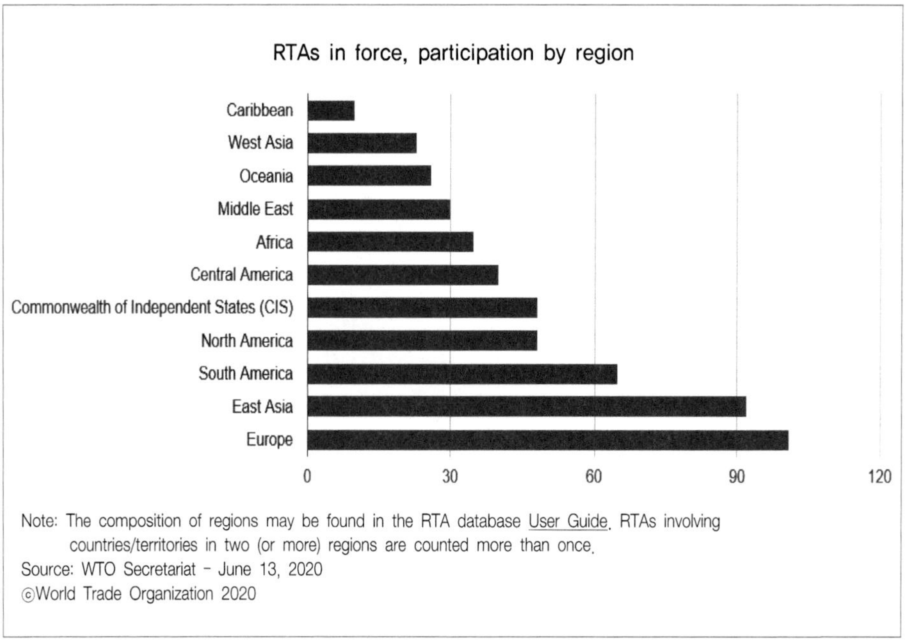


[그림 5-2] 시기별 RTA 체결 현황

출처 : http://rtais.wto.org/UI/charts.aspx

[표 5-3] 시기별 RTA 체결 현황

| 신규 누계 | 신규 | 누계 |
|---|---|---|
| 1958~1994 | 50건 | 50건 |
| 1995~2000 | 49건 | 99건 |
| 2001~2005 | 82건 | 181건 |
| 2006~2010 | 127건 | 308건 |
| 2011~2015 | 90건 | 398건 |
| 2016~2017 | 53건 | 455건 |
| 2018~2020.6월 현재 | 35건 | 490건 |

출처 : http://rtais.wto.org/UI/publicsummarytable.aspx, WTO 자료 재계산

WTO에 통보된 발효 중인 지역 무역협정 중 가장 많은 체결 건수를 기록하고 있는 시기는 2006년~2010년 기간이다. 이 기간에 2009년을 기준으로 살펴보면 국가별 대륙 간 지역 무역협정이 총 94건으로 가장 많고, 다음으로 유

럽 지역이 47건, 아시아 지역이 41건, 미주 지역이 40건을 기록하고 있으며, 그 외 아프리카, 대양주, 중동 지역이 각각 7건, 5건, 2건을 체결하고 있다.

2009년 WTO에 통보된 지역 무역협정 총 236건 중 자유무역협정(FTA)이 144건으로 가장 많은 비중을 차지하고 있으며, 2011년~2015년 기간에는 FTA 확산을 통한 경제통합의 세계화가 급부상하고 있는 것으로 나타났다. 2018년 현재까지 WTO를 통해 파악된 지역 무역협정(RTA)의 발효 건수는 총 455건이며, 이 가운데 상품 무역을 다룬 자유무역협정(FTA)이 251건으로 가장 많은 비중을 차지하고 있다. 시기별로 봤을 때 지역 무역협정은 WTO 출범 이후 급증하기 시작하여 전체 490건의 협정 중 1995년 이후에만 전체의 약 91%에 해당하는 440건을 발효하였다.

지역무역주의가 광범위하게 확산함을 알 수 있는데 이러한 현상은 세계적인 경기 침체와 보호무역주의 확산에 대한 우려 속에서 경기 침체를 극복하기 위해 취해진 현상이다. 특히, GATT 체제 이후 WTO를 중심으로 8차례에 걸쳐 진행된 다자간 협상을 통해 자유 무역은 크게 진전되어 온 것이 사실이지만, 2000년대 들어 WTO는 1999년 시애틀 각료 회의와 2003년 멕시코 칸쿤 각료 회의 등에서 별 진전을 이루지 못하자 지역무역주의는 더욱더 확산하기 시작하였다.

이 시기에 지역주의가 확산한 이유에는 기업들의 경제통합에 대한 수요증가를 들 수 있다. 기업들은 대개 WTO 차원의 세계적인 무역 자유화보다는 자신들의 주요 교역 대상 국가의 관세 인하나 무역 장벽 철폐에 관심을 가지는데, FTA가 개방화의 폭과 정도가 크기 때문에 기업인들의 이익을 반영하는 데 더 효과적이기 때문이다. 특히, 제3기에는 미국, EU, EFTA 등 선진국들이 과거 지역에 기반을 둔 복수국가 간 협정에서 소수국가 간 양자협정을 본격적으로 확대한 시기이기도 하다. 그리고 이 시기에는 과거의 형태와 다르게, 대국과 소국 간 체결도 늘었고, 높은 수준의 경제통합이 이루어진 시기이기도 하다.

## 4 지역 무역협정의 비중

지역무역주의 확산으로 지역 무역협정을 통해 교역되는 무역이 전 세계 무역에서 차지하는 비중이 2020년 현재 약 70%로 꾸준하게 증가하였다. WTO 규범에 근거한 지역 무역협정에 있어서 통화동맹, GDP, 거리 등은 국제무역을 증가시키는 요소이며, 정보통신기술의 발전은 국제무역을 개선하는 요인이다.

유럽, 아시아, 남미 등 권역별로 FTA 추진을 통한 경제블록 간 주도권 경쟁이 심화하고 있어서 국제 정치적 역학관계가 지역 무역협정에 반영되고 있다. WTO DDA 협상 부진과 함께 글로벌금융위기 이후 경기 침체를 겪은 선진국들은 무역 증대를 통한 경제 성장과 일자리 창출을 위해 FTA 체결을 추진하고 있다. 특히 선진국의 경우 상품 분야의 관세율이 이미 낮은 수준이기 때문에 서비스, 투자, 지식재산권, 환경, 노동 등 상품 외 분야 협상에 관심을 더욱더 집중하고 있다.

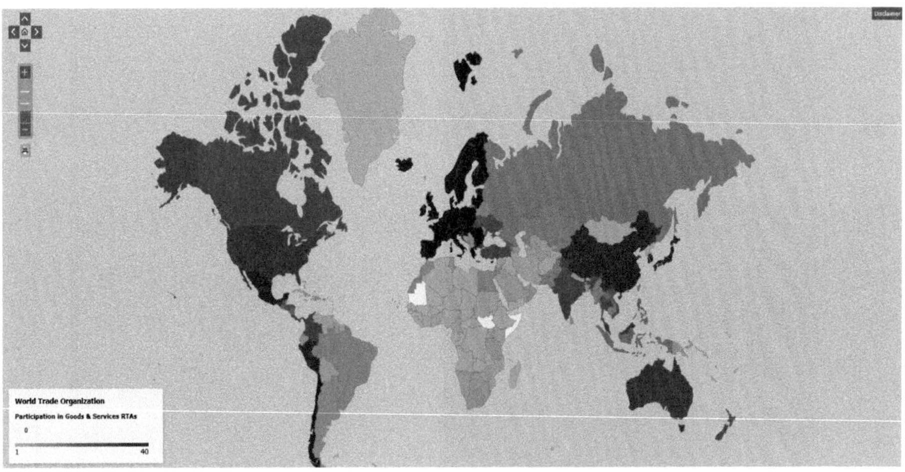


[그림 5-3] 세계 지역 무역협정 참여국 지도

자료: http://rtais.wto.org/UI/PublicMaintainRTAHome.aspx

## 5 지역 무역협정의 체결 확대 배경

WTO의 다자무역체제는 참여 국가가 150여 개 국가로 증가하고, 중국, 인도 등 개도국의 영향력이 증가하면서 선진국과 개도국 간의 대립도 심해지기 시작하였다. 만장일치(consensus)라는 의사 결정 방식으로 합의 도달에 많은 시간이 소요되었고, 특히 WTO 규범에 관한 논의는 개별국가의 통상정책과 일치하지 않는 경우가 많았다. 따라서 WTO가 시장 개방을 통해 경제 성장과 수출 확대를 이루려는 개별 국가들의 수요를 맞추지 못하자 이를 대신하여 지역 무역협정이 활용되기 시작하였다.

FTA 체결로 발생하는 특혜 관세는 관세 인하 폭만큼 가격우위가 발생하여 교역이 늘어나는 효과가 발생함으로 특혜 무역 혜택을 이용한 선점 효과가 발생한다. 그러나 비회원국가에게는 본래의 관세를 그대로 유지하기 때문에 무역 혜택에 있어서 불리해지는 것이다. 각국이 FTA를 경쟁적으로 체결함에 따라 경제적 이익을 선점하기 위하여 관세동맹 등과 같은 경제적 통합에 합의하게 되면 다른 나라들도 지역 차원의 유사한 경제통합을 연쇄적으로 일으키는 것이다. 독일, 프랑스, 이탈리아를 중심으로 유럽 경제공동체(European Economic Community: EEC)를 형성하자 영국은 EEC에 불참하고 있는 6개국을 중심으로 유럽자유무역지대(European Free Trade Association: EFTA)를 설립하였다.

역외 국가들이 모두 높은 수준의 FTA를 체결해 버리면 경제적 선점 효과를 상쇄하는 효과가 발생하게 된다. 그러므로 FTA는 선점 효과로 인해 조기에 먼저 체결하는 국가가 관세 인하 효과를 누리게 된다는 것이다.

상호 호혜적인 이해관계가 있는 국가 간의 양자 간 경제 협력은 시장 규모의 확장, 기술 전파, 투자 유치를 증가시키기 때문에 관련 기업들의 적극적 추진 요구에 의해 FTA가 확산한 측면이 있다. 개도국 간 특혜 무역협정은 특정 산업을 중심으로 선택적으로 무역 장벽을 줄일 수 있고, 동아시아 여러 국가들은 FTA를 통해 직접투자와 기술 이전을 얻으려는 노력을 해왔다.

# 6 세계 지역 무역협정의 특징

## 6.1 FTA 체결의 지리적 범위의 확대

지역 무역협정은 지리적으로 인접한 국가 간에 체결되었다. FTA가 지리적으로 인접한 나라끼리 교역을 확대한다는 것은 교역에서의 거래 비용이 낮고, 기업들이 활동하기 용이하며, 경제, 사회, 문화적으로 유사하다면 상품 및 서비스에 대한 수요 파악, 제품 판매, 마케팅 전략 등에서 유리하기 때문이다.

최근의 지역 무역협정은 지리적, 지역적 제한을 초월하여 형성되는 경향이 있다. 한-칠레, 한-미, 한-EU, 미-이스라엘, 미-요르단, 미-칠레, 미-싱가포르 등은 전략적으로 수출기지로서의 가치가 있다고 판단되면 거리와 상관없이 체결된 경우이다.

## 6.2 대부분 FTA 형태로 체결

초기 지역 무역협정의 주요 형태는 소국 간의 관세동맹이거나 개도국 간 특혜 무역협정이 많았으나 오늘날 지역 무역협정의 대부분은 FTA 형태로 체결되고 있다. 관세동맹보다 FTA가 더 유행하는 것은 관세동맹의 경우 회원국 간에 공통의 관세체제를 형성해야 되기 때문에 합의가 부담스러운 점이 있으나, FTA는 관세동맹보다는 조건이 덜 까다로우면서도 무역 자유화를 실현할 수 있는 장점이 있다.

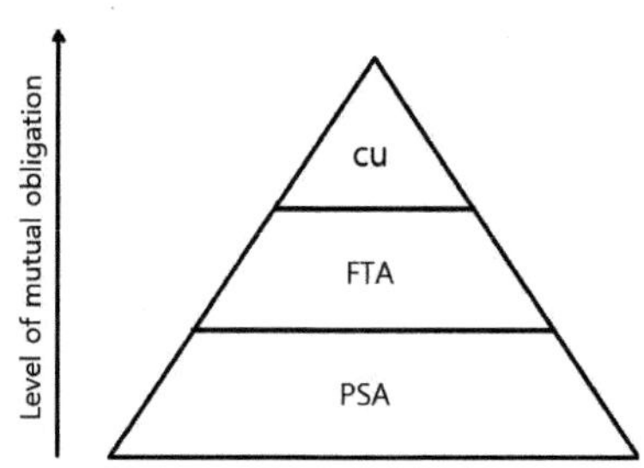


[그림 5-4] 현재 발효 중인 지역 무역협정의 내용별 분류

자료: Mads Espersen, Regional Trade Agreements in the Developing World, Aarhus School of Business, Aarhus University, September 2011, p.7

### 6.3 지역 무역협정 형태

과거 지역 무역협정이 지역을 기반으로 한 지리적 협정이거나 식민지국에게 주는 특혜 무역협정의 형태로 GATT의 허용 조항(Enabling Clause)에 입각한 협정이었으나 최근 지역 무역협정은 한-미 FTA 같이 다양한 목적을 위한, 다양한 형태의 지역 무역협정이 체결되고 있다.

## 7 주요 지역 무역협정에 대한 이해[35)]

### 7.1 북미자유무역협정(NAFTA)

1994년 1월 1일, 북미자유무역협정(North American Free Trade Agreement, 이하 NAFTA)의 출범으로 총인구 4억 650만 명, 총 GDP 10조 5천 400억 달러, 역내 교역량 4천 378억 달러의 경제 규모를 가진 거대한 지역 경제 공동체가 형성되었다. NAFTA는 북미 지역의 교역 자유화를 통해 역내 교역 확대 및 공동의 경제적 이익을 도모하기 위해 설립되었다.

미국은 NAFTA를 통해 미국, 캐나다 간의 경제 관계를 더욱더 강화하고 멕시코 시장의 개방을 유도하여 지식재산권(intellectual property right)을 보호하며, 멕시코 경제 개발을 통해 북미 전체의 경제 안정과 번영을 기대하였다. 또한 멕시코의 저임금, 캐나다의 천연자원, 자국의 첨단기술 및 자본을 결합하여 자국의 산업 경쟁력(industrial competitiveness )을 강화하려는 목적이 있었다.

캐나다는 기존의 미국, 캐나다 자유무역협정으로 인한 미국 시장에서의 기득권이 미국과 멕시코 간에 양자무역협정의 체결을 통해 훼손될 가능성이 있는 상품, 서비스를 보호하기 위해, 멕시코는 총수출의 76% 이상을 차지하고 있는 미국, 캐나다 시장을 안정적으로 확보하고 이들 시장에 관세 및 비관세

35) 이재기, 『21세기 글로벌통상의 이해』, 청목출판사,

장벽을 철폐함으로써 저렴하게 이들 시장에 진출할 수 있는 여건을 마련하고자 하였다. 투자 여건을 개선시켜 NAFTA에 진출하고자 하는 외국인 투자를 적극적으로 유치하고, 동시에 미국과 캐나다의 첨단 기술과 선진 마케팅을 도입하여 기업 경쟁력을 강화하고 경제 성장을 이룩하고자 하였다.

## 7.2 유럽연합(EU)

유럽연합(European Union, 이하 EU)은 1952년에 출범한 유럽석탄철강공동체(European Coal and Steel Community: ECSC)를 모태로 한 가장 발전된 형태의 경제 통합체이다. 1957년 3월 25일 로마에서 유럽경제공동체(European Economic Community: EEC)와 유럽원자력공동체(European Atomic Energy Community: EAEC)를 창설하는 로마조약(the Treaty of Rome)을 체결하였고, 1958년 1월부터 유럽경제공동체(EEC)가 발효되었다. EEC는 1968년에는 역내 국가 간 모든 관세와 수량 제한을 철폐하고 대외적으로는 공동 대외 관세를 운영하는 관세동맹 형태로 발전하였다. 그 후 1967년에 발효한 통합조약(Merger Treaty)에 의하여 EEC, ECSC, EAEC 등 세 공동체를 하나로 묶어 유럽 공동체(European Community, 이하 EC)가 설립되었다.

1986년에는 EC 회원국들이 체결한 단일 유럽법(Single European Act: 유럽 단일 의정서)은 역내 시장 계획의 추진 근거를 제공하였다. 같은 법에 의해 유럽공동체가 유럽 통합을 향한 구체적 진전을 기하도록 규정하였는데, 지역 내의 완전한 공동 시장인 내부 시장(internal market)을 1992년까지 완료하고, 유럽 의회를 활성화하며 외교정책 및 안보 분야의 공동노선을 추구하기로 하였다. 1992년 2월 7일 마스트리히트(Maastricht)에서 체결된 유럽연합조약(the Treaty on European Union)이 1993년 11월 발효함으로써 유럽 통합 작업이 일단락되었다.

마스트리트 조약을 통한 EU의 목적은 ① 단일 시장과 단일 통화, ② 공동외교, 안보 정책 이행, ③ 유럽 시민권 제도 도입, ④ 자유·안정·정의의 공동영역으로 발전 등이다.

EU는 처음 6개국으로 출발한 후 지속해서 회원국을 확대하였는데, 1973년 1월에 영국, 아일랜드, 덴마크가 가입하였고, 1981년에 그리스가 가입하였다. 1986년에는 스페인과 포르투갈이 가입하는데, 스페인과 포르투갈의 가입으로 유럽의 대부분 국가가 유럽공동체에 참가하게 되었다. 1995년 1월에 오스트리아, 스웨덴, 핀란드가 유럽연합에 가입하게 되어 회원국 수는 노르웨이, 스위스를 제외한 15개국이 되었다. 그 후 1995년에는 동구권 10개국이 가입해 25개국, 2007년 불가리아, 루마니아, 2013년 7월 크로아티아가 가입하여 28개국으로 확대되었으나, 2020년 1월 영국이 탈퇴함으로써 현재 27개국으로 구성되었다. 브렉시트(Brexit)[36]의 주요 이유는 영국 내 37만 명에 이르는 이민자 문제, EU 분담금 대비 독일과 프랑스에 비해 열위에 놓인 영국의 영향력 등을 들 수 있다.

유럽연합(EU)은 세계 교역량의 40%를 차지하는 세계 최대의 단일 시장으로 27개국, 인구 4억 9천만 명으로 세계 최대의 정치, 경제적 블록을 형성하고 있으며, 인구 기준으로 중국의 13억 명과 인도의 11억 명에 이은 세계 제3위의 거대한 단일시장이다.

[표 5-4] EU의 발전 과정

| ① 유럽석탄철강공동체(ECSC: European Coal&Steel Community, 1952, 파리조약) → ② 유럽경제공동체(EEC: European Economic Community, 1958, 로마조약, 이때를 실질적인 EU의 모습으로 봄), 유럽원자력에너지공동체(EAEC: European Atomic Energy Community, 1958, 로마조약) → ③ 유럽공동체(EC: European Community)(통합협약: Merger Treaty, 1967, 이때 EEC+ESCS+EAEC가 통합되어 EC가 설립됨, 1968년에는 관세동맹으로 발전함) → ④ 유럽단일시장(Single European Market, 단일유럽의 정서: Single European Act: SEA, 1986.2) → ⑤ 유럽연합조약(The Treaty on European Union: TEU, EU의 탄생, 일명 마스트리흐트조약, 1993) → ⑥ 암스테르담조약(Amsterdam Treaty, 1997) → ⑦ 니스조약(Treaty of Nice, 2001) → ⑧ EU헌법조약(2002) → ⑨ EU가 27개국으로 확대(2007) → ⑩ 리스본조약(2007) → ⑪ EU가 28개국으로 확대(2013) → 브렉시트로 27개국으로 축소(2020.1월) |
|---|

자료: 성재호, 『국제기구와 국제법』, 한올아카데미, 2002, 편집

36) Britain+Exit의 합성어로 영국이 EU를 탈퇴함을 의미한다.

## 7.3 아시아 태평양 경제협력체(APEC)[37]

아시아 태평양 지역의 역동적 경제 발전에 부응하고 세계적인 지역 블록주의에 대응하기 위해 지난 1989년 11월 한국과 호주 주도 아래 호주의 캔버라에서 APEC이 공식적으로 출범하였다. 아시아 태평양 지역의 경제 협력 및 경제 통합에 관한 논의는 지난 1950년대 말부터 진행되어 왔지만, 1989년이 되어서야 최초의 정부 간 공식 협의체인 아시아 태평양 경제협력체(Asia Pacific Economic Cooperation, 이하 APEC)가 탄생하였다.

본래 APEC은 EU나 NAFTA 등이 역외 국가들에 대해 차별적인 대우를 취하고 있는 것과 달리 기본적으로 역내 무역 및 투자 자유화, 그리고 기술·경제협력의 성과와 혜택이 역외 국가에 차별적으로 부여되어서는 안 된다는 개방적 지역주의(Open Regionalism)를 표방해 왔다.

APEC의 목적은 1980년대 세계 경제의 블록화 추세에 맞서 이 지역 국가도 어떤 형태로든 서로 협력할 수 있는 논의체를 만들자는 취지로 설립되었다. APEC에서의 협력은 선·후진국의 공여자·수혜자 간 협력이 아니라 동반자적인 대등한 관계에서 추진되고 있는 것이 특징이며, 이러한 협력 관계는 1995년 오사카 행동 지침(The Osaka Action Agenda: OAA) 상의 협력 원칙에 잘 나타나 있다. 제3차 오사카 정상회담에서 채택된 행동 지침에 따라 1996년 11월 구체적인 행동 계획인 마닐라 실행계획(The Manila Action Plan for APEC: MAPA)을 승인하기도 하였다.

APEC은 회원국 간의 경제 격차로 인한 입장 차이가 상존한다. 선진국의 경우 무역·투자 자유화 촉진을 통한 시장 개방을 원하고 있으며, 개도국은 경제 기술 협력 확대로 실질적 혜택을 도모하고자 하는 등 입장 차이로 인해 실효성 논쟁이 있다.

## 7.4. 동남아시아국가연합(ASEAN)[38]

동남아국가연합(Association of Southeast Asian Nations, 이하 ASEAN)

---

37) 이재기, 『21세기 글로벌통상의 이해』, 청목출판사, 2007.
38) 정식 명칭은 The ASEAN Declaration인데 The Bangkok Declaration이라고도 한다. 이재기(2007)를 참고.

은 역내 회원국 간의 경제 협력 및 지역 내의 안정 등 여러 부문에 걸친 협력을 모색하기 위해 지난 1967년 8월 인도네시아, 싱가포르, 태국, 필리핀, 말레이시아 등 5개국이 태국 방콕에 모여 결성한 동남아지역의 국제 협력 기구이다.

ASEAN은 창립 당시 채택된 '방콕 선언[39]'에서 회원국 간의 경제 발전, 사회 개발, 정치 안정이라는 주요 목표를 표명하였다. ASEAN은 당초 경제 분야에만 국한되지 않은 다방면의 협력을 목적으로 설립된 국제기구였으나 1960년대 인도차이나 반도의 공산화에 대응하기 위한 반공 안보 기구의 성격이 강했다. 그러나 1970년대 후반 이후 ASEAN은 역내 회원국 간의 교역에 적용되는 특혜 무역협정과 공동 공업 프로젝트 채택 등을 통한 회원국 경제의 안정적 성장을 도모하기 위한 경제 협력체로 발전하였다.

1984년에 브루나이가 회원국으로 가입하였고, 1995년에 베트남이 가입하였으며, 1988년에는 라오스와 미얀마가, 그리고 1999년에는 캄보디아가 가입함으로써 ASEAN은 창설 32년 만에 마침내 역내 10개국을 회원국으로 하는 동남아지역의 진정한 지역 협력체가 되었다. ASEAN 회원국은 미얀마, 라오스, 태국, 베트남, 캄보디아, 말레이시아, 브루나이, 싱가포르, 인도네시아, 필리핀 등 10개국이다.

### 7.5 남미 공동시장(MERCOSUR)[40]

중남미 지역의 국가들은 1960년대부터 지역 경제통합을 추진하여 경제 발전을 이루고자 하는 노력을 기울여 왔다. 이에 따라 1961년에 중미 공동시장(Central American Common Market: CACM), 1965년 카리브해 자유무역연합(Caribbean Free Trade Association: CARIFTA), 1969년에 안데스 공동시장(Andean Common Market: ANCOM) 등이 창설되었다.

중남미 국가들은 경제 개방화 정책을 추진하는 데 있어서 비슷한 역사·문화적 동질성이 큰 인근 지역 국가와 점진적이고 선별적인 개방정책을 채택하였다. 1990년대 들어 세계 경제의 블록화 등 세계 경제 환경이 급변하자 새로이 경제를 통합하려는 움직임이 있었는데, 그것이 바로 1991년의 남미 공

39) 방콕 선언(Bangkok Declaration)은 ASEAN 선언(ASEAN Declaration)이라고도 한다.
40) 이재기(2007).

동시장(El Mercado Común del Sur, 이하 MERCOSUR)의 출범이다.

MERCOSUR는 타 공동체보다 비록 출범의 역사는 일천하고 브라질, 아르헨티나, 파라과이, 우루과이 등 4개국만으로 구성되었으나, 경제 규모와 지역경제에 대한 영향력 면에서는 남미의 대표적인 국가인 브라질과 아르헨티나가 포함되어 있어서 중남미 지역의 경제공동체를 대표한다고 평가할 수 있다.

그러나 MERCOSUR는 출범의 배경, 통합, 전개 과정 및 최근 성과 등을 볼 때 발전에는 어느 정도 한계를 가지고 있다. 이는 여러 평가 변수들을 통해 EU와 비교해보지 않더라도 EU만큼 수준 높게 발전하지는 못했기 때문이다.[41]

MERCOSUR는 경제 통합체의 명칭과는 달리 경제통합의 단계적인 성격에서 평가할 때 상품뿐만 아니라 생산요소(서비스, 노동, 자본 등)의 자유로운 이동을 허용하는 완전한 의미의 공동시장의 수준에는 이르지는 못하고 관세동맹으로서의 통합은 아직은 완전하지 않은 상태로서 불완전한 공동시장(Common Market)에 머물고 있다.[42]

---

남미 공동시장(El Mercado Común del Sur: MERCOSUR, 영어로는 the Southern Common Market)은 브라질, 아르헨티나, 파라과이, 우루과이 등 4개국이 1991년 파라과이의 아순시온(Asunción)에서 조약(the Treaty of Asunción)을 체결함으로써 출범하였다. 이후 1994년 브라질의 오루프레투(Ouro Preto)에서 협약(the Protocol of Ouro Preto)을 통해 관세동맹으로 정식 출범하였다. 2006년에는 베네수엘라가 가입하였고, 2015년 이후에는 볼리비아가 정회원으로의 승인 절차를 진행하고 있다.

준 회원국으로는 칠레, 콜롬비아, 에콰도르, 가이아나, 페루와 수리남이 있다. 그러나 창립 회원국이었던 파라과이가 2012년 1년 동안 회원국 지위를 정지당하였고, 2016년 이후부터 현재까지 베네수엘라의 회원국 지위가 정지되는 등 혼란을 겪고 있다.

그러나 MERCOSUR는 2019년 현재, 면적 약 1천4백87만 ㎢에 인구 2억 9천 5백만 명을 상회하며 GDP는 약 3조 4천억 달러에 달하는 세계 제5위의 경제권을 형성하고 있다.

---

41) 김진오 외, 『남미공동시장(MERCOSUR) 20년 평가와 시사점』, 대외경제정책연구원, 2011.

42) 이재기(2007).

## 7.6 다자 무역규범과 FTA[43)]

### 7.6.1 WTO 통보

WTO 회원국이 체결한 지역 무역협정은 WTO 지역무역협정위원회(Committee on Regional Trade Agreements, 이하 CRTA)에 통보해야 하며, 회원국은 관세 철폐 일정 및 범위, 제3국에 대한 사항 등 다자규범 합치 여부에 대한 심사를 받아야 하는 의무를 준수해야 한다.

다자간무역체제는 관세동맹과 FTA에 대해 규정하고 있지만, 현재 WTO CRTA에 통보된 내용으로 모든 형태의 지역 무역협정이 적용 대상인 것으로 볼 수 있다.

[표 5-5] 지역 무역협정에 대한 다자 무역규범

| 관련 협정 | 적용 범위 |
|---|---|
| GATT 제24조 | 상품무역 자유화 적용 범위, 자유화 속도, 제3국에 대한 무역 장벽 등에 대해 규정 |
| GATS 제5조 | 회원국 간 서비스 자유화에 대한 규정<br>독자적인 서비스협정보다는 FTA의 일부로 서비스 분야 포함되나 WTO에서는 별도 규정에 따라 검토 |
| 권능 부여 조항 (Enabling Clause) | 개도국 간 체결되는 협정으로 GATT 24조와 GATS 5조의 적용 예외 |

지역 무역협정은 GATT 제24조(상품무역 자유화 관련 규정), GATS[44)] 제5조(서비스 자유화 관련 규정) 및 권능 부여 조항(Enabling Clause)에 근거하여 WTO 최혜국대우(MFN)의 예외로 인정되는데,[45)] 체결된 협정은 다자체제에서 규정하는 절차에 따라 WTO CRTA에 통보해야 한다.

---

43) 기획재정부, FTA 이해 참조

44) GATT: General Agreement on Tariff and Trade, 관세와 무역에 관한 일반 협정
GATS: General Agreement on Trade in Services, 서비스 무역에 관한 일반 협정

45) 지역 무역협정의 요건을 규정한 GATT 제24조, GATS 제5조 및 권능 부여 조항(Enabling Clause)의 자세한 내용에 대해서는 제11장 참조

지역 무역협정의 통보 및 이행에 대한 투명성을 강화하는 내용에 대해서는 합의한 상황으로 통보된 협정은 일정을 정해 WTO CRTA 주관으로 다자 규범 합치 여부에 대한 심사를 받게 되나, 이 중에서 권능 부여 조항에 근거한 협정은 심사 의무를 부담하지 않는다. 권능 부여 조항은 개도국 간 지역 무역협정을 체결할 경우 적용되는 규정으로, 이 조항에 근거한 협정의 다수에 대해 WTO가 정보를 가지고 있지 않을 수 있으며, 또한 일부 협정은 WTO CRTA 심사 애로로 인해 통보조차 되지 않았을 수도 있다.

WTO 회원국은 지역 무역협정 체결 시 WTO에 통보해야 하고, WTO CRTA는 합치성 여부를 심사해야 하나, 회원국의 관련 자료 제출이 부실하여 WTO도 실질적인 심사 기능을 갖추고 있지 못하고 있다.

### 7.6.2. WTO 규범 합치성 심사

WTO 회원국은 상품 분야 혹은 서비스 분야에서 자유무역협정, 관세동맹, 잠정 협정 등을 형성할 경우 이를 관련 다른 회원국 혹은 해당 이사회에 즉시 통보하도록 규정하고 있으며, 지역 무역협정의 형성에 대한 통보가 이루어지면, 해당 협정의 WTO 합치성에 대한 검토 작업에 들어가게 된다.

GATT 제24조에 해당하는 지역 무역협정의 경우 상품무역이사회(Council for Trade in Goods, 이하 CTG)에 그 형성을 통보하면 CRTA로 심사 작업이 이전되어 의무적인 검토과정을 시작한다. 권능 부여 조항에 적용되는 지역 협정의 형성은 무역개발위원회(Committee on Trade And Development, 이하 CTD)에 통보하게 되어 있어 개도국의 상품 분야는 일반 상품 분야와 별도로 취급하도록 규정되어 있다. 서비스 분야 협정의 경우는 지역 무역협정의 형성을 통보받는 서비스교역이사회(Council for Trade in Services, 이하 CTS)가 WTO 합치성 심사를 진행할 것인지 여부를 결정하고, CTS에서 심사 여부가 결정되면 심사 과정은 CRTA로 이전되어 본격적인 합치성 검토에 들어간다.

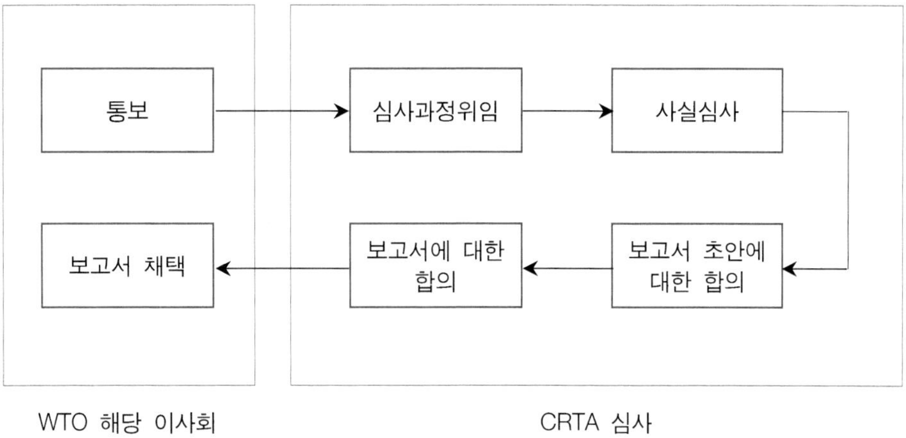


[그림 5-5] 지역 무역협정의 WTO 합치성 검토과정

WTO 합치성 심사가 CRTA로 이전되면 CRTA는 해당 지역 무역협정의 회원국이 제시한 자료를 기본으로 사실 자료 심사에 착수하며, 해당 회원국은 WTO 회원국이 제시한 서면 질의서에 대한 정보를 제출하거나 회의에 참석해 구두로 답변하는 방식 중 하나를 선택해 자료를 제공할 수 있다. 이 자료를 바탕으로 사실 심사가 종결되면 사무국에서 보고서 초안을 작성하고, 이에 대해 CRTA에서 종합 평가를 하고 승인되는 경우 이 보고서는 다시 해당 이사회에 제출되어 채택 여부를 결정하게 된다[46].

### 7.6.3. FTA와 WTO 규범 간 포괄 범위의 유사성

전통적인 자유무역협정(FTA)은 회원국 간 교역에 대해 관세를 철폐하고 완화된 비관세장벽을 적용하는 협정으로 대부분의 협정은 소수의 회원국 간에 체결되었다. 그러나 최근 FTA는 과거와는 달리 관세 철폐 외에 서비스와 투자, 교역 제한적인 무역 규정들을 조화 및 개선함으로써 회원국 간 교역을 확대해 나가고 있다. FTA의 대상 범위는 회원국들에 따라 다르게 되며, NAFTA나 한미 FTA 등은 포괄범위가 상당히 넓은데, 개도국 간의 협정은 상품 분야의 무역 자유화 또는 관세 인하에 중점을 두고 있다.

46) 기획재정부, FTA 이해 참조 및 인용.

자유무역협정은 일반적으로 상품, 서비스, 투자, 지적재산권 등을 기본 내용으로 하고, 점차 정부 조달, 경쟁정책, 환경, 노동 기준 등으로 확대하고 있다. 가장 포괄적인 FTA인 한·미 FTA의 구성요소를 살펴보면, 관세 및 비관세 장벽, 원산지 규정, 통관 절차 등으로 이루어진 상품 교역 분야, 투자 및 서비스 교역 분야, 표준, 정부 조달, 지식재산권, 반덤핑, 환경, 노동 등 무역 규범 분야, 분쟁 해결 절차, 각종 협력 및 검토 위원회 등 기타 분야로 크게 나눌 수 있다.

오늘날 체결된 FTA의 포괄 범위가 WTO 규범과 상당히 유사해지거나 WTO를 선도해 나가는 것으로 평가하고 있으나, 국가별로 협정 내용이 다소 차이가 있는 것도 사실이다. 미국은 다자 규범으로 정립하고자 하는 통상이슈를 자국의 FTA에 먼저 포함하고, 그다음에 다자 규범 체계에 편입시키는 경향이 있는데, 지식재산권(IPR)의 보호 문제도 미국이 NAFTA에 처음으로 포함했다가, 이후 WTO협정에 포함시켰다.

FTA는 20개 내외의 장(Chapter)으로 된 본문과 부속서로 구성되어 있고, 본문은 시장접근, 서비스와 투자, 무역 규범, 분쟁 해결 절차, 협력 기구 등으로 나눌 수 있다. 부속서는 관세 철폐 일정, 원산지 규정, 기타 내용(환경, 노동 관련 사항 등) 등이 주요 내용이며 이러한 구조를 가진 대표적인 FTA로 북미자유무역협정(NAFTA)을 들 수 있다. 이후 많은 협정이 NAFTA를 모델로 협정문을 작성하였는데, 우리나라가 체결한 FTA 구조도 NAFTA와 유사한 측면이 많다.[47)]

47) 기획재정부, FTA 이해 참조 및 인용.

[표 5-6] 주요 FTA와 WTO 협정 및 주요 FTA들 간에 있어 규율대상 비교

| 협정 (발효연도) / 규율대상 | WTO ('95) | NAFTA ('94) | 칠-멕 FTA ('99) | EC-멕 FTA ('00) | 미-싱 FTA ('04) | 한-칠 FTA ('04) | 한-EU FTA ('11) | 한-미 FTA ('12) |
|---|---|---|---|---|---|---|---|---|
| 1. 상품무역 분야 | ○ | ○ | ○ | ○ | ○ | ○ | ○ | ○ |
| 내국민대우 | ○ | ○ | ○ | ○ | ○ | ○ | ○ | ○ |
| 관세 철폐 | △ | ○ | ○ | ○ | ○ | ○ | ○ | ○ |
| 원산지규칙 | △ | ○ | ○ | ○ | ○ | ○ | ○ | ○ |
| 관세평가 | ○ | X | ○ | ○ | ○ | ○ | ○ | ○ |
| 통관절차 | △ | ○ | ○ | ○ | ○ | ○ | ○ | ○ |
| 기술규정의 상호인정 | △ | △ | △ | △ | △ | △ | △ | △ |
| 위생 및 검역조치 | ○ | ○ | ○ | ○ | X | ○ | X | ○ |
| 세이프가드조치 | ○ | ○ | ○ | ○ | ○ | ○ | ○ | ○ |
| 반덤핑, 상계조치 | ○ | ○ | ○ | ○ | ○ | ○ | ○ | ○ |
| 특정 상품의 규율 | ○ | ○ | ○ | ○ | ○ | X | ○ | X |
| 2-1. 서비스무역 분야 | ○ | ○ | ○ | ○ | ○ | ○ | ○ | ○ |
| 특정 서비스의 규율 | ○ | ○ | ○ | ○ | ○ | ○ | ○ | ○ |
| 노동인력의 자유이동 | X | △ | X | X | X | X | X | X |
| 2-2. 투자 분야 | △ | ○ | ○ | ○ | ○ | ○ | △ | ○ |
| 3-1. 지적재산권 분야 | ○ | ○ | ○ | ○ | ○ | ○ | ○ | ○ |
| 3-2. 정부 조달 분야 | △ | ○ | ○ | ○ | ○ | ○ | ○ | ○ |
| 3-3. 기타 특정사항 분야 | | | | | | | | |
| 경쟁정책 | X | ○ | ○ | ○ | ○ | ○ | ○ | ○ |
| 환경 | X | ○ | X | X | ○ | X | ○ | ○ |
| 노동 | X | ○ | X | X | ○ | X | X | ○ |
| 무역원활화 | X | X | X | X | | X | ○ | ○ |
| 전자상거래 | X | X | X | X | ○ | X | ○ | ○ |
| 경제기술협력 | X | X | X | ○ | X | X | X | X |
| 4. 조직규범 분야 | | | | | | | | |
| 협정운영위원회 | ○ | ○ | ○ | ○ | ○ | ○ | ○ | ○ |
| 분쟁해결제도 | ○ | ○ | ○ | ○ | ○ | ○ | ○ | ○ |

주: ○- 당해 사항의 전면적 규율, △- 당해 사항의 부분적 규율,
×- 당해 사항 규율 안함.

자료: 고준성(2005)의 자료를 수정, 보완

# 제 5 장 정리문제

□ **문제** □

1. 지역 무역협정의 종류에는 어떤 것이 있는가?

2. 발라사(B. Balassa)가 정립한 지역통합 형태 중에서 FTA, 관세동맹, 공동시장, 경제공동체, 완전경제통합의 단계별 주요 특징은 무엇인가?

3. 지역 무역협정이 증가하는 이유는 무엇인가?

□ **주요 용어** □

- FTA(Free Trade Agreement)
- 관세동맹(Customs Union: CU)
- 공동 역외 관세(common external tariff: CET)
- 공동시장(Common Market)
- EC(European Community)
- 안데스 공동체(ANCOM)
- 남미 공동시장(MERCOSUR)

# 제6장 한국의 FTA 현황과 무역

# 제6장 한국의 FTA 현황과 무역

## 1 한국의 FTA 현황

우리나라는 2004년 칠레와의 FTA 협정을 시작으로 2020년 7월 현재 총 16건의 FTA를 발효하였으며, 서명 1건, 타결 2건, 협상 진행 중 12건, 재개 개시 및 여건 조성 중인 FTA 2건이 있으며 계속 무역 영토를 넓히기 위하여 협상을 진행 중이다. 주요 협정(발효) 건은 칠레, 싱가포르, 유럽자유무역연합(EFTA), ASEAN, 인도, EU, 페루, 미국, 터키, 호주, 캐나다, 중국, 뉴질랜드, 베트남, 콜롬비아, 중미 5개국 등이다. 브렉시트를 대비해 영국과는 한-영 FTA를 협상하여 2019년 8월 정식 서명, 10월 후 국회비준 후 영국의 브렉시트로 인한 이행 기간을 거친 후 2021년 1월 자동 발효를 기다리고 있다. 또한 2019년 8월 창업국가 성장모델이라고 할 수 있는 이스라엘과 협정이 타결되었고, 2019년 11월 한국-인도네시아 포괄적경제동반자협정(Comprehensive Economic Partnership Agreement: CEPA)이 타결되었다. 그 외 더욱 중요성이 강조되는 한중일, 역내포괄적경제동반자협정(RCEP), 남미공동시장(MERCOSUR), 러시아, 말레이시아, 필리핀, 등과 협상이 진행 중이거나 협상 재개를 앞두고 있다. 또한, 기존 협정국과도 양허 확대를 위한 추가적인 협상 등 개선 협상도 지속적으로 추진하고 있다. 우리나라의 FTA 추진형황은 [표 6-1A, B]와 같다.

### [표 6-1A] FTA 추진 현황: 발효(2020년 7월 기준)

| 구분 | 상대국 | 추진 현황 | | | 의의 |
|---|---|---|---|---|---|
| | | 개시 | 서명 | 발효 | |
| 발효 (16건) | 칠레 | 1999.12 | 2003.02 | 2004.04 | 최초의 FTA<br>중남미 시장 교두보 |
| | 싱가포르 | 2004.01 | 2005.08 | 2006.03 | ASEAN 시장 교두보 |
| | EFTA[1] | 2005.01 | 2005.12 | 2006.09 | 유럽 시장 교두보 |
| | ASEAN[2] | 2005.02 | 2006.08<br>(상품무역협정) | 2007.06<br>(상품무역협정) | 거대 경제권과 체결한 최초의 FTA |
| | | | 2007.11<br>(서비스협정) | 2009.05<br>(서비스협정) | |
| | | | 2009.06<br>(투자협정) | 2009.09<br>(투자협정) | |
| | 인도 | 2006.03 | 2009.08 | 2010.01 | BRICs[3]국가, 거대 시장 |
| | EU[4] | 2007.05 | 2010.10.06. | 2011.07.01. (잠정)<br>2015.12.13. (전체)<br>*2011.07.01. 이래 만 4년5개월 간 잠정적용 | 거대 선진경제권 |
| | 페루 | 2009.03 | 2011.03.21. | 2011.08.01. | 자원부국<br>중남미 진출 교두보 |
| | 미국 | 2006.06 | 2007.06 | 2012.03.15. | 세계 최대 경제권<br>(GDP기준) |
| | | 2018.01<br>(개정협상) | 2018.09.24.<br>(개정협상) | 2019.01.01.<br>(개정의정서) | |
| | 터키 | 2010.04 | 2012.08.01.<br>(기본협정·상품무역협정) | 2013.05.01.<br>(기본협정·상품무역협정) | 유럽·중앙아 진출 교두보 |
| | | | 2015.02.26.<br>(서비스·투자협정) | 2018.08.01.<br>(서비스·투자협정) | |
| | 호주 | 2009.05 | 2014.04.08. | 2014.12.12. | 자원부국,<br>오세아니아 주요 시장 |
| | 캐나다 | 2005.07 | 2014.09.23. | 2015.01.01. | 북미 선진시장 |
| | 중국 | 2012.05 | 2015.06.01. | 2015.12.20. | 우리의 제1위 교역대상국<br>('19년 기준) |
| | 뉴질랜드 | 2009.06 | 2015.03.23. | 2015.12.20. | 오세아니아 주요 시장 |
| | 베트남 | 2012.08 | 2015.05.05. | 2015.12.20. | 우리의 제5위 투자대상국<br>('19년 기준) |
| | 콜롬비아 | 2009.12 | 2013.02.21. | 2016.07.15. | 자원부국, 중남미 신흥 시장 |
| | 중미 5개국[5] | 2015.06 | 2018.02.21. | 2019.10.01.부분발효<br>*(10.1) 니카라과, 온두라스<br>(11.1) 코스타리카<br>('20.1.1.) 엘살바도르 | 중미 신 시장 창출 |

1) EFTA(유럽자유무역연합)(4개국) : 스위스, 노르웨이, 아이슬란드, 리히텐슈타인
2) ASEAN(10개국) : 브루나이, 캄보디아, 인도네시아, 라오스, 말레이시아, 미얀마, 필리핀, 싱가포르, 베트남, 태국
3) BRICs : Brazil, Russia, India and China, 2010년 이후부터는 이 4개국에 South Africa를 포함
4) EU(27개국) : 오스트리아, 벨기에, 체코, 키프로스, 덴마크, 에스토니아, 핀란드, 프랑스, 독일, 그리스, 헝가리, 아일랜드, 이탈리아, 라트비아, 리투아니아, 룩셈부르크, 몰타, 네덜란드, 폴란드, 포르투갈, 슬로바키아, 슬로베니아, 스페인, 스웨덴, 불가리아, 루마니아, 크로아티아
5) 중미(5개국) : 파나마, 코스타리카, 온두라스, 엘살바도르, 니카라과

출처: http://www.fta.go.kr/main/situation/kfta/ov/

[표 6-1B] FTA 추진 현황: 서명, 타결 및 협상 진행

| 구분 | 상대국 | 추진 현황 | 의의 |
|---|---|---|---|
| 서명 | 영국 | 2016.12 한-영 무역작업반* 발족<br>*브렉시트 이후 한-영 통상관계 정립을 위한 논의의 장<br>2017.02~2019.05 총 7차례 한-영 FTA 무역작업반 개최<br>2019.08.22. 한-영 FTA 정식 서명<br>2019.10.28. 국회 비준<br>2021.1.1. 발효(예정) | 브렉시트 이후<br>한·영 통상관계 지속 |
| 타결 | 이스라엘 | 2016.05 협상 개시<br>2016.06~2018.03 총 6차례 공식 협상 개최<br>2019.08.21. 한-이스라엘 FTA 타결 공동 선언 | 창업국가 성장모델 |
| | 인도네시아 CEPA | 2019.02.19. 협상 재개 선언<br>2012.07~2019.10 총 10차례 협상 개최<br>2019.11.25. 협상 타결 선언 | 동남아 시장 진출 확대 기여 |
| 협상 진행 | 한중일 | 2012.11.20. 협상 개시 선언<br>2013.03~2019.11 6차례 공식협상 개최<br>2014.11~2016.04 5차례 실무협상 개최 | 동북아 경제통합 기반 마련 |
| | RCEP[1] | 2012.11.20. 협상 개시 선언<br>2013.05~2020.07 31차례 공식협상 개최<br>2019.11.04. 15개국 협정문 타결 | 동아시아 경제통합 기여 |
| | MERCOSUR[2] | 2018.05 협상 개시 공식 선언<br>2018.09~2020.02 5차례 공식 협상 개최<br>*회원국 자격 정지 상태인 베네수엘라 제외, 4개국과 진행 | 남미 최대 시장 |
| | 필리핀 | 2019.06 협상 개시<br>2019.06~2020.01 5차례 협상 개최 | 동남아 시장 진출 확대 기여 |
| | 러시아 | 2019.06 한-러시아 서비스·투자 FTA 협상 개시 선언<br>2019.06~2020.07 5차례 협상 개최 | 신북방 정책추진,<br>거대신흥시장 |
| | 말레이시아 | 2019.06 협상 개시 선언<br>2019.07~2019.09 3차례 협상 개최 | 동남아 시장 진출 확대기여 |
| | 캄보디아 | 2020.07 협상 개시 선언 | 동남아 시장 진출 확대기여 |
| | 한-아세안 추가 자유화 | 2010.10~2019.02 17차례 이행위원회 개최 | 교역확대, 통상환경 변화 반영 |
| | 한-인도 CEPA 업그레이드 | 2016.10~2019.06 8차례 개선 협상 개최 | 주력 수출품목 양허·원산지 기준 개선 |
| | 한-칠레 FTA 업그레이드 | 2018.11~2019.10 3차례 개선 협상 개최 | 통상환경 변화 반영 |
| | 한중 FTA 서비스·투자 후속협상 | 2018.03~2020.05 7차례 서비스·투자 후속 협상 개최 | 우리의 제1위 서비스 수출국 |
| | 한-에콰도르 SECA | 2015.08 협상 개시 선언<br>2016.01~2016.11 5차례 협상 개최 | 자원부국,<br>중남미 시장 진출 교두보 |
| 재개, 개시, 여건 조성 | PA | 2018.05 국회보고<br>2019.09 PA ToR[3] 협의 개시 | 중남미 신흥 시장 |
| | EAEU | 2016.10~2017.04 3차례 한-EAEU 정부 간 협의회 개최<br>2017.09 한-러 정상회담 계기, FTA 협의를 위한 공동 실무 작업반 설치 합의<br>(*EAEU[4] : 러시아, 카자흐스탄, 벨라루스, 아르메니아, 키르기스스탄) | 신북방정책 교두보 확보 |

1) RCEP(역내포괄적경제동반자협정)(한국제외 15개국) : 한국, 아세안 10개국, 중국, 일본, 인도, 호주, 뉴질랜드
2) MERCOSUR(남미 공동시장)(4개국) : 아르헨티나, 브라질, 파라과이, 우루과이
3) ToR: Terms of Reference, 협상세칙
4) EAEU: Eurasian Economic Union, 유라시아 경제 연합

출처: http://www.fta.go.kr/main/situation/kfta/ov/

## 2 한국의 FTA 추진 주요 내용

2004년 한-칠레 FTA 발효 이후 한국은 2019년이 FTA 15주년을 맞이하는 해이고 한·미 FTA, 한·EU FTA, 한·아세안 FTA 등 거대경제권과의 FTA가 발효된 지도 5년 이상 지난 시점이다. 한국의 2004년 FTA 체결국과의 교역 비중은 0.6%에 불과했으나, 2018년 68%에 달하고 있으며 FTA는 한국 무역의 중요한 요소로서 자리 잡고 있다(송경은, 2019).

한국이 FTA를 적극적으로 추진하는 이유는 다음과 같이 크게 두 가지로 요약될 수 있다.

첫째, 주요 경쟁국이 FTA를 중요하게 생각하여 앞 다투어 추진하고 있는 글로벌 통상환경 아래에서 우리나라가 기존 수출시장을 지속 유지하고 새로운 글로벌 시장에 진출하기 위해서 FTA를 적극적으로 추진하여야 할 필요가 있었다.

둘째, 적극적이고 보다 능동적인 글로벌 시장 개방과 글로벌 통상 영토 확장과 통상 경제 체질을 강화하기 위해서 필요하였다.

네트워크 구축 측면에서의 성과를 보면, 그동안 적극적인 FTA 추진에 힘입어 FTA 체결국과의 교역 비중이 지속적으로 높아졌으나, 최근 중국, 일본과 같은 주요 경쟁국의 FTA 네트워크가 확대되면서 FTA 허브 국가로서의 위상은 다소 약화하였다.

FTA 수준이 높을수록 교역에 긍정적인 영향을 미치는 것으로 나타나고 있을 뿐만 아니라, 실증분석의 결과에 따르면 FTA는 우리나라 교역 및 교역 품목 수를 증가하는 데 기여하였으며 수출 관세율 인하는 기업의 영업이익 증가에 긍정적으로 작용하고 있다.

FTA는 우리나라의 해외 직접투자(Overseas Direct Investment: ODI) 유출입에 긍정적인 기여를 하였으며, 선진국과 개도국으로 향하는 해외 직접투자를 증가시키는데 기여하였다. 그러나 외국인 직접투자(Foreign Direct Investment, FDI)의 경우 선진국으로부터의 유입만 증가하였다.

FTA는 국내의 제도 간소화와 지식재산권 보호 수준 강화 등의 제도적 성과를 달성하였다. 공정거래법이 FTA에서의 합의에 따라 개정되어 동의의결 제가 도입됨으로써, 시정방안을 제출하면 조사가 신속히 종료될 수 있는 길이 열렸다. 또한, 상표법도 FTA 이행을 위해 개정되어 냄새 상표와 소리 상표가 허용됨으로써 지식재산권의 확보가 시급한 상황이 되었다.

## 3 한국의 FTA 추진 전략

2004년 한-칠레 FTA 발효 이래 우리나라는 적극적이고 동시다발적으로 FTA를 추진해왔다. 거대 경제권과 자원 부국 및 주요 거점 경제권을 중심으로 전략적인 FTA 체결 확대를 통한 FTA 네트워크를 구축하며 안정적인 해외 시장을 확보하고, 개방을 통해 우리 경제의 경쟁력을 강화하기 위하여 FTA를 적극 추진하고 있다. 이를 통해 FTA 네트워크의 글로벌화를 추진하여 우리 기업의 세계 시장 확보를 지원하고, 동아시아 FTA 허브 국가로 위상을 견고히 하고자 하는 의도로 FTA를 실행하였다.

또한 FTA 체결 효과를 극대화하기 위해 상품 분야에서의 관세 철폐뿐만 아니라, 서비스, 투자, 정부 조달, 지식재산권, 기술 표준 등을 포함하는 포괄적인 FTA를 적극 추진하고 있다.

아울러 최근의 통상 환경 및 산업 구조의 변화를 반영하여 향후 '혁신'과 '확장', '활용' 세 가지 관점에서 FTA를 추진하고 있다. 첫째, 혁신 측면에서 FTA를 통해 신산업과 서비스 수출 시장을 확보하고 국내 제도를 글로벌 통상 규범과 조화시켜 산업 고도화를 촉진한다. 둘째, 확장 측면에서 신남방·신북방·중남미 지역과의 FTA 네트워크를 양적·질적으로 제고해 나가고, 개도국과의 협력을 강화하는 "상생형 FTA"를 추구한다. 마지막으로, 활용 측면에서 산업 정책과 FTA 활용·이행을 연계하기 위한 '전주기 FTA 플랫폼'을 도입하여 중소기업의 FTA 활용률을 제고하고, 일자리 창출, 소비자 후생을 강화한다.

# 4 FTA 발효 및 체결 국가와의 교역 현황

## 4.1 한국의 수출입 총괄

[표 6-2]와 [그림 6-1]은 2015년~2019년 기간 한국의 수출입 현황을 보여주고 있는데 다음과 같은 점을 관찰할 수 있다.

먼저, 이 기간에 2017년~2019년은 한국의 총무역액이 1조 달러를 넘었다. 둘째, 이 기간에 한국은 전년도에 걸쳐 수출이 수입보다 큰 무역 흑자를 기록하고 있으나 흑자폭은 점진적으로 감소하고 있다. 셋째, 이 기간에 한국의 수출과 수입 모두 증가와 감소를 경험하였고 그 시기 또한 일치한다. 한국 수출과 수입의 증가와 감소는 전 세계 무역의 변화와 같은 모습을 보이고 있으며, 나아가 수출의 변동 폭보다 수입 변동 폭이 더 크다.

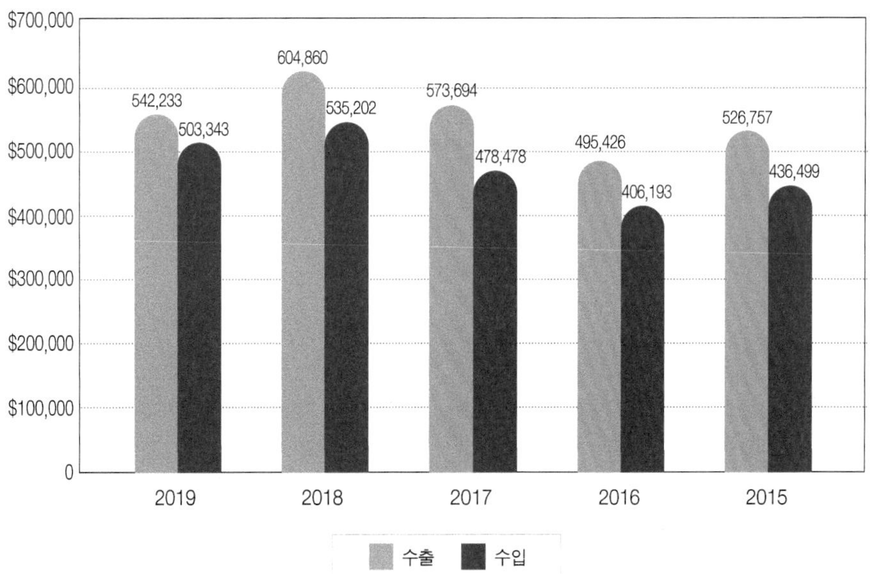


[그림 6-1] 한국의 수출입 총괄

출처: 한국은행 경제통계시스템 ecos.bok.or.kr/jsp/vis/keystat/#/detail

[표 6-2] 한국의 수출입 총괄표, 2015년~2019년 (단위: 백만 달러, %)

| 순번 | 연도 | 수출 | | 수입 | | 수지 |
|---|---|---|---|---|---|---|
| | | 금액 | 증감률 | 금액 | 증감률 | |
| 1 | 2019년 | 542,233 | -10.4 | 503,343 | -6.0 | 38,890 |
| 2 | 2018년 | 604,860 | 5.4 | 535,202 | 11.9 | 69,658 |
| 3 | 2017년 | 573,694 | 15.8 | 478,478 | 17.8 | 95,216 |
| 4 | 2016년 | 495,426 | -5.9 | 406,193 | -6.9 | 89,233 |
| 5 | 2015년 | 526,757 | -8.0 | 436,499 | -16.9 | 90,258 |

## 4.2 FTA 발효 및 체결 국가와의 교역 현황

2004년 한-칠레 FTA 발효 후 정부 및 유관 기관의 노력과 수출 기업의 학습 효과로 FTA 수출 활용률은 매년 꾸준히 증가하였고, 시간이 지남에 따라 협정 별 관세 인하 폭은 점차 커지기 때문에 앞으로 FTA 수출 활용률은 다소 제고될 것이다. 대기업은 원산지 관리 역량이 충분하기 때문에 이미 FTA를 최대한 활용하고 있는데, 특히 메가 FTA인 점진적이고 포괄적인 TPP(Comprehensive and Progressive Trans Pacific Partnership, 이하 CPTPP)에 참여하고 역내포괄적경제동반자협정(Regional Comprehensive Economic Partnership, 이하 RCEP)이 발효된다면 대기업과 역량 있는 중소기업의 FTA 활용률은 상당히 제고될 것이다.

2020년 현재, 한국은 총 16개 협정, 56개 국가와 FTA를 발효 중이다. 2019년 FTA 발효국과의 교역은 전체 교역 1조 456억 달러 중 7천 252억 달러로 69.4%를 차지하고 있다. 수출은 3천 984억 달러, 수입은 3천 268억 달러로 715억 달러 흑자를 달성했다. 비체결국과의 무역수지가 적자인데 반해, FTA 체결국과의 무역수지는 큰 흑자를 기록하고 있기 때문에 FTA 교역이 무역수지 개선에 긍정적인 영향을 미치고 있다.

한국의 56개 FTA 체결국과의 수출 현황을 살펴보면 2004년 1천 707억 달러에서 2019년 3천 984억 달러로 2.3배 이상 증가하였다. 2004년부터 2019년까지 한국의 대 FTA 체결국 수출은 연평균 약 7%씩 증가하여 FTA 미체결국의 연평균 성장률인 5%보다 높았으며, 같은 기간 한국의 전체 수출에서

FTA 체결국으로의 수출 비중 역시 67%에서 73%로 확대되었다.

수입의 경우 2004년 1천 217억 달러에서 2019년 3천 268억 달러로 2.7배 이상 증가하여 수출 증가율을 앞질렀다. 2004년부터 2019년까지 FTA 체결국으로부터의 수입은 연평균 약 7.5%씩 증가하여 FTA 미체결국의 연평균 증가율인 5%보다 더 높았다. 이로 인해 같은 기간 한국의 전체 수입에서 FTA 체결국으로부터의 수입이 차지하는 비중도 54%에서 65%로 증가하였다.

FTA는 우리나라의 국가별 수출입액 및 수출입 품 목수 증가에 긍정적인 영향을 미치고 있으며, FTA 수준이 높을수록 수출입액 및 수출입 품목 수 증가에 영향을 미치는 것으로 국가 수준에서의 실증분석은 보고하고 있다.

## 5 한국의 FTA 나아갈 방향

### 5.1 아시아 태평양 지역에서의 초광역 FTA 체결의 필요성 대두

초광역 FTA(이하 Mega FTA)의 협상이 필요한 이유는 원산지 기준 등 다수의 상이한 FTA가 복잡하게 얽혀 나타나는 소위 '스파게티 볼 효과(Spaghetti bowl effect)'[48]로 인한 비용 증가 문제를 해소하기 위해서이다. 또한 비관세 장벽 등 장애 요인, 통관 및 무역 원활화 관련 애로사항 등을 다자적으로 해결할 필요가 있다. 신무역협정 로드맵에는 과거 FTA 로드맵에 담았던 것과 같이 신규 FTA 추진대상국을 선정하고 추진하기 위한 전략을 담을 뿐 아니라 경제협력 등 보다 종합적인 관점에서의 다자 초광역 FTA 무역협정 전략을 담고 있다. 그 이유는 아래와 같다.

첫째, 우리 경제가 소수 주력 수출 품목에 대한 의존도가 높은 국내 상황

48) 여러 국가와 동시다발적으로 FTA를 체결하면 각 국가마다 서로 다른 원산지 규정, 통관 절차, 표준 등의 복잡하고 난해한 규정과 활용 절차를 이해하고 대처해야 하는데 이는 FTA를 활용하려는 기업에게 지나친 부담으로 FTA 활성화에 걸림돌이 될 수 있다(권미옥, 2016). 이런 상황을 스파게티 접시 속에 담긴 스파게티 가락들이 서로 복잡하게 엉켜 있는 모습과 비슷하다 하여 스파게티 볼 효과(Spaghetti Bowl Effect) 또는 누들 볼 효과(Noodle Bowl Effect)라고 부른다(송경은, 2019).

때문에 해당 품목의 해외 수요 및 기술 변화 등에 취약한 경제 및 수출 구조로 되어 있기 때문이다.

둘째, 개방에 따른 소득 불평등 문제에서도 자유롭지 못한 상황을 직면하고 있기 때문이다. 높은 품목 의존도의 배경에는 높은 대기업 수출 의존도가 자리 잡고 있으며, 대기업과 중소기업의 격차를 줄이기 위해서는 중소기업의 해외 시장 진출이 필요하다.

아시아 지역은 전 세계 여러 지역 가운데서 역내 생산 공급망이 특별히 발달한 지역인데 역내 기업들의 생산 활동 효율성을 제고하기 위해 메가 FTA 추진이 필요하게 되었다. 또한 EU, NAFTA, MERCOSUR 등 여타 지역에서는 경제통합이 심화하고 있는 바, 이러한 통합체로 인한 무역 전환 효과에 효과적으로 대응하기 위해 메가 FTA 추진이 필요하다.

점점 심화하고 있는 역내국 간 영토 분쟁, 강대국 간 주도권 다툼, 보복 무역 등과 불안정한 정치 안보 문제를 해소하고 아시아태평양 국가 간 정치, 외교 협력을 도모하기 위해 경제통합 추진이 필요한 상황이다. 이런 상황과 필요성에 근거하여 환태평양경제동반자협정(Trans-Pacific Partnership, 이하 TPP)과 RCEP 등과 같은 초광역 FTA 협상이 진행되었다. 미국이 주도하였던 TPP는 일본, 호주, 뉴질랜드, 캐나다 등 12개국이 참여하여 상품 무역 자유화와 서비스, 투자, 지식재산권, 경쟁 정책, 환경 및 노동 등을 포괄하는 매우 높은 수준의 FTA로 타결되었으나, 2017년 트럼프 대통령의 당선 이후 미국은 탈퇴하여 11개 국가 만이 참여하는 CPTPP의 형태로 변형되었다. 미국을 포함한 원래 TPP 참여국들은 전 세계 GDP의 약 35%, 전 세계 무역의 30%, 전 세계 인구의 15%를 차지할 만큼 강력하였다.

RCEP은 한국이 참여하는 최초의 메가 FTA이며 역내 주요국들과 교역, 투자를 활성화하고 수출시장 다변화를 통해 우리나라 기업에 새로운 기회를 창출할 계기가 될 수 있다. 특히, RCEP은 우리나라가 일본이 포함된 FTA를 체결하는 첫 FTA가 되는데, 이는 일본시장 개방이라는 아주 가까운 거리에 위치한 세계 제3위의 경제 대국이 시장을 연다는 것은 좋은 기회이지만 경쟁력 높은 일본산 제품이 우리 시장에 밀려드는 것은 새로운 위협이므로 '양날의 칼이 될 수도 있다.

동남아시아국가연합, 즉 ASEAN 중심의 RCEP은 ASEAN 10개국과 ASEAN이 FTA를 체결한 한국, 중국, 일본, 호주, 뉴질랜드 및 인도 등 16개국이 참여하는 광역 FTA로 자유화 수준 등에 다소 유연한 입장이다. RECP 회원국들은 전 세계 GDP의 약 25%, 전 세계 무역의 30%, 전 세계 인구의 50%를 차지하고 있다. RCEP는 2019년 11월 타결되었다.

## 5.2 긍정적인 FTA 효과 지속성 확보

경제 성장 동력을 확보하고 개방을 통한 혁신을 위해 자유 무역을 통한 성장 전략을 채택하고 있는 국가와의 지속적인 FTA 추진으로 교역을 촉진할 필요가 있다. 소비자  후생 효과를 극대화하기 위해서 FTA를 통해 수입선을 다변화하고, 수입 품목의 유통구조를 개선하는 한편, 수입 활용률 제고 방안을 마련하여 FTA 활용률 제고를 지속할 필요가 있다. 향후 무역 협정에는 관세 감축 이외에도 중소기업들의 수출 확대에 도움이 될 수 있는 다양한 내용을 포함하여야 한다.

신무역협정 로드맵에는 신흥 개도국과의 무역 협정 추진을 위한 새로운 FTA 추진 전략을 만들어서 경제 영토를 넓히고 경제력 강화와 다수 국가 간, 복수국가 간 협정, 메가 FTA 및 양자 FTA 정책의 호환성을 고려할 필요가 있다. 나아가 공적개발원조(Official Development Assistance: ODA) 정책, 개도국 투자 정책, 기후 변화 등 다양한 정책의 유기적 연계성을 강화할 필요가 있다. 향후 서비스 산업이 성장할 주도할 것임으로 서비스 분야의 경쟁력 확보를 통해 제조업 중심의 해외 투자를 서비스 부문으로 확대 재편성할 필요가 있다. 나아가 경쟁력이 높은 분야일수록 외국인 직접투자가 유입될 가능성이 높고 치열해질 수 있으므로 미래 유망 산업을 중심으로 경쟁력 강화도 필요하다.

## 6 한국의 경제 동향 및 무역 동향

[그림 6-2]는 1953년~2019년 기간 한국의 실질 경제성장률을 보여주고 있는데, 1980년과 1998년의 마이너스 성장에도 불구하고 이 기간 한국의 연평균 실질 경제성장률은 7.1%에 달한다. 그러나 한국 경제의 성장률을 기간별로 나누어 보면 커다란 편차가 발생하는데, 1980년대(1982년~1991년)의 연평균 성장률이 10.4%로 가장 높게 나타나고 있으며 그 이후 연평균 경제성장률은 하락하는 추세이다. 특히 글로벌금융위기 이후의 기간인 2012년~2019년에는 연평균 경제성장률이 2.8%로 하락하여 저성장 시대에 접어든 한국경제의 성장 동력 발굴에 새로운 도전을 던져주고 있다.

한국 경제는 1960년대 초반 시작된 경제 개발 30여 년의 세월과 1990년대 초중반 이후의 경제 자유화 시대 30여 년으로 크게 구분할 수 있다. 초기 경제 개발 계획이 수행된 후 지난 60여 년의 한국 경제는 한국 전쟁, 즉 6 25 전쟁을 겪고 힘들고 암울했던 시대의 터널을 지나 1987년의 민주화의 탄생과 1997년 발생한 아시아 금융위기, 즉 외환위기 사태를 계기로 하여 초래된 변화가 내재하여 있다.

1960년대에 수출 주도의 한국 경제는 1980년대 중후반부터 1990년대 초반까지 내수 주도 경제로 크게 변화하였다. 무역 의존도가 하락하고 임금이 상승하면서 국내 소비는 증가하였다. 그러나 1990년대 중반 이후 중국과의 교역 재개, 자본 자유화, 경제협력개발기구(Organizations of Economic Cooperation and Development: OECD) 가입 그리고 외환 위기와 전면 개방 체제로의 이행이 이루어지는 과정에서 이른바 제2차 수출 주도 성장 경제 체제가 확대되었다.

[그림 6-2] 한국의 경제 성장률

출처: 한국은행 경제통계시스템 ECOS

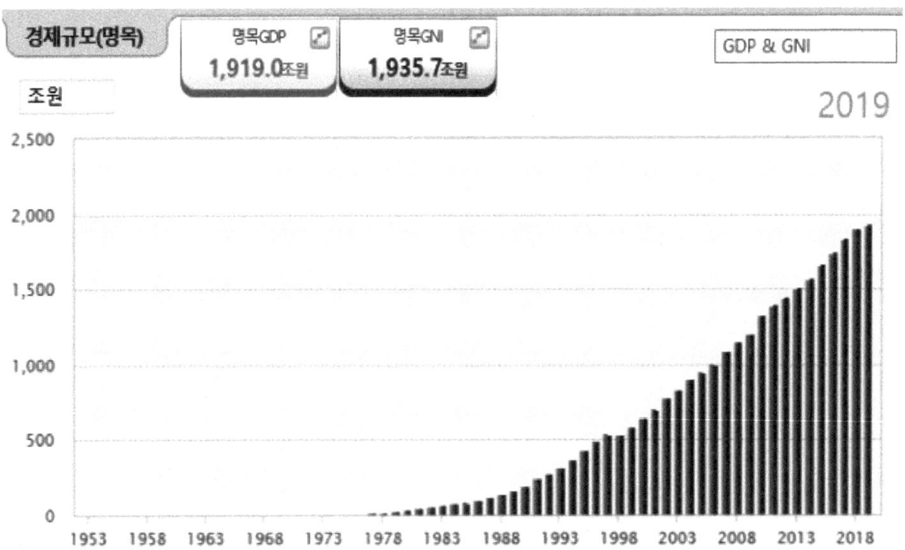


[그림 6-3] 한국의 경제 규모 변화, 1953년~2019년

출처: 한국은행 경제통계시스템 ECOS

1945년 해방 이후 한국 경제는 지속적인 경제 성장을 이루어왔으며 [그림 6-3]에서 보는 것처럼 한국 경제 규모는 1978년 미미하던 수준에서 현재에 이르기까지 가파르게 상승한 것을 확인할 수 있다. 제2차 세계대전이 끝나자 선진국 경제가 안정세를 유지하는 가운데 한국 경제도 성장세를 이어왔다. 특히 한국의 경제 규모 성장 추세는 1962년 이후 더욱더 확대하였으며, 1980년 이후에는 유럽연합(EU)의 등장과 함께 지역 공동체의 성립과 자유무역협정(Free Trade Agreement: FTA)의 중요성을 더욱더 강조하였다(이재형, 2019).

단기적으로 무역이 활성화되면 각국은 비교우위를 갖는 산업에 집중하기 때문에 규모의 경제 효과를 누릴 수 있다. 이 과정에서 동시에 경제 효율성이 증가하고 생산성이 증대되며, 세계 여러 나라가 치열한 경쟁 환경 속에서 비교우위에 있는 산업에 특화하면서 국내 시장보다 넓은 세계시장을 상대로 생산 및 판매 활동을 확대하게 되어 해외수요 증가로 성장을 촉진한다.[49)]

장기적으로 무역은 지식 전달을 통하여 경제 성장을 촉진한다. 내생적 성장 이론(endogenous growth theory)에 따르면 경제 내부에서 발생하는 기술 확산 및 축적이 경제 성장의 주요 원동력이다. 연구 개발 투자나 인적 자본의 축적에 의한 자체적인 기술 개발뿐만이 아니라 외국의 선진 기술을 습득하는 것도 기술 진보의 주요 원천이 되기 때문에 국내 시장 개방 혹은 무역 확대는 교역 국가 간 지식과 기술의 진보율을 높이고, 경제 성장에 기여한다(이재형, 2019).

[그림 6-4]는 산업별로 한국 경제 성장에 어느 정도 기여하였는지를 보여주는 성장 기여도를 보여 주고 있다. 경제 개발의 초기 단계에는 농림어업 분야의 기여도가 가장 높으며 그 뒤를 이어 서비스업이 주를 이루었다. 경제 개발 진전과 산업화가 가속화되는 1960년대 중반 이후부터는 한국 경제 성장은 제조업과 서비스업이 주요 성장 동력으로 자리매김하였다. 그러나 한국경제는 글로벌금융위기 이후의 기간인 2012년 이후부터 눈에 띄는 저성장세를 보인다. 이런 이유는 제조업의 성장률이 1% 혹은 그 이하로 정체되고 있지만

49) 이재형, 『무역 개방의 경제적 효과와 구조적 변화에 대한 추정: 1956~2015년 기간 오차수정모형을 이용한 한국의 시계열분석』. 2018.

새로운 성장 원천이 되어야 할 서비스업의 성장세가 두드러지지 못하고 오히려 기존보다 낮은 성장률을 보이는 답보 상태를 보이고 있다는 것에 기인한다.

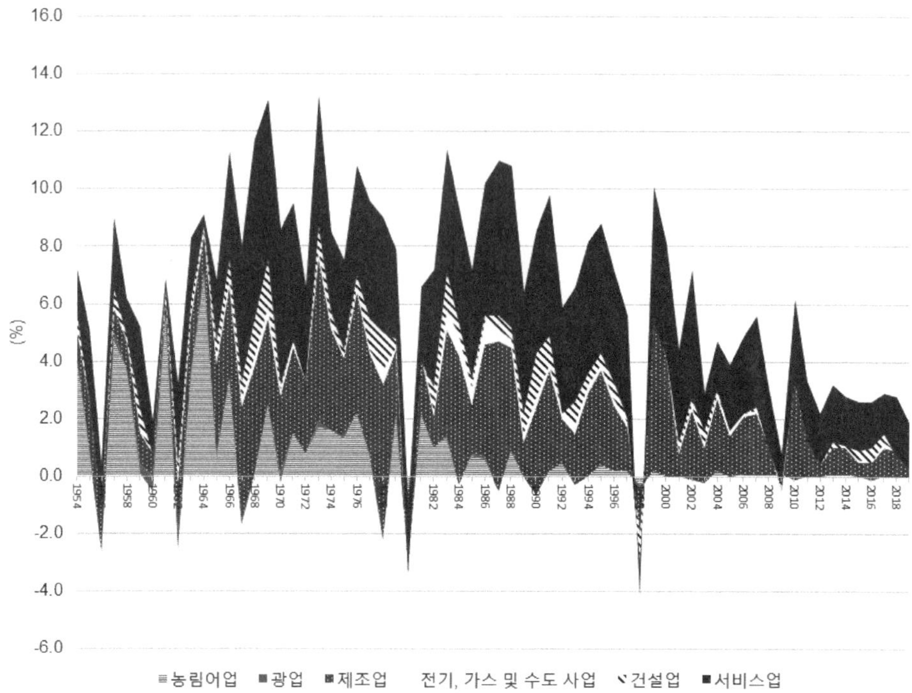


[그림 6-4] 한국의 GDP 성장 기여도(실질), 1953년~2019년

출처: 한국은행 경제통계시스템 ECOS을 활용하여 작성

[그림 6-4]에서 관찰된 분야별 성장 기여도는 한국 경제의 산업 구조에 그대로 투영되는데 부가가치를 기준으로 한 한국의 경제 구조의 변화를 [그림 6-5]에서 관찰할 수 있다. 장기적으로 농림어업의 비중은 지속해서 하락하고 있으며 서비스업의 팽창 추세를 보이고 있지만 제조업의 비중은 1988년까지 확대하였다가 축소되는 경향을 노출하고 있다.

2019년 현재 한국의 산업구조를 보면 서비스업이 62.4%로 가장 큰 비중을 차지하고 있으며, 광공업이 27.8%를 차지하고 있다. 서비스와 광공업, 이 두 분야의 비중이 90%를 상회하고 있는데 광공업 중에서는 제조업이 27.7%로 대부분을 차지하고 있다. 나머지 산업 분야에서는 건설업 6%, 전기, 가스 및 수도 사업이 2.1%를 차지하고 있으며 농림어업은 전체 부가가치 창출의 1.8% 정도만을 차지하고 있다.

1953년의 산업 구조는 2019년의 산업구조와 커다란 차이를 보이는데 농림어업 분야의 비중이 48.6%로 가장 높게 나타나고 있으며, 서비스업 39.8%를 나타내고 있어 이 두 분야가 전체 부가가치에서 차지하는 비중은 88%를 상회하였다. 같은 해 광공업은 9% 그중에서 제조업은 7.9% 정도의 비중만을 기록하였고, 건설업 2.2%와 전기, 가스 및 수도 사업은 0.4%의 비중만을 차지하였다.

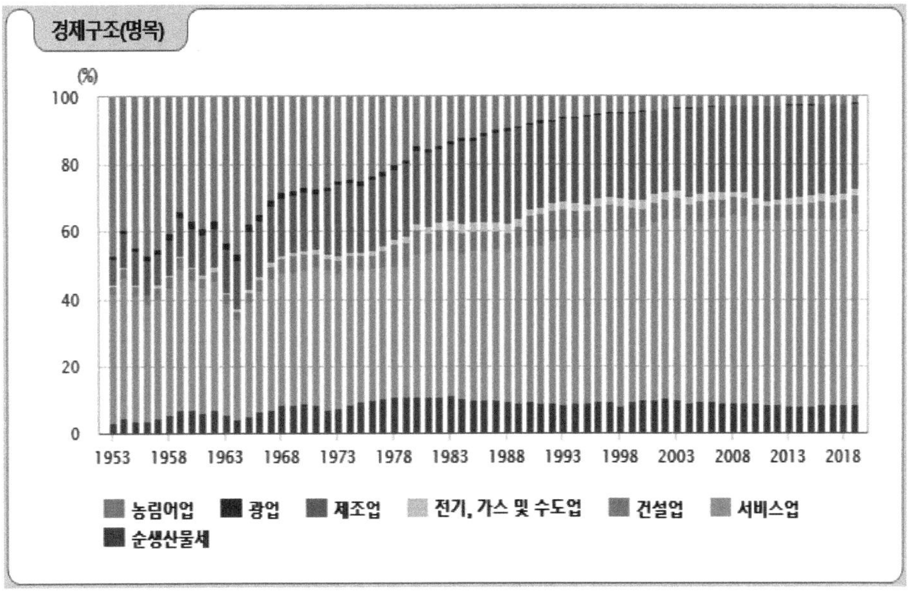


[그림 6-5] 한국의 경제 구조 변화, 1953년~2019년

출처: 한국은행 경제통계시스템 ECOS

1965년 이후부터 농림어업의 비중이 줄어들고 제조업 비중이 늘어나기 시작하였는데 1972년에는 제조업의 비중이 20.2%를 기록하였고 농림어업은 28.6%, 제조업은 44.6%를 기록하였다. 제조업 비중의 확대는 지속하여 1978년에는 처음으로 그 비중이 23.7%를 기록하여 22.3%를 기록한 농림어업을 추월하였다. 제조업의 비중은 그 이후에도 지속해서 팽창하여 1988년에는 30.5%로 기록한 후 서서히 그 비중이 하락하기 시작하였다. 제조업 비중의 하락과 농

림어업 비중 하락의 이면에는 서비스업의 팽창이 두드러졌다. 1989년 처음으로 50.9%의 비중으로 그해 부가가치의 절반 이상을 창출한 서비스업은 2006년에는 그 비중이 60%를 초과한 60.3%를 기록하였다. 그러나 2008년 금융위기 이후 서비스업은 그 비중의 확대를 지속하지 못하고 오히려 정체되거나 위축되는 형상을 보이는데 제조업은 오히려 그 비중을 확대하여 2011년에는 그 비중이 가장 높은 30.9%를 기록하였고 서비스의 비중은 60% 이하로 하락하였다. 한국 경제의 저성장세가 두드러지기 시작한 2012년 이후부터 제조업의 비중은 점진적으로 하락하고 2019년 27.7%, 서비스업은 미세하나마 그 비중을 확대하기 시작하여 같은 해 62.8%의 비중을 차지하였다.

[그림 6-6]을 살펴보면 1985년도부터 2019년까지 소비자 물가지수는 꾸준히 증가하는 추세를 보이는 가운데 물가 상승률, 즉 인플레이션은 장기적으로 하락하는 추세이다. 1985년 이후 하락하는 추세를 보이던 인플레이션은 1999년 아시아 금융위기로 급격히 하락한 후 한국 경제의 회복과 더불어 다소 상승하는 추세를 보이다가, 2014년에 이후 지속해서 하락하고 있다.

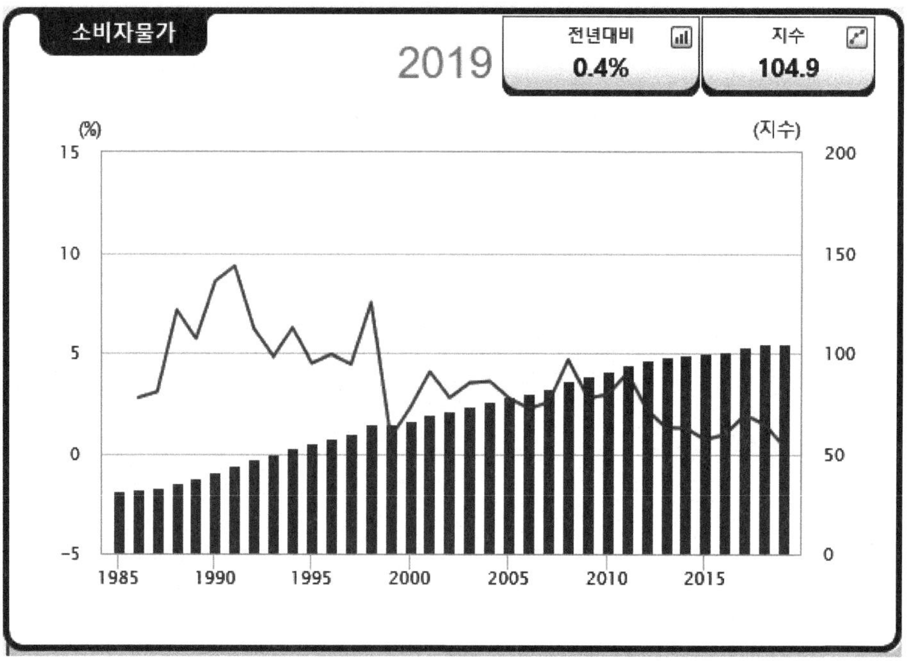


[그림 6-6] 한국의 소비자 물가

출처: 한국은행 경제통계시스템 ECOS

## 6.1 세계 무역 중 한국의 비중 및 무역의존도

한국 경제 전체에서 수출이 차지하는 비중은 1990년대 중반 이후 빠른 속도로 증가하였으나, 리먼 브러더스 사태가 촉발한 글로벌 경제 위기 기간인 2008년 이후에는 약간의 감소 및 정체 국면을 나타내고 있다. 1994년을 저점으로 하여 무역의존도(degree of dependence upon foreign trade)[50]는 2011년 114%까지 상승하였고, 수출의 성장 기여도도 200%를 넘어섰다. 1980년대 이후 글로벌 가치사슬(Global Value Chain)이 확산하는 추세에서 중간투입에서의 수입과 수출이 모두 증가하면서 전 세계적으로 GDP 대비 교역량의 비중이 많이 증가하였다(전병유, 2018).

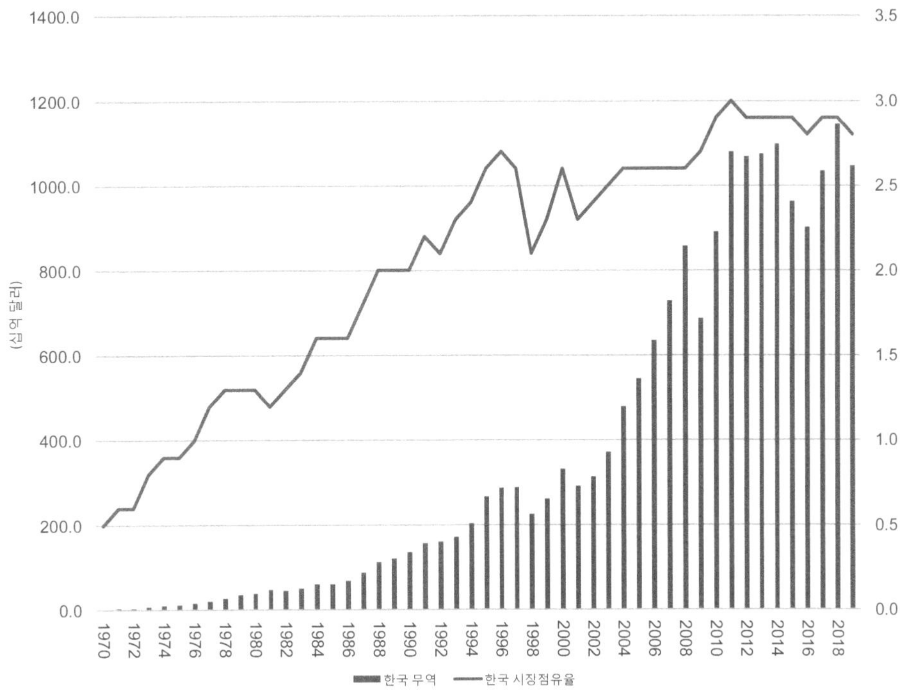


[그림 6-7] 한국 무역과 시장점유율 변화, 2000년~2019년

출처: 한국무역협회(http://stat.kita.net/stat/world/major/KoreaStats01.screen)

---

50) 무역의존도는 국민 소득 또는 국내 총생산에 대한 수출입액의 비율로 나타낸다((수출입총액/GDP)×100).

세계 무역에서 한국이 차지하는 무역 비중, 즉 시장점유율은 눈에 띄게 증가하였다. 1970년 0.5%에 머물렀던 시장점유율은 1970년대 중화학공업 육성 등으로 1976년 1.0%를 넘어섰고, 1980년대 중반 1.5%, 1980년대 후반 2.0%, 1997년 2.7%를 보인 후 아시아 금융위기, 즉 외환위기 영향으로 1998년에는 2.1%로 점유율이 낮아졌다. 2009년 IMF 이전 수준인 2.7%를 회복하고 2011년 3.0%를 넘어섰으며, 그 이후 2.8~2.9%를 유지하고 있다([그림 6-7] 참조). 2020년 4월 현재 한국의 세계 무역 비중은 2.9%로 세계 8위, 수출비중은 3.0%로 6위, 수입비중은 2.8%로 9위이다([표 6-3] 참조).

[표 6-3] 한국의 주요 국가별 수출입 (2019년 기준, 단위: 백만 달러)

| 순번 | 국가명 | 2018년 | | | | | 2019년 | | | | |
|---|---|---|---|---|---|---|---|---|---|---|---|
| | | 수출액 | 수출 증감률 | 수입액 | 수입 증감률 | 수지 | 수출액 | 수출 증감률 | 수입액 | 수입 증감률 | 수지 |
| | 세계 | 19,522,259 | 11.5 | 19,587,304 | 10.3 | -65,045 | 18,694,022 | -4.2 | 18,988,459 | -3.1 | -294,437 |
| 1 | 중국 | 2,474,149 | 8.5 | 2,135,261 | 16.5 | 338,888 | 2,464,407 | -0.4 | 2,067,974 | -3.2 | 396,433 |
| 2 | 미국 | 1,654,007 | 7.0 | 2,532,850 | 8.1 | -878,843 | 1,641,118 | -0.8 | 2,498,402 | -1.4 | -857,284 |
| 3 | 독일 | 1,589,655 | 9.8 | 1,289,940 | 10.9 | 299,715 | 1,489,158 | -6.3 | 1,234,222 | -4.3 | 254,936 |
| 4 | 네덜란드 | 717,586 | 10.0 | 620,568 | 8.0 | 97,018 | 709,229 | -1.2 | 635,967 | 2.5 | 73,262 |
| 5 | 일본 | 732,629 | 5.0 | 748,849 | 11.6 | -16,220 | 705,549 | -3.7 | 747,735 | -0.1 | -42,186 |
| 6 | 프랑스 | 586,824 | 9.7 | 683,262 | 9.2 | -96,438 | 569,732 | -2.9 | 651,179 | -4.7 | -81,447 |
| 7 | 한국 | 601,154 | 7.0 | 543,186 | 14.9 | 57,968 | 541,847 | -9.9 | 504,171 | -7.2 | 37,676 |
| 8 | 홍콩 | 578,141 | 5.1 | 629,529 | 6.7 | -51,388 | 535,807 | -7.3 | 578,783 | -8.1 | -42,976 |
| 9 | 이탈리아 | 552,773 | 8.9 | 501,920 | 10.8 | 50,853 | 532,663 | -3.6 | 473,512 | -5.7 | 59,151 |
| 10 | 영국 | 482,667 | 9.4 | 679,224 | 5.5 | -196,557 | 469,051 | -2.8 | 689,481 | 1.5 | -220,430 |
| 11 | 멕시코 | 450,572 | 10.1 | 492,133 | 10.4 | -41,561 | 461,116 | 2.3 | 482,613 | -1.9 | -21,497 |
| 12 | 캐나다 | 448,439 | 7.1 | 480,517 | 5.0 | -32,078 | 446,098 | -0.5 | 479,228 | -0.3 | -33,130 |
| 13 | 벨기에 | 476,000 | 10.6 | 459,048 | 12.3 | 16,952 | 444,563 | -6.6 | 426,198 | -7.2 | 18,365 |
| 14 | 러시아 | 446,421 | 25.5 | 235,984 | 4.4 | 210,437 | 419,732 | -6.0 | 242,628 | 2.8 | 177,104 |
| 15 | 싱가포르 | 389,019 | 6.3 | 388,671 | 20.0 | 348 | 388,450 | -0.1 | 359,251 | -7.6 | 29,199 |
| 16 | 스페인 | 347,668 | 8.8 | 387,668 | 10.1 | -40,000 | 333,622 | -4.0 | 371,929 | -4.1 | -38,307 |
| 17 | 인도(인디아) | 319,332 | 7.8 | 516,746 | 16.7 | -197,414 | 321,942 | 0.8 | 483,301 | -6.5 | -161,359 |
| 18 | 스위스 | 308,389 | 3.1 | 286,466 | 8.5 | 21,923 | 313,746 | 1.7 | 276,403 | -3.5 | 37,343 |
| 19 | 호주 | 265,219 | 15.7 | 238,575 | 4.9 | 26,644 | 272,574 | 2.8 | 226,955 | -4.9 | 45,619 |
| 20 | 폴란드 | 266,553 | 13.7 | 270,011 | 15.5 | -3,458 | 264,013 | -1.0 | 261,998 | -3.0 | 2,015 |

| 21 | 사우디아라비아 | 316,847 | 43.8 | 130,289 | 1.9 | 186,558 | 259,427 | −18.1 | 132,158 | 1.4 | 127,269 |
|---|---|---|---|---|---|---|---|---|---|---|---|
| 22 | 아랍에미리트 | 272,682 | 37.1 | 252,261 | −2.1 | 20,421 | 251,892 | −7.6 | 226,932 | −10.0 | 24,960 |
| 23 | 태국 | 250,137 | 6.0 | 244,848 | 9.5 | 5,289 | 245,346 | −1.9 | 239,307 | −2.3 | 6,039 |
| 24 | 말레이시아 | 244,855 | 12.4 | 217,664 | 11.6 | 27,191 | 238,104 | −2.8 | 204,835 | −5.9 | 33,269 |
| 25 | 브라질 | 242,363 | 11.3 | 189,966 | 18.9 | 52,397 | 222,200 | −8.3 | 187,974 | −1.0 | 34,226 |
| 26 | 체코공화국 | 205,971 | 13.1 | 185,760 | 13.7 | 20,211 | 198,511 | −3.6 | 178,248 | −4.0 | 20,263 |
| 27 | 베트남 | 240,470 | 12.2 | 230,244 | 1.7 | 10,226 | 190,856 | −20.6 | 214,327 | −6.9 | −23,471 |
| 28 | 터키 | 168,023 | 7.0 | 223,039 | −4.6 | −55,016 | 180,871 | 7.6 | 210,347 | −5.7 | −29,476 |
| 29 | 오스트리아 | 189,013 | 12.5 | 195,498 | 11.2 | −6,485 | 179,021 | −5.3 | 184,965 | −5.4 | −5,944 |
| 30 | 아일랜드 | 166,667 | 21.2 | 107,254 | 20.7 | 59,413 | 169,780 | 1.9 | 98,482 | −8.2 | 71,298 |
| 31 | 인도네시아 | 170,972 | 1.4 | 179,800 | 14.8 | −8,828 | 165,528 | −3.2 | 149,869 | −16.6 | 15,659 |
| 32 | 스웨덴 | 165,906 | 8.4 | 169,669 | 10.2 | −3,763 | 160,543 | −3.2 | 158,690 | −6.5 | 1,853 |
| 33 | 헝가리 | 130,755 | 14.9 | 121,710 | 13.2 | 9,045 | 123,616 | −5.5 | 119,814 | −1.6 | 3,802 |
| 34 | 덴마크 | 107,428 | 4.7 | 101,562 | 8.8 | 5,866 | 110,699 | 3.0 | 97,533 | −4.0 | 13,166 |
| 35 | 노르웨이 | 119,375 | 19.1 | 92,388 | 17.7 | 26,987 | 102,827 | −13.9 | 85,896 | −7.0 | 16,931 |
| 36 | 남아프리카 | 100,898 | 12.9 | 100,950 | 14.7 | −52 | 89,967 | −10.8 | 93,374 | −7.5 | −3,407 |
| 37 | 슬로바키아공화국 | 97,350 | 15.2 | 92,746 | 11.3 | 4,604 | 89,682 | −7.9 | 90,048 | −2.9 | −366 |
| 38 | 이라크 | 91,731 | 42.6 | 35,447 | 2.3 | 56,284 | 88,146 | −3.9 | 38,294 | 8.0 | 49,852 |
| 39 | 루마니아 | 82,069 | 16.0 | 96,652 | 13.1 | −14,583 | 76,873 | −6.3 | 96,530 | −0.1 | −19,657 |
| 40 | 카타르 | 84,289 | 24.9 | 31,696 | 6.0 | 52,593 | 75,748 | −10.1 | 28,740 | −9.3 | 47,008 |
| 41 | 핀란드 | 79,005 | 16.1 | 77,296 | 9.5 | 1,709 | 73,333 | −7.2 | 73,500 | −4.9 | −167 |
| 42 | 필리핀 | 67,591 | 7.1 | 109,110 | 17.5 | −41,519 | 70,085 | 3.7 | 108,873 | −0.2 | −38,788 |
| 43 | 칠레 | 75,286 | 8.7 | 74,485 | 14.5 | 801 | 69,683 | −7.4 | 69,593 | −6.6 | 90 |
| 44 | 포르투갈 | 67,979 | 9.4 | 93,233 | 18.7 | −25,254 | 67,059 | −1.4 | 89,924 | −3.5 | −22,865 |
| 45 | 나이지리아 | 72,551 | 56.3 | 41,779 | 15.6 | 30,772 | 66,101 | −8.9 | 43,687 | 4.6 | 22,414 |
| 46 | 아르헨티나 | 41,767 | −28.1 | 59,439 | −11.9 | −17,672 | 64,467 | 54.3 | 49,083 | −17.4 | 15,384 |
| 47 | 이스라엘 | 61,518 | 2.5 | 80,433 | 16.4 | −18,915 | 57,902 | −5.9 | 76,440 | −5.0 | −18,538 |
| 48 | 카자흐스탄 | 59,107 | 22.3 | 33,459 | 14.8 | 25,648 | 57,678 | −2.4 | 38,420 | 14.8 | 19,258 |
| 49 | 우크라이나 | 48,073 | 13.5 | 58,084 | 19.2 | −10,011 | 49,894 | 3.8 | 60,561 | 4.3 | −10,667 |
| 50 | 오만 | 44,664 | 26.6 | 30,683 | 15.7 | 13,981 | 48,650 | 8.9 | 23,156 | −24.5 | 25,494 |

출처: 한국무역협회(http://stat.kita.net/stat/world/major/KoreaStats01.screen

GDP 대비 무역총액 비중을 나타내는 무역의존도는 무역 비중의 등락과 마찬가지로 변화하였다. 무역의존도는 2000년도 57.8% 이후 2004년부터 60%

대를 넘어서고 IMF 직후인 2008년에는 81.9%로 더욱 높아졌으며, 2011년에는 86.1%로 정점을 보였다. 그 이후 무역의존도가 점차 축소되어 2016년에는 60.1%까지 낮아졌으나, 반도체 등의 수출 비중이 증가로 다시 무역의존도가 높아지고 있다([표 6-4]와 [그림 6-8] 참조).

[표 6-4] 한국의 무역 의존도 변화

| 연도 | 명목GDP (백만 달러 ) | 수출 | | 수입 | | 무역의존도 (%) |
|---|---|---|---|---|---|---|
| | | 금액 (백만 달러) | 의존도 (%) | 금액 (백만 달러) | 의존도 (%) | |
| 2019년 | 1,642,184.0 | 542,233.0 | 33.0 | 503,343.0 | 30.7 | 63.7 |
| 2018년 | 1,720,579.0 | 604,860.0 | 35.2 | 535,202.0 | 31.1 | 66.3 |
| 2017년 | 1,623,902.0 | 573,694.0 | 35.3 | 478,478.0 | 29.5 | 64.8 |
| 2016년 | 1,500,112.0 | 495,426.0 | 33.0 | 406,193.0 | 27.1 | 60.1 |
| 2015년 | 1,465,773.0 | 526,757.0 | 35.9 | 436,499.0 | 29.8 | 65.7 |
| 2014년 | 1,484,318.0 | 572,665.0 | 38.6 | 525,515.0 | 35.4 | 74.0 |
| 2013년 | 1,370,795.0 | 559,632.0 | 40.8 | 515,586.0 | 37.6 | 78.4 |
| 2012년 | 1,278,428.0 | 547,870.0 | 42.9 | 519,584.0 | 40.6 | 83.5 |
| 2011년 | 1,253,223.0 | 555,214.0 | 44.3 | 524,413.0 | 41.8 | 86.1 |
| 2010년 | 1,144,067.0 | 466,384.0 | 40.8 | 425,212.0 | 37.2 | 77.9 |
| 2009년 | 943,942.0 | 363,534.0 | 38.5 | 323,085.0 | 34.2 | 72.7 |
| 2008년 | 1,047,339.0 | 422,007.0 | 40.3 | 435,275.0 | 41.6 | 81.9 |
| 2007년 | 1,172,614.0 | 371,489.0 | 31.7 | 356,846.0 | 30.4 | 62.1 |
| 2006년 | 1,053,217.0 | 325,465.0 | 30.9 | 309,383.0 | 29.4 | 60.3 |
| 2005년 | 934,901.0 | 284,419.0 | 30.4 | 261,238.0 | 27.9 | 58.4 |
| 2004년 | 793,176.0 | 253,845.0 | 32.0 | 224,463.0 | 28.3 | 60.3 |
| 2003년 | 702,715.0 | 193,817.0 | 27.6 | 178,827.0 | 25.4 | 53.0 |
| 2002년 | 627,247.0 | 162,471.0 | 25.9 | 152,126.0 | 24.3 | 50.2 |
| 2001년 | 547,656.0 | 150,439.0 | 27.5 | 141,098.0 | 25.8 | 53.2 |
| 2000년 | 576,179.0 | 172,268.0 | 29.9 | 160,481.0 | 27.9 | 57.8 |

출처: 산업통상자원부, 관세청 통관자료 〈명목GDP : 한국은행〉;
한국무역협회(http://stat.kita.net/stat/world/major/KoreaStats01.screen)

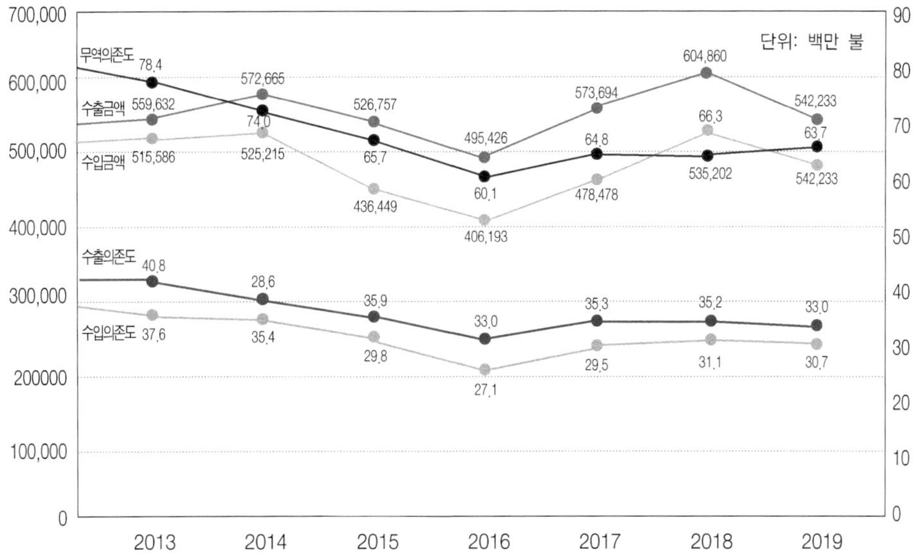


[그림 6-8] 한국의 수출입과 무역 의존도 변화

출처: 한국무역협회(http://stat.kita.net/stat/world/major/KoreaStats01.screen)

## 6.2 한국의 주요 교역 상대국

2019년 한국의 주요 수출 대상국 중에서 중국은 25%에 가까운 비중을 차지하여 가장 높은 수출 시장점유율을 기록하고 있으며, 그 뒤를 이어 미국 15%로 2위를 차지하고 있다. 2014년까지만 해도 3위가 일본이었으나 2015년 이후 홍콩이 2016년까지 3위를 차지하다가 2017년부터는 베트남이 3위 자리를 차지하고 있다. 베트남을 뒤이어 홍콩, 일본, 대만, 인도, 말레이시아 및 싱가포르가 약 2%대의 수출 시장점유율을 기록하고 있다.

[그림 6-9]에서 보는 바와 같이 중국은 2014년 이후 한국의 교역대상국 중에서 교역량뿐만 아니라 시장점유율 면에서 1위의 자리를 지속해서 차지하고 있다. 한국은 1990년대에 한국은 대중국 교역에서 자동차, 철강 제품, 유기화학 및 플라스틱 제품에서 흑자를 유지하였고, 농산물, 광물, 섬유사, 의류, 철강(선철) 등에서 적자를 기록하였다. 2000년대에 들어서면서 합성수지, 석유제품, 유기화학 원료 등 소재 중심의 흑자 구조가 정착되었으며, 2005년 이후부터는 한국의 대중국 무역 흑자가 반도체, 디스플레이 패널, 자동차부품,

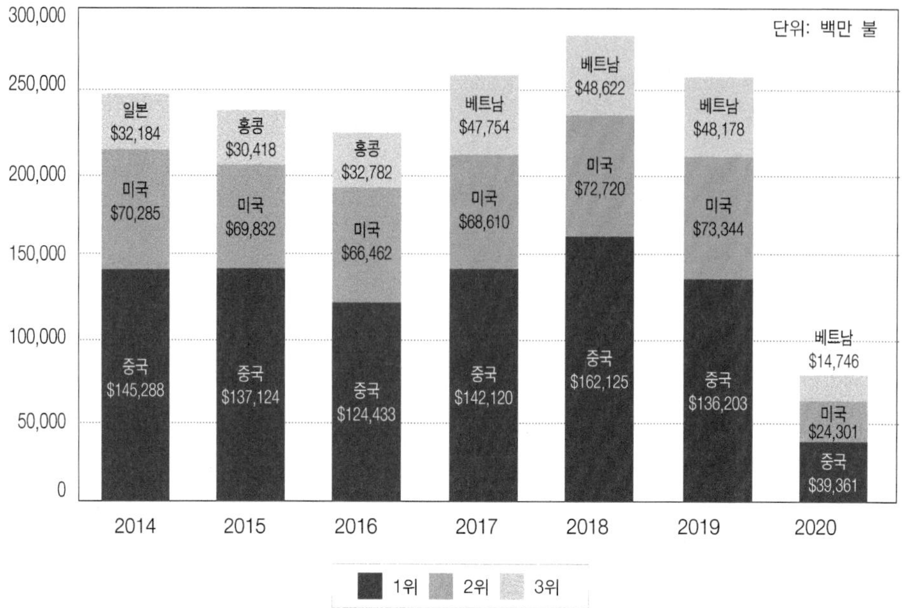


[그림 6-9] 한국의 3대 수출시장의 변화, 2014년~2020년

통신기기 부품 등 부품과 소재 중심의 구조로 변화되었다. 2010년대에는 중국의 소득 수준 향상과 중국 내 자국민 식품 안정성과 관련된 문제와 한류의 확산 등으로 인해 화장품 등 생활 화학제품과 우유, 분유, 유아 음식, 식료품이 새로운 대중국 흑자 품목으로 부상하였다.

2001년 180억 달러이던 한국의 대중국 교역액은 2015년 한-중 FTA 발효를 기점으로 하여 2016년부터 상승하였으나 2019년에 다소 주춤하였다. 한국의 대중국 수출 증가가 주춤하는 양상을 보이는 이유는 중국이 수입 대체재 확보와 가공무역을 강력히 규제하고 있을 뿐만 아니라 중국에 투자한 한국 기업의 현지 생산 및 조달 강화, 중국의 수입 구조 변화와 한국의 수출 상품 연계성 약화 등 복합적인 원인이 작용하였다.

2015년에 발효된 한-중 FTA가 상품 및 서비스 교역 증대에 결정적인 역할을 하였다. [표 6-5]에서부터 [그림 6-10]에서 보듯, 전반적으로 FTA 발효로 인해 한국의 주요 교역국이 변화되는 모습도 확인이 가능하다. 사드 배치 관련 중국의 일방적인 외교 정책 등으로 인해 잠시 주춤하는 모습도 있지만, 중국은 여전히 한국의 제1위 수출 대상국이다.

[표 6-5] 2020년 한국의 10대 수출 대상국

| 연도 (순위) | 총수출액 (백만 불) | 국가 | 10개국 수출액 (백만 불) | 비중 (%) |
|---|---|---|---|---|
| 2020년 | 166,918 | | 118,290 | 70.9 |
| 1위 | | 중국 | 39,361 | 23.6 |
| 2위 | | 미국 | 24,301 | 14.6 |
| 3위 | | 베트남 | 14,746 | 8.8 |
| 4위 | | 홍콩 | 10,307 | 6.2 |
| 5위 | | 일본 | 9,196 | 5.5 |
| 6위 | | 대만 | 4,813 | 2.9 |
| 7위 | | 인도(인디아) | 4,378 | 2.6 |
| 8위 | | 말레이시아 | 4,228 | 2.5 |
| 9위 | | 싱가포르 | 3,961 | 2.4 |
| 10위 | | 독일 | 2,999 | 1.8 |

출처: 산업통상자원부, 관세청 통관자료, 한국무역협회 발췌 (2020. 6. 10. 기준)

[표 6-6] 2020년 한국의 10대 수입 대상국

| 연도 (순위) | 총수입액 (백만 불) | 국가 | 10개국 수입액 (백만 불) | 비중 (%) |
|---|---|---|---|---|
| 2020년 | 159,994 | | 110,039 | 68.8 |
| 1위 | | 중국 | 33,546 | 21.0 |
| 2위 | | 미국 | 21,442 | 13.4 |
| 3위 | | 일본 | 15,319 | 9.6 |
| 4위 | | 베트남 | 6,817 | 4.3 |
| 5위 | | 독일 | 6,709 | 4.2 |
| 6위 | | 사우디아라비아 | 6,417 | 4.0 |
| 7위 | | 호주 | 6,343 | 4.0 |
| 8위 | | 대만 | 5,461 | 3.4 |
| 9위 | | 러시아 | 4,583 | 2.9 |
| 10위 | | 카타르 | 3,402 | 2.1 |

출처: 산업통상자원부, 관세청 통관자료, 한국무역협회 발췌 (2020. 6. 10. 기준)

[표 6-7] 2019년 한국의 10대 수출 대상국

| 연도 (순위) | 총수출액 (백만 불) | 국가 | 10개국 수출액 (백만 불) | 비중 (%) |
|---|---|---|---|---|
| 2019년 | 542,233 | | 381,358 | 70.3 |
| 1위 | | 중국 | 136,203 | 25.1 |
| 2위 | | 미국 | 73,344 | 13.5 |
| 3위 | | 베트남 | 48,178 | 8.9 |
| 4위 | | 홍콩 | 31,913 | 5.9 |
| 5위 | | 일본 | 28,420 | 5.2 |
| 6위 | | 대만 | 15,666 | 2.9 |
| 7위 | | 인도(인디아) | 15,096 | 2.8 |
| 8위 | | 싱가포르 | 12,768 | 2.4 |
| 9위 | | 멕시코 | 10,927 | 2.0 |
| 10위 | | 말레이시아 | 8,843 | 1.6 |

출처: 산업통상자원부, 관세청 통관자료, 한국무역협회 발췌 (2020. 6. 10. 기준)

[표 6-8] 2019년 한국의 10대 수입 대상국

| 연도 (순위) | 총수입액 (백만 불) | 국가 | 10개국 수입액 (백만 불) | 비중 (%) |
|---|---|---|---|---|
| 2019년 | 503,343 | | 343,466 | 68.2 |
| 1위 | | 중국 | 107,229 | 21.3 |
| 2위 | | 미국 | 61,879 | 12.3 |
| 3위 | | 일본 | 47,581 | 9.5 |
| 4위 | | 사우디아라비아 | 21,841 | 4.3 |
| 5위 | | 베트남 | 21,072 | 4.2 |
| 6위 | | 호주 | 20,608 | 4.1 |
| 7위 | | 독일 | 19,937 | 4.0 |
| 8위 | | 대만 | 15,718 | 3.1 |
| 9위 | | 러시아 | 14,567 | 2.9 |
| 10위 | | 카타르 | 13,037 | 2.6 |

출처: 산업통상자원부, 관세청 통관자료, 한국무역협회 발췌(2020. 6. 10. 기준)

[표 6-9] 2018년 한국의 10대 수출 대상국

| 연도 (순위) | 총수출액 (백만 불) | 국가 | 10개국 수출액 (백만 불) | 비중 (%) |
|---|---|---|---|---|
| 2018년 | 604,860 | | 431,660 | 71.4 |
| 1위 | | 중국 | 162,125 | 26.8 |
| 2위 | | 미국 | 72,720 | 12.0 |
| 3위 | | 베트남 | 48,622 | 8.0 |
| 4위 | | 홍콩 | 45,996 | 7.6 |
| 5위 | | 일본 | 30,529 | 5.0 |
| 6위 | | 대만 | 20,784 | 3.4 |
| 7위 | | 인도(인디아) | 15,606 | 2.6 |
| 8위 | | 필리핀 | 12,037 | 2.0 |
| 9위 | | 싱가포르 | 11,782 | 1.9 |
| 10위 | | 멕시코 | 11,458 | 1.9 |

출처: 산업통상자원부, 관세청 통관자료, 한국무역협회 발췌(2020. 6. 10. 기준)

[표 6-10] 2018년 한국의 10대 수입 대상국

| 연도 (순위) | 총수입액 (백만 불) | 국가 | 10개국 수입액 (백만 불) | 비중 (%) |
|---|---|---|---|---|
| 2018년 | 535,202 | | 358,048 | 66.9 |
| 1위 | | 중국 | 106,489 | 19.9 |
| 2위 | | 미국 | 58,868 | 11.0 |
| 3위 | | 일본 | 54,604 | 10.2 |
| 4위 | | 사우디아라비아 | 26,336 | 4.9 |
| 5위 | | 호주 | 20,854 | 3.9 |
| 6위 | | 독일 | 20,719 | 3.9 |
| 7위 | | 베트남 | 19,643 | 3.7 |
| 8위 | | 러시아 | 17,504 | 3.3 |
| 9위 | | 대만 | 16,738 | 3.1 |
| 10위 | | 카타르 | 16,294 | 3.0 |

출처: 산업통상자원부, 관세청 통관자료, 한국무역협회 발췌 (2020. 6. 10. 기준)

## 6.3 한국의 무역 상품 구조

### 6.3.1 수출상품 구조

우리나라의 무역상품은 1960년대 철광석, 중석, 무연탄 등 1차 산업 품목이 주를 이루었으나 1970년대는 공업화 발전에 따라 공산품이 주축이 되었다. 1970년대 초반에는 섬유류, 합판 등 경공업 위주였으나 산업구조의 고도화 추세에 따라 중화학 및 정밀기계 제품의 부상했다. 1970년대 중반에는 제3차 경제개발 계획에 따라 철강, 조선, 기계, 전자, 화학, 비철금속 등 중화학 산업 육성으로 1982년 이후에는 중화학공업제품의 수출이 경공업 제품 수출을 추월하였다. 1986년까지 1위 수출 품목은 의류 등 섬유류였으며, 1990년대 초까지 가구와 함께 수출을 주도하였다. 그러나 1975년 이후 반도체 소자, TV 및 부품 등 기술집약적인 품목 수출의 가속화에 따라 1986년에는 이들 품목이 수출 2위 품목으로 부상하였다. 1990년대부터 반도체가 거의 줄곧 현재까지 수출 1위 품목으로 자리 잡고 있다.

3대 수출 품목은 1990년대 초에는 반도체, 의류, 가구, 1990년대 중반부터 반도체, 자동차, 선박 해양 구조물 및 부품, 1990년대 말에는 반도체와 자동차, 컴퓨터이었으나, 2000년 초부터는 컴퓨터에서 무선통신으로 대체되었다. 2008년부터는 반도체, 자동차, 선박 해양 구조물 및 부품, 석유제품 등이 수출 주력 품목으로 자리 잡고 있으나 반도체 비중이 2015년 11.9%에서 2018년 20.9%, 2019년 17.3%로 매우 높은 편이다. ([그림 6-10], [표 6-11] 및 [표 6-13] 참조)

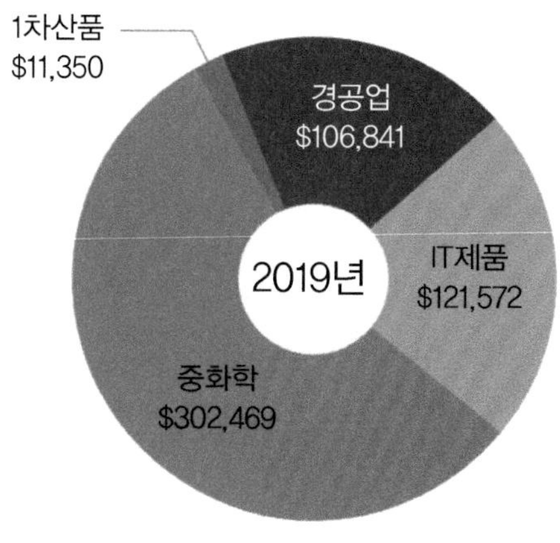


[그림 6-10] 한국의 수출 상품 구조

[표 6-11] 한국의 수출 상품 구조 변화, 2000년~2020년

| 년월 | 1차산품 (백만 불) | 경공업 (백만 불) | 중화학 (백만 불) | IT제품 (백만 불) |
|---|---|---|---|---|
| 2020년 | 4,567 (2.7%) | 32,254 (19.3%) | 89,093 (53.4%) | 41,004 (24.6%) |
| …1월 | 912 (2.1%) | 7,989 (18.5%) | 24,741 (57.4%) | 9,481 (22.0%) |
| …2월 | 1,152 (2.8%) | 7,947 (19.4%) | 21,890 (53.5%) | 9,904 (24.2%) |
| …3월 | 1,242 (2.7%) | 9,248 (20.0%) | 24,139 (52.1%) | 11,723 (25.3%) |
| …4월 | 1,261 (3.5%) | 7,071 (19.3%) | 18,322 (50.1%) | 9,896 (27.1%) |
| 2019년 | 11,350 (2.1%) | 106,841 (19.7%) | 302,469 (55.8%) | 121,572 (22.4%) |
| 2018년 | 10,724 (1.8%) | 114,012 (18.8%) | 319,550 (52.8%) | 160,573 (26.5%) |
| 2017년 | 10,486 (1.8%) | 99,926 (17.4%) | 318,110 (55.4%) | 145,172 (25.3%) |
| 2016년 | 12,609 (2.5%) | 54,886 (11.1%) | 301,151 (60.8%) | 126,780 (25.6%) |
| 2015년 | 11,914 (2.3%) | 54,794 (10.4%) | 324,470 (61.6%) | 135,578 (25.7%) |
| 2014년 | 12,844 (2.2%) | 58,713 (10.3%) | 365,155 (63.8%) | 135,952 (23.7%) |
| 2013년 | 12,117 (2.2%) | 57,727 (10.3%) | 359,597 (64.3%) | 130,192 (23.3%) |
| 2012년 | 14,677 (2.7%) | 56,242 (10.3%) | 357,346 (65.2%) | 119,605 (21.8%) |
| 2011년 | 15,725 (2.8%) | 34,200 (6.2%) | 380,722 (68.6%) | 124,566 (22.4%) |
| 2010년 | 11,497 (2.5%) | 29,397 (6.3%) | 299,098 (64.1%) | 126,392 (27.1%) |
| 2009년 | 9,337 (2.6%) | 23,805 (6.5%) | 230,081 (63.3%) | 100,310 (27.6%) |
| 2008년 | 7,793 (1.8%) | 27,040 (6.4%) | 282,494 (66.9%) | 104,680 (24.8%) |
| 2007년 | 5,633 (1.5%) | 25,834 (7.0%) | 233,533 (62.9%) | 106,489 (28.7%) |
| 2006년 | 5,089 (1.6%) | 25,135 (7.7%) | 203,721 (62.6%) | 91,521 (28.1%) |
| 2005년 | 4,225 (1.5%) | 25,244 (8.9%) | 172,444 (60.6%) | 82,505 (29.0%) |
| 2004년 | 6,885 (2.7%) | 25,572 (10.1%) | 143,859 (56.7%) | 77,529 (30.5%) |
| 2003년 | 5,291 (2.7%) | 24,081 (12.4%) | 104,896 (54.1%) | 59,550 (30.7%) |
| 2002년 | 3,984 (2.5%) | 24,146 (14.9%) | 85,555 (52.7%) | 48,786 (30.0%) |
| 2001년 | 4,110 (2.7%) | 24,619 (16.4%) | 81,064 (53.9%) | 40,647 (27.0%) |
| 2000년 | 4,776 (2.8%) | 27,934 (16.2%) | 84,473 (49.0%) | 55,085 (32.0%) |

출처: 산업통상자원부, 관세청 통관자료, 한국무역협회 발췌(2020. 6. 10. 기준)

### 6.3.2 수입상품 구조

2019년 기준 우리나라의 수입 품목은 원자재와 자본재 비중이 78%를 넘는

다. 이는 부존자원이 빈약하여 원재료 및 중간재를 수입하여 수출품을 생산한 후에 수출하는 무역구조에 기인한다. 상품수입 주력 품목은 1960년대 원면, 소맥, 1970년대는 쌀, 원유, 원목, 원면, 철광석 등 부존자원 부족에 따른 에너지 자원 및 광물 자원 등의 수입이 주를 이루었다. 1975년 이후에는 중화학 제품의 수출 호조로 선박, 전자관, 반도체, 내연기관 등의 자본재, 1981년 이후에는 선박, 석탄, 코크스 등이 주로 수입되었다. 1990년대 이후에는 원유, 반도체, 천연가스 등이 주력 수입 품목으로 자리 잡고 있다([그림 6-11], [표 6-12] 및 [표 6-14] 참조).

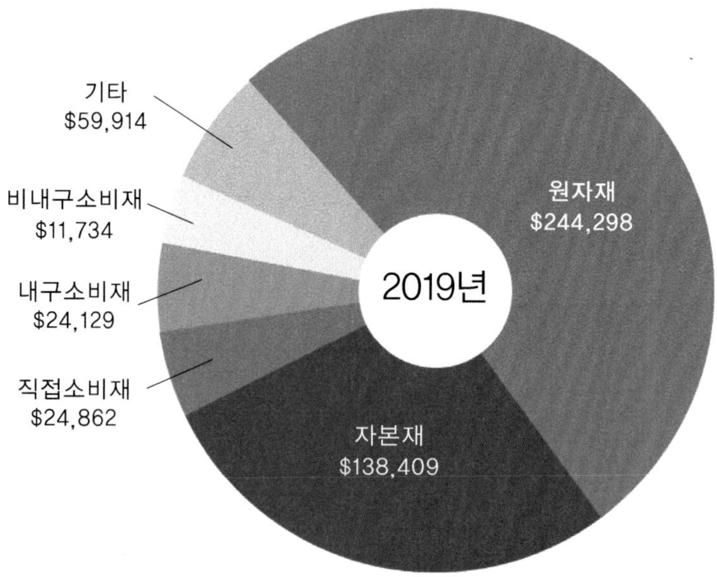


[그림 6-11] 한국의 수입 상품 구조

[표 6-12] 한국의 수입 상품 구조 변화, 2000년~2020년

| 년월 | 원자재 (백만 불) | 자본재 (백만 불) | 소비재 (백만 불) | |
|---|---|---|---|---|
| | | | 내구 | 직접 |
| 2020년 | 75,534 (47.2%) | 46,299 (28.9%) | 7,233 (4.5%) | 8,424 (5.3%) |
| …1월 | 21,564 (50.4%) | 11,049 (25.8%) | 1,695 (4.0%) | 2,387 (5.6%) |
| …2월 | 18,756 (50.5%) | 10,553 (28.4%) | 1,372 (3.7%) | 1,825 (4.9%) |
| …3월 | 19,065 (45.3%) | 12,818 (30.5%) | 1,939 (4.6%) | 2,094 (5.0%) |

| …4월 | 16,149 (42.6%) | 11,878 (31.3%) | 2,227 (5.9%) | 2,119 (5.6%) |
|---|---|---|---|---|
| 2019년 | 244,298 (48.5%) | 138,409 (27.5%) | 24,129 (4.8%) | 24,862 (4.9%) |
| 2018년 | 267,358 (50.0%) | 148,837 (27.8%) | 22,399 (4.2%) | 24,954 (4.7%) |
| 2017년 | 224,618 (46.9%) | 148,528 (31.0%) | 18,797 (3.9%) | 22,467 (4.7%) |
| 2016년 | 188,998 (46.5%) | 137,578 (33.9%) | 17,102 (4.2%) | 21,944 (5.4%) |
| 2015년 | 217,425 (49.8%) | 140,272 (32.1%) | 17,207 (3.9%) | 21,637 (5.0%) |
| 2014년 | 309,778 (58.9%) | 138,383 (26.3%) | 15,108 (2.9%) | 21,944 (4.2%) |
| 2013년 | 311,882 (60.5%) | 131,456 (25.5%) | 12,155 (2.4%) | 19,913 (3.9%) |
| 2012년 | 324,955 (62.5%) | 127,717 (24.6%) | 11,625 (2.2%) | 19,217 (3.7%) |
| 2011년 | 327,828 (62.5%) | 143,774 (27.4%) | 18,645 (3.6%) | 19,952 (3.8%) |
| 2010년 | 249,462 (58.7%) | 133,386 (31.4%) | 16,289 (3.8%) | 14,931 (3.5%) |
| 2009년 | 186,053 (57.6%) | 104,011 (32.2%) | 11,945 (3.7%) | 12,528 (3.9%) |
| 2008년 | 271,610 (62.4%) | 122,996 (28.3%) | 15,432 (3.5%) | 15,112 (3.5%) |
| 2007년 | 203,465 (57.0%) | 115,671 (32.4%) | 15,078 (4.2%) | 12,678 (3.6%) |
| 2006년 | 174,767 (56.5%) | 101,144 (32.7%) | 13,029 (4.2%) | 10,616 (3.4%) |
| 2005년 | 142,286 (54.5%) | 90,662 (34.7%) | 10,619 (4.1%) | 9,383 (3.6%) |
| 2004년 | 117,723 (52.4%) | 81,135 (36.1%) | 8,832 (3.9%) | 8,819 (3.9%) |
| 2003년 | 89,519 (50.1%) | 66,947 (37.4%) | 7,644 (4.3%) | 8,181 (4.6%) |
| 2002년 | 76,063 (50.0%) | 56,399 (37.1%) | 6,562 (4.3%) | 7,482 (4.9%) |
| 2001년 | 73,939 (52.4%) | 51,549 (36.5%) | 5,079 (3.6%) | 6,509 (4.6%) |
| 2000년 | 81,574 (50.8%) | 64,578 (40.2%) | 4,726 (2.9%) | 6,325 (3.9%) |

출처 : 산업통상자원부, 관세청 통관자료, 한국무역협회 발췌(2020. 6. 10 기준)

### 6.3.3 최근 한국의 수출 주력 상품

2019년 우리나라의 주력 수출상품은 반도체(17.3%), 자동차(7.9%), 석유제품(7.5%), 자동차부품(4.2%), 평판디스플레이 및 센서(3.8%) 등이며 상위 10위 품목의 수출 비중은 56%를 보인다. 특히, 반도체와 자동차 및 석유제품 등 3위에 속하는 품목들의 수출 비중은 32.7%로 한국은 이들 품목에 대한 수출 의존도가 매우 높다([표 6-13] 참조).

[표 6-13] 한국의 10대 수출 상품, 2018년~2020년

| 연도 (순위) | 총수출액 (백만 불) | 상품 | 10대 상품 수출액 (백만 불) | 비중 (%) |
|---|---|---|---|---|
| 2020년 | 166,918 | | 90,208 | 54.1 |
| …1위 | | 반도체 | 30,496 | 18.3 |
| …2위 | | 자동차 | 11,460 | 6.9 |
| …3위 | | 석유제품 | 10,184 | 6.1 |
| …4위 | | 선박해양구조물 및 부품 | 6,729 | 4.0 |
| …5위 | | 자동차부품 | 6,499 | 3.9 |
| …6위 | | 합성수지 | 6,299 | 3.8 |
| …7위 | | 철강판 | 5,385 | 3.2 |
| …8위 | | 평판디스플레이 및 센서 | 4,985 | 3.0 |
| …9위 | | 컴퓨터 | 4,229 | 2.5 |
| …10위 | | 무선통신기기 | 3,940 | 2.4 |
| 2019년 | 542,233 | | 304,238 | 56.0 |
| …1위 | | 반도체 | 93,930 | 17.3 |
| …2위 | | 자동차 | 43,036 | 7.9 |
| …3위 | | 석유제품 | 40,691 | 7.5 |
| …4위 | | 자동차부품 | 22,535 | 4.2 |
| …5위 | | 평판디스플레이 및 센서 | 20,657 | 3.8 |
| …6위 | | 합성수지 | 20,251 | 3.7 |
| …7위 | | 선박해양구조물 및 부품 | 20,159 | 3.7 |
| …8위 | | 철강판 | 18,606 | 3.4 |
| …9위 | | 무선통신기기 | 14,082 | 2.6 |
| …10위 | | 플라스틱 제품 | 10,292 | 1.9 |
| 2018년 | 604,860 | | 353,671 | 58.5 |
| …1위 | | 반도체 | 126,706 | 20.9 |
| …2위 | | 석유제품 | 46,350 | 7.7 |
| …3위 | | 자동차 | 40,887 | 6.8 |
| …4위 | | 평판디스플레이 및 센서 | 24,856 | 4.1 |
| …5위 | | 자동차부품 | 23,119 | 3.8 |
| …6위 | | 합성수지 | 22,960 | 3.8 |
| …7위 | | 선박해양구조물 및 부품 | 21,275 | 3.5 |
| …8위 | | 철강판 | 19,669 | 3.3 |
| …9위 | | 무선통신기기 | 17,089 | 2.8 |
| …10위 | | 컴퓨터 | 10,760 | 1.8 |

| 2017년 | 573,694 | | 337,345 | 58.8 |
| --- | --- | --- | --- | --- |
| …1위 | | 반도체 | 97,937 | 17.1 |
| …2위 | | 선박해양구조물 및 부품 | 42,182 | 7.4 |
| …3위 | | 자동차 | 41,690 | 7.3 |
| …4위 | | 석유제품 | 35,037 | 6.1 |
| …5위 | | 평판디스플레이 및 센서 | 27,543 | 4.8 |
| …6위 | | 자동차부품 | 23,134 | 4.0 |
| …7위 | | 무선통신기기 | 22,099 | 3.9 |
| …8위 | | 합성수지 | 20,436 | 3.6 |
| …9위 | | 철강판 | 18,111 | 3.2 |
| …10위 | | 컴퓨터 | 9,177 | 1.6 |

출처 : 산업통상자원부, 관세청 통관자료, 한국무역협회 발췌(2020. 6. 10. 기준)

### 6.3.4 최근 한국의 수입 주력 상품

2019년 우리나라의 주력 수입상품은 원유(14.0%), 반도체(9.3%), 천연가스(4.1%), 석유제품(3.5), 반도체 제조용 장비(3.2%) 등이며, 상위 10위에 속하는 수입 품목이 한국 전체 수입에서 차지하는 비중은 45.6%에 달한다. 특히, 원유, 반도체 및 천연가스 등 상위 3위에 속하는 수입 품목의 비중은 27.7%로 나타나고 있다.

한국의 상위 10위에 속하는 수입 비중을 자세히 관찰하면 원유, 천연가스와 석탄 등의 에너지 자원의 비중이 높게 나타나는 것을 알 수 있는데 이는 한국의 천연자원, 특히 에너지 자원 부존 현상을 밀접히 반영하고 있다고 할 수 있다. 반도체 관련 비중이 수입에서도 12.5%로 매우 높음을 알 수 있는데 이와 같은 수입 품목이 시사 하는 바는 원유와 중간 제품을 수입하여 수출하는 일종의 가공 무역이 발달하여 있다는 것을 나타낸다. 나아가 2017년~2019년 기간 자동차 수입이 상위 10권에 자리하고 있는데 이는 한국이 체결하여 발효 중인 FTA, 특히 한-EU FTA와 한-미 FTA를 반영하는 것이라고 할 수 있다([표 6-14] 참조).

[표 6-14] 한국의 10대 수입 상품, 2018년~2020년

| 연도 (순위) | 총수입액 (백만 불) | 상품 | 10대 상품 수입액 (백만 불) | 비중 (%) |
|---|---|---|---|---|
| 2020년 | 159,994 | | 73,134 | 45.7 |
| …1위 | | 원유 | 20,109 | 12.6 |
| …2위 | | 반도체 | 15,377 | 9.6 |
| …3위 | | 천연가스 | 7,180 | 4.5 |
| …4위 | | 석유제품 | 6,089 | 3.8 |
| …5위 | | 반도체제조용장비 | 5,152 | 3.2 |
| …6위 | | 컴퓨터 | 4,245 | 2.7 |
| …7위 | | 무선통신기기 | 4,046 | 2.5 |
| …8위 | | 자동차 | 3,829 | 2.4 |
| …9위 | | 정밀화학원료 | 3,615 | 2.3 |
| …10위 | | 석탄 | 3,493 | 2.2 |
| 2019년 | 503,343 | | 228,779 | 45.6 |
| …1위 | | 원유 | 70,252 | 14.0 |
| …2위 | | 반도체 | 47,032 | 9.3 |
| …3위 | | 천연가스 | 20,567 | 4.1 |
| …4위 | | 석유제품 | 17,539 | 3.5 |
| …5위 | | 석탄 | 14,209 | 2.8 |
| …6위 | | 무선통신기기 | 13,626 | 2.7 |
| …7위 | | 자동차 | 11,986 | 2.4 |
| …8위 | | 컴퓨터 | 11,345 | 2.3 |
| …9위 | | 정밀화학원료 | 11,334 | 2.3 |
| …10위 | | 의류 | 10,891 | 2.2 |
| 2018년 | 535,202 | | 255,520 | 47.7 |
| …1위 | | 원유 | 80,393 | 15.0 |
| …2위 | | 반도체 | 44,728 | 8.4 |
| …3위 | | 천연가스 | 23,189 | 4.3 |
| …4위 | | 석유제품 | 21,443 | 4.0 |
| …5위 | | 반도체제조용장비 | 18,805 | 3.5 |
| …6위 | | 석탄 | 16,703 | 3.1 |
| …7위 | | 정밀화학원료 | 13,021 | 2.4 |
| …8위 | | 컴퓨터 | 12,708 | 2.4 |
| …9위 | | 무선통신기기 | 12,429 | 2.3 |
| …10위 | | 자동차 | 12,099 | 2.3 |

| 2017년 | 478,478 | | 211,767 | 44.3 |
|---|---|---|---|---|
| …1위 | | 원유 | 59,603 | 12.5 |
| …2위 | | 반도체 | 41,177 | 8.6 |
| …3위 | | 반도체제조용장비 | 19,316 | 4.0 |
| …4위 | | 천연가스 | 15,616 | 3.3 |
| …5위 | | 석탄 | 15,179 | 3.2 |
| …6위 | | 석유제품 | 15,118 | 3.2 |
| …7위 | | 무선통신기기 | 13,282 | 2.8 |
| …8위 | | 컴퓨터 | 11,699 | 2.4 |
| …9위 | | 자동차 | 10,902 | 2.3 |
| …10위 | | 정밀화학원료 | 9,875 | 2.1 |

출처 : 산업통상자원부, 관세청 통관자료, 한국무역협회 발췌(2020. 6. 10 기준)

# 제 6 장 정리문제

□ **문제** □

1. 한국의 FTA 추진 주요 내용 무엇인가?

2. 한국의 FTA 추진 전략은 무엇인가?

3. 초광역 FTA(Mega FTA)의 협상이 필요한 이유는 무엇인가?

4. 원산지 기준 등 다수의 상이한 FTA가 복잡하게 얽혀 나타나는 소위 스파게티 볼 효과(Spaghetti bowl effect)로 인한 비용 증가 문제를 해소하기 위한 방안은 무엇인가?

5. 환태평양경제동반자협정(Trans-Pacific Partnership, TPP)와 역내포괄적경제동반자협정(Regional Comprehensive Economic Partnership, RCEP)의 주요 쟁점은 무엇인가? 현재 어떤 상황 직면해 있는가?

□ **주요 용어** □

- 무역 영토
- 경제 영토
- 초광역 FTA(Mega FTA)
- 스파게티 볼 효과(Spaghetti bowl effect)
- 무역 상품 구조
- 신무역협상 로드맵

# 참고문헌 REFERENCE


권미옥·나희량. “우리나라 FTA원산지결정기준의 엄격성 분석: 국가 및 산업별 특성을 중심으로”, 무역학회지, 41(3), 2016, 63-107.

고준성. “법무서비스시장 개방의 효과 및 영향 분석 : 전면 개방과 부분 개방간의 비교를 중심으로”. 통상법률, 66, 2005, 165-200.

관세청, 『‘19년 FTA 발효국와의 수출입 현황』, 2000.

기획재정부, 『FTA 이해』, 2018.

김진오·권기수·고희채, 『남미공동시장(MERCOSUR) 20년 평가와 시사점』, 대외경제정책연구원, 2011.

노택환·김진삼·조현정·서민교, 『국제통상의 이해』, 박영사, 2016.

류예리, “중국 WTO 가입의정서에 관한 일고찰 - 수출제한 규정을 중심으로 -”, 국제경제법연구, 14(2), 2016, 41-66.

산업통상자원부, 관세청 통관자료. 『명목GDP : 한국은행』, 2019.

서정수, “중국 경제발전의 현황과 과제: 5개년 개발계획을 중심으로. 『중국을 가다』”, 계명대학교 실크로드중앙아시아연구원, 2019, 162-211.

성재호, 『국제기구와 국제법』, 한올아카데미, 2002.

송경은, “기업 수출통계를 이용한 한국의 FTA활용 실태분석”, 관세학회지, 20(3), 2019, 95-119.

심승진, “수출자율규제(VER)와 수입자율확대(VIE)의 무역마찰 유발 가능성 비교분석”, 한일경상논집, 41(0), 2008, 163-183.

이명구·정재완·정재호, 『FTA 이해와 활용』, 도서출판청람. 2017.

이상호·이환호·주한광, 『국제무역론』, 법문사, 2015.

이용근, 『무역학개론』, 삼영사. 2018.

이재기, 『21세기 글로벌통상의 이해』, 청목출판사, 2007.

이재형, “무역개방의 경제적 효과와 구조적 변화에 대한 추정: 1956- 2015년 기간 오차수정모형을 이용한 한국의 시계열 자료 분석”, 사회과학논총, 22(1호), 2019, 1-22.

이진우·박언경, “지역 무역협정이 WTO 긴급수입제한조치 협정상의 병행주의 적용에 미치는 영향 – 한–미, 한–캐나다 세이프가드 조치 분쟁사건을 중심으로 –”, 국제법학회논총, 65(1), 2020, 161–204.

전병유, “87년 이후 한국경제 성장 요인의 구조 변화에 대한 시론. 시민과세계”, 2018, 93–121.

조현숙, “중국산 철강재에 대한 EU 반덤핑관세부과에 관한 WTO 사례연구 – 유럽연합 반덤핑규칙 제9(5)조 해석을 중심으로 –”, 무역보험연구, 13(1), 2011, 101–124.

한국은행, 『우리나라의 국민계정체계』, 2015.

한국은행, 『알기 쉬운 경제지표해설』, 2019.

현대경제연구원, 『수출집중도의 현황과 문제점–품목 및 지역 수출집중도 급증』, 경제주평, 18–28(통권 800호), 2018.

현대경제연구원, 『한–중 수출구조 변화 비교와 시사점–대세계 시장을 중심으로』, 경제주평, 18–23(통권 808호), 2018.

홍성규, “WTO분쟁해결제도에서 일방적 보복조치의 특성과 시사점”, 통상정보연구, 19(1), 2017, 155–187.

산업통상자원부 www.fta.go.kr/main

한국무역협회 http://stat.kita.net/stat/world/major/KoreaStats01.screen

한국무역협회 http://stat.kita.net/stat/world/major/KoreaStats01.screen

한국은행 경제통계시스템 ecos.bok.or.kr/jsp/vis/keystat/#/detail

WTO http://rtais.wto.org/UI/publicsummarytable.aspxMads Espersen

Allen, Tim. Gross domestic product: an economy's all – back to basic; GDP definition. *Finance and Development*. December 18, 2018.

Gopinath, Gita. The world economy: synchronized slowdown, precarious outlook. *IMFBlog*. October 15, 2019.

International Monetary Fund. *World Economic Outlook: Global Manufacturing Downturn, Rising Trade Barriers*. Washington, D.C. USA. October, 2019.

Caldara, Dario, Lacoiello, Matteo, Molligo, Patrick, Prestipino, Andrea & Raffo, Andrea. 2019. Does trade policy uncertainty affect global economic activity? *FEDS Notes*. September 04, 2019.

Ha, Jongrim, Kose, M. Ayhan & Ohnsorge, Franziska. Eds. Inflation in Emerging and Developing Economies. World Bank Group. 2019.

Daly, Mary & Hobijn, Bart. Okun's Law and Unemployment Surprise of 2009. *FRBSF Economic Letter*. March 8, 2010.

Frandi, Nico. WTO and geopolitical Changes: multilateralism and coalitions of members among crises, adaptation to change and rebirth. *IAI 19*. Istituto Affari Internazionali. May 2019.

Gowan, Richard & Dworkin, Anthony. Three crises and an opportunity: Europe's stake in multilateralism. *Policy Brief*. European Council on International Relations. September. 2019.

Mads Espersen, Regional Trade Agreements in the Developing World, Aarhus School of Business, Aarhus University, September 2011, p.7.

OECD. *International Direct Investment Statistics 2019: 2009–2018*. OECD Publishing, Paris. 2020. DOI: https://doi.org/10.1787/g2g9fb42-en

Osakwe, Chiedu. Future of the multilateral trading system: why the WTO remains indispensable? *Asian Journal of WTO & International Health Law and Policy*, Vol. 10, No.1, pp.1–25. 2015.

Perea, Jose Ramon & Stephenson, Matthew. Outward FDI from developing countries. In *lobal Investment Competitiveness Report 2017/2018: Foreign Investor Perspectives and Policy Implications*. Washington, DC. pp.101-134, 2018.

UNCTAD. Developing countries are beginning to promote outward FDI. *UNCTAD Investment Brief*. Number 4, 2006.

UNCTAD. *Key Statistics and Trends in International Trade 2018: International Trade Rebounds*. New York. United Nations. 2019.

UNCTAD. *World Investment Report 2013: Global Value Chains: Investment and Trade for Development*. Geneva. 2013.

UNCTAD. *Trade and Development Report 2019: Financing a Global Green New Deal*. United Nations Publications. New York. 2019.

UNCTAD. 2020a. *Key Statistics and Trends in International Trade: International Trade Slump*. New York. United Nations. 2020.

UNCTAD. 2020b. Global FDI flows flat in 2019, moderate increase expected in 2020. *Investment Trends Monitor*. Issue 33. January

2020.

World Bank Group. *Global Investment Competitiveness Report 2017/2018: Foreign Investor Perspectives and Policy Implications.* Washington, DC. 2018.

World Trade Organization (WTO). *Measuring Trade in Services: A Training Module Produced by WTO/OMC.* November. 2010.

World Trade Organization (WTO). *WTO in Brief.* 2018.

World Trade Organization (WTO). 2019a. *World Trade Statistical Review 2019.*

World Trade Organization (WTO). 2019b. Overview of developments in the international trading environment. *Annual Report by the Director General.* Trade Policy Review Body. WT/TPR/OV/22. November 29. 2019.

World Trade Organization (WTO). Recent Developments in Regional Trade Agreement, July - December 2019. *Facts and Figures.*

# 찾아보기 INDEX

## 공저자 소개

**서정수 교수**는 2007년 하반기부터 대구 계명대학교 경제통상학부 국제통상학전공에 재직하고 있다. 서울대학교 국제경제학과를 졸업한 후, 호주 뉴사우스웨일스 대학교 경제학부에서 국제경제학 관련 분야에서 박사학위를 취득하고 1997년 하반기부터 2007년 상반기까지 호주 캔버라의 국방대학(Australian Defence Force Academy) 비즈니스 학부(School of Business)에서 교수로 재직하였다. 외국인 직접투자와 무역, 해운물류와 무역, FTA와 FTA의 활용이 한국의 산업경쟁력에 미치는 영향 등의 국제경제학 영역의 응용경제학 분야 및 국제지역학 관련 분야가 주된 연구 관심 분야이며 해당 분야에 국외 전문 학술지와 국내 등재지 등에 다수의 논문을 발표하였으며 다수의 편서와 역서 등의 연구 활동을 수행하였다. 2011년부터 2017년까지 기재부와 산업통상자원부의 정부 지원 프로그램인 FTA 대학 활용 강좌를 운영하였으며, 2014년부터 시작된 경제통상학부의 특성화 과정(CK-1)에서 1학년 전공기초 강좌로서 FTA와 글로벌지역경제를 개발하고 2015년부터 강좌를 개설 운영하였다. 2011년부터 2020년 2월까지 계명대학교에서 국제센터장, 국제협력단장, KAC 학장, 실크로드 중앙아시아연구원 부원장과 원장직무를 수행하였으며 한국 해운물류학회 이사 등의 학회 활동을 하고 있다. 2013년 FTA 대학 활용 강좌 운영에 대한 공로로 산업통상자원부 장관 표창을 수여하였다.

**강태원 교수**는 2017년 하반기부터 대구 계명대학교 경제통상학부 국제통상학전공에 재직하고 있다. 영남대학교 경제학과를 졸업한 후, 준정부기관인 신용보증기금에 30여 년간 근무하면서, 서강대학교 경영대학원에서 경영학석사, 세종대학교 일반대학원에서 경영학박사 학위를 취득하였다. 다년간 현업에서 무역 및 FTA와 관련된 중소기업의 신용조사, 신용평가, 신용보증, 경영컨설팅 등의 업무를 하면서 중소기업 관련 연구 및 다수의 논문을 발표하였다. 이를 토대로 기업과 연계된 무역실무, FTA 관련 과목 등의 강의 및 연구와 산학협력 활동을 하고 있다.

**박성곤 교수**는 계명대학교 경영학과에서 국제경영학 전공으로 박사학위를 취득하고 동대학교 경제통상학부에서 실시하는 대학특성화사업의 일환인 Creative Korea, FTA 글로벌경제 통상인 양성 사업에 조교수로 초빙되어 교육 및 산학협력을 성공적으로 수행하였으며 국제통상, 기술혁신, 수출결정, 조직자원과 혁신능력, FTA지역연구 등 기업간 거래관계 분야에 관심을 갖고 강의와 연구를 하고 있다. 한국산업경영학회 이사로 활동하고 있으며, 한국기술거래사회 정회원이자, 기술거래사로서 중소기업, 기술창업 등을 지도하고 있으며, 지적재산권 확보에 역량을 발휘하고 있다.

**FTA와 글로벌경제의 이해**

초 판 1쇄 발행 —— 2020년 8월 30일
초 판 2쇄 발행 —— 2021년 2월 1일
지은이 —— 서 정 수 · 강 태 원 · 박 성 곤
펴낸이 —— 전 두 표
펴낸곳 —— 도서출판 두남
서울시 강동구 성내로6길 34-16 두남빌딩
신 고 : 제25100-1988-9호
TEL : 02) 478-2065~7, 2311
FAX : 02) 478-2068
E-mail : dunam1@unitel.co.kr
http://www.dunam.co.kr

**정가 15,000원**

ISBN 978-89-6414-892-1 93320